Edith Stein

Welt und Person - Beitrag zum christlichen Wahrheitsstreben

e-artnow 2018

Edith Stein
Endliches und ewiges Sein: Ein Grundriss der Ontologie (mit dem Denken von Thomas von Aquin, Husserl und Heidegger)

Edith Stein
Aus dem Leben einer jüdischen Familie

Gottfried Wilhelm Leibniz
Die Theodicee

Edith Stein
Gesammelte Werke: Philosophische Werke + Religiöse Aufsätze + Autobiografische Schriften: Kreuzeswissenschaft, Endliches und ewiges ... Der Aufbau der menschlichen Person...

Edith Stein
Philosophische Begründung der Psychologie und der Geisteswissenschaften: Psychische Kausalität, Individuum und Gemeinschaft

Edith Stein
Der Aufbau der menschlichen Person: Die Idee des Menschen als Grundlage
der Erziehungswissenschaft und Erziehungsarbeit, Anthropologie ... Animali-
sche, Seele als Form und Geist...

George Sand
George Sand: Geschichte meines Lebens (Autobiografie)

Blaise Pascal
Gedanken über die Religion

Edith Stein
Kreuzeswissenschaft - Studie über Johannes vom Kreuz

Edith Stein
Zum Problem der Einfühlung

Edith Stein

Welt und Person - Beitrag zum christlichen Wahrheitsstreben

e-artnow, 2018
Kontakt: info@e-artnow.org

ISBN 978-80-268-8630-3

Inhaltsverzeichnis

Die Weltanschauliche Bedeutung der Phänomenologie

Einleitung: Weltanschauung und Philosophie

Das Thema setzt voraus, daß Phänomenologie nicht einfach Weltanschauung sei, stellt es zum mindesten in Frage, ob sie es sei, nimmt aber an, daß sie auch nicht ohne Einfluß auf die Weltanschauung des Phänomenologen selbst, vielleicht auch anderer Menschen sei. Um das Verhältnis von Phänomenologie und Weltanschauung zu untersuchen, muß man zunächst Klarheit haben, was unter beidem verstanden werden soll. Für die Phänomenologie läßt sich das nicht in kurzen Worten angeben, eher kann man das für *Weltanschauung* versuchen.

Man kann darunter ein geschlossenes Weltbild verstehen: einen Überblick über alles, was ist, die Ordnungen und Zusammenhänge, worin alles steht, vor allem über die Stellung des Menschen in der Welt, sein Woher? und Wohin? Ein Verlangen nach einer solchen Weltanschauung besteht in jedem geistig lebendigen Menschen; aber nicht jeder gelangt dazu, ja es bemüht sich nicht einmal jeder ernstlich darum.

Der Katholik hat es verhältnismäßig leicht damit, weil seine Glaubenslehre ihm ein geschlossenes Weltbild gibt. Aber auch dieses Erbgut muß man sich erwerben, persönlich aneignen, um es zu besitzen. Wer das tut und sich sein Weltbild rein auf Grund der Glaubenslehre gestaltet, von dem kann man sagen, daß er eine *religiöse Weltanschauung* habe. Wer außerhalb der Kirche steht oder zwar in ihr aufgewachsen ist, aber es unterlassen hat, sich ihr Weltbild persönlich anzueignen und gar nicht ahnt, was ihm in seinem Glaubensgut gegeben ist, der hat es schwerer, denn er muß sich erst danach umtun, aus welchen Quellen er seine Weltanschauung schöpfen soll.

In den letzten Jahrzehnten, ja eigentlich schon seit der Aufklärungszeit, war es in den Kreisen der sogenannten *Gebildeten* der höchste Ehrgeiz eine *wissenschaftliche Weltanschauung* zu besitzen. Was darunter zu verstehen ist, haben sich diejenigen, die darauf Anspruch erhoben, wohl nicht recht klargemacht, sonst hätte es ihnen fraglich werden müssen, ob es so etwas überhaupt geben könne. Wenn die Weltanschauung auf den Charakter der Wissenschaftlichkeit berechtigten Anspruch erheben wollte, so müßte sie entweder selbst Wissenschaft sein oder aus einer Wissenschaft stammen oder aus allen Wissenschaften zusammen. Es gibt aber nicht *eine* neben den andern, die das gesamte Weltall zu erforschen hätte. Es ist vielmehr wesentlich für die Wissenschaft als solche, daß sie sich in Einzelwissenschaften zur Erforschung einzelner Gegenstandsgebiete verzweigt und sich um so mehr spezialisiert, je wissenschaftlicher sie wird. Es kann also keine einzelne Wissenschaft ein geschlossenes Weltbild geben und die wissenschaftliche Weltanschauung kann demnach weder selbst eine Wissenschaft sein, noch aus *einer* Wissenschaft ihr Weltbild entnehmen. Wenn also die wissenschaftliche Weltanschauung überhaupt darauf Anspruch erhebt, ein geschlossenes Weltbild zu geben, so wird sie dafür aus allen Wissenschaften Bausteine zusammentragen müssen.

So ist es auch tatsächlich im allgemeinen aufgefaßt worden. Entweder hat der Einzelne aus dem, was ihm an Material, sei es durch eigene wissenschaftliche Arbeit oder aus populären Darstellungen aus verschiedenen Wissensgebieten, zur Verfügung stand, sich ein Weltbild zusammengesetzt, oder man hat diese Aufgabe der Philosophie zugewiesen: die Ergebnisse der Einzelwissenschaften zu sammeln und daraus ein Weltbild zu konstruieren. Es muß aber gesagt werden, daß weder auf die eine noch auf die andere Weise eine *wissenschaftliche* Weltanschauung zustandekommen kann. Wenn der Naturwissenschaftler über das kleine Gebiet hinausgeht, das er übersieht und wirklich beherrscht, und sich eine *naturwissenschaftliche Weltanschauung* bildet, so heißt das, daß er weitgehend ohne tragfähige Grundlage ein Gebäude mit seiner Phantasie konstruiert. Und selbst, wenn man aus *allen* Gebieten das zusammenträgt, was der jeweilige *Stand der Wissenschaft* an Ergebnissen liefern kann, ist alles Stückwerk, und das Ganze, wenn es nicht nach einem voraus entworfenen Grundriß zusammengefügt wird, ein Mosaik aus unzusammenhängenden Stücken.

So hat sich auch die *Philosophie*, je mehr sie selbst den Anspruch erhob, als *Wissenschaft* zu gelten, gegen diese Aufgabe gewehrt. Die *säkularisierte* Philosophie, die vom Glauben losgelöste, wie sie sich seit der Renaissance außerhalb der Kirche entwickelt hat, mußte, sobald sie einmal an sich selbst Kritik geübt, d.h. sich auf ihre Grenzen und ihr eigentliches Geschäft besonnen hatte – also seit Kant – ihre Aufgabe in etwas ganz anderem sehen: nicht die Ergebnisse der Wissenschaften zu sammeln, sondern die Voraussetzungen der einzelnen Wissenschaften zu prüfen, sie damit auf eine feste Grundlage zu stellen und damit erst eigentlich zu Wissenschaften zu machen. Die *kritische Philosophie* hat es darum entschieden abgelehnt, eine Weltanschauung zu liefern, und unter ihrer Herrschaft ist dieses Wort überhaupt in Mißkredit gekommen. Danach hätten also Philosophie und Weltanschauung nichts miteinander zu tun und es wäre auch von der Phänomenologie, wenn sie wissenschaftliche Philosophie sein soll, nichts für die Weltanschauung zu erwarten? Das wäre ein voreiliger Schluß.

Einmal wäre es ja möglich, daß die Philosophie nach eigenem Verfahren einen Grundriß entwürfe, in dem die Ergebnisse der Einzelwissenschaften einzubauen wären.

Außerdem müssen wir aber noch einen *zweiten Sinn von Weltanschauung* in Betracht ziehen: nicht jeder Mensch hat ein geschlossenes Weltbild, aber jeder hat eine bestimmte *Art, die Welt anzuschauen*: der Landmann sieht sie anders an als der Großstädter, der Praktiker anders als der Theoretiker, der Philosoph anders als der positive Wissenschaftler. Was und wie der Mensch vorwiegend geistig tätig ist, davon wird seine ganze Weltauffassung bestimmt. Darum wird auch die besondere philosophische Richtung, die jemand vertritt, nicht ohne Bedeutung für seine Weltanschauung sein. Der mittelalterliche Philosoph, für den Philosophie und Theologie nahe zusammenhingen, dessen Forschungsgebiet die Gegenstände des Glaubens mitumfaßte, *sah* auch auf Schritt und Tritt in der Welt die Tatsachen, die auf die Zusammenhänge von Geschöpfen und Schöpfer, Bedingtem und Unbedingtem hinweisen. Der Materialist, der überzeugt ist, daß es keine geistige Realität gibt, bleibt auch in seiner Auffassung der Welt vorwiegend an materiellen Dingen und Vorgängen hängen. Und der Kritizist, der die Frage zu lösen sucht, wie Erkenntnis möglich sei, Erkenntnis überhaupt und Erkenntnis dieses oder jenes Gebiets, wird leicht blind für die Tatsachen, für die ihm der Rechtsnachweis nicht zu erbringen zu sein scheint.

Doch nicht nur für den Philosophen selbst bedeutet die Art seines philosophischen Denkens eine Formung seiner ganzen Einstellung zur Welt: die jeweils herrschende Philosophie bestimmt den *Zeitgeist*, d.h. die Denk- und Auffassungsweise auch derer, die nicht selbst Philosophen sind, ja nicht einmal die Werke der schöpferischen Philosophen selbst lesen, sondern nur durch eine mehrfache Vermittlung von ihren Auswirkungen erreicht werden.

So werden wir die Frage nach der weltanschaulichen Bedeutung der Phänomenologie in dem doppelten Sinn zu stellen haben: 1. Kann sie ein geschlossenes Weltbild liefern oder uns zum Bau eines solchen verhelfen? 2. Wie kann sie auf die gesamte Weltauffassung wirken und hat sie auf den Geist unserer Zeit gewirkt?

I. WAS IST PHÄNOMENOLOGIE?

a) *Historisches*

Zunächst aber muß klargelegt werden, was unter Phänomenologie zu verstehen ist. Es soll dabei keineswegs auf alle Bedeutungen eingegangen werden, die dem Wort in philosophischen Systemen früherer Zeiten schon beigelegt wurden. Wer heute davon spricht, meint damit eine einflußreiche philosophische Richtung unserer Zeit, die vor rund 30 Jahren begründet wurde – vor 10-15 Jahren hätte ich unbedenklich gesagt: von Edmund *Husserl* begründet wurde, und zwar durch seine *Logischen Untersuchungen*, die in 1. Auflage 1900/1901 erschienen sind. Und ich hätte mich wohl damit begnügt, Husserls Phänomenologie zu charakterisieren. Heute hat sich aber die Sachlage verändert: für weite Kreise der philosophisch Interressierten tritt Husserls Name fast zurück hinter dem Max *Schelers* und Martin *Heideggers*, die auf diese weiten Kreise, aber auch auf viele Philosophen von Fach viel faszinierender gewirkt haben, als es die nüchtern-strenge Forscherart Husserls vermochte.

Um die rein geschichtlichen Tatsachen festzustellen: der Name *Phänomenologie* ist von Husserl für die philosophische Methode gewählt worden, die er sich in vieljähriger harter Gedankenarbeit errungen hat und die in seinen Logischen Untersuchungen zum ersten Mal in einer weithin wirksamen Form vor die Öffentlichkeit trat. In den Jahren, in denen er an diesem Werk arbeitete – den 12 Jahren, die er als Privatdozent in Halle lebte –, stand er in lebhaftem Verkehr mit Max Scheler, der damals in Jena war. Scheler hat immer Wert darauf gelegt, daß er nicht Husserls Schüler war, sondern selbständig die phänomenologische Methode gefunden habe und nur in dem Ergebnis mit Husserl zusammengetroffen sei. Er hat das sicher in ehrlichster Überzeugung gesagt. Aber wer die beiden Männer kennt – Husserl, der immer so tief in seine eigenen Gedankengänge hineingebohrt ist, daß er gar nicht davon loskommt, schwer von etwas anderem sprechen und noch schwerer fremde Anregungen aufnehmen kann, und Scheler, dessen ganzes Schaffen eigentlich ein impressionistisches war, der von Gehörtem und Gelesenem die stärksten Eindrücke und fruchtbarsten Anregungen empfing und so leicht auffaßte, daß er gar nicht merkte und selbst nicht wußte, woher ihm die Gedanken kamen –, der kann kaum einen Zweifel haben, wie es mit der Priorität steht.

Der Schülerkreis, der sich in Göttingen um Husserl sammelte, nachdem er dorthin berufen war, hat starke Einflüsse auch von Scheler empfangen; und auf diesen Einfluß führt es Husserl zum Teil zurück, daß die meisten seiner Göttinger Schüler ihm in seiner späteren Entwicklung nicht gefolgt sind. In Freiburg ist ihm seit 1918 Heidegger, der in anderer Schule ausgebildet war, nahegetreten, ist von ihm persönlich in die phänomenologische Methode eingeführt worden und beherrscht sie heute mit Meisterschaft; aber in entscheidenden prinzipiellen Fragen – Fragen, auf die beide den größten Wert legen – hat auch er sich von Husserl getrennt. Heidegger hat in den letzten Jahren einen ähnlich starken Einfluß nicht nur in den Kreisen der Fachphilosophen, sondern der geistig stark Bewegten und Empfänglichen überhaupt gewonnen, wie ihn Scheler in der Kriegszeit und Nachkriegszeit hatte.

Wenn man heute van Phänomenologie und von ihrer weltanschaulichen Bedeutung sprechen will, kann man an diesen beiden Männern unmöglich vorbeigehen (mag man sich schon entschließen, die andern bedeutenden Forscher phänomenologischer Richtung beiseite zu lassen). So stehe ich vor der eigentlich unmöglichen Aufgabe, die drei verschiedenen Richtungen, die mit diesem Namen bezeichnet sind, in knappem Rahmen zu kennzeichnen. Ich will es mit dem Ausweg versuchen, daß ich Husserls Phänomenologie in einigen Grundzügen skizziere und angebe, an welchen Punkten die beiden andern Philosophen sich von ihm unterscheiden.

b) *Husserls Phänomenologie*

Ich habe beständig von phänomenologischer *Methode* gesprochen. Darin kommt zum Ausdruck, daß es Husserl von Anfang an nicht darum zu tun war, ein philosophisches System aufzustellen, wie es die meisten seiner großen Vorgänger getan haben, d.h. einen geschlossenen

Gedankenbau, in dem für jede philosophische Frage eine Antwort zu finden ist. Er hat seine wissenschaftliche Laufbahn gar nicht als Philosoph, sondern als Mathematiker begonnen. Weil er aber ein geborener Philosoph war, konnte er nicht wie der „normale" Mathematiker mit den Begriffen und Methoden der Mathematik einfach arbeiten, sondern stieß darin auf Schwierigkeiten und Unklarheiten. Die innere Nötigung, sich mit diesen Schwierigkeiten auseinanderzusetzen, machte ihn zum Philosophen, und so begann seine philosophische Laufbahn mit einer *Philosophie der Mathematik*.

Bei diesen Studien machte er die Entdeckung, daß zwischen formaler Mathematik und formaler Logik sehr nahe Zusammenhänge bestehen. So wurde er zur Beschäftigung mit logischen Fragen geführt. Dabei erlebte er die Überraschung, daß dieses Gebiet, das seit den bewundernswerten Leistungen des Aristoteles für so gut wie abgeschlossen galt, in seinem ganzen Charakter noch umstritten und ungeklärt war und eine Fülle ungeklärter Einzelprobleme barg.

In dem I. Band seiner Logischen Untersuchungen hielt er Abrechnung mit der damals herrschenden *psychologistischen* Auffassung der Logik und charakterisierte die Logik mit überzeugender Kraft als ein Gebiet objektiv bestehender Wahrheiten, das formale Grundgerüst aller objektiven Wahrheit und Wissenschaft.

Im II. Band wandte er sich der Betrachtung einiger grundlegender Einzelprobleme zu. Die Methode zur Behandlung dieser Probleme hat er sich erst während der Untersuchung selbst ausgebildet. Dabei machte er die Entdeckung, daß diese Methode nicht nur zur Behandlung logischer, sondern aller philosophischen Fragen überhaupt geeignet sei, und mehr und mehr befestigte sich in ihm die Überzeugung, daß es *die* Methode sei, die *allein* zu einer wissenschaftlichen Behandlung der Philosophie führen könne. Dieser Überzeugung hat er zuerst Ausdruck gegeben in dem Logos-Aufsatz *Philosophie als strenge Wissenschaft* (1911). Damit hatte er sich auf die freie Höhe der universellen philosophischen Problematik durchgerungen. Die zusammenhängende ausführliche Darstellung seiner Methode brachten die *Ideen zu einer reinen Phänomenologie und phänomenologischen Philosophie* (1913). Eine Fortführung in wichtigen Punkten bringen die *Cartesianischen Meditationen*.

Einen wichtigen Punkt zur Charakteristik der Phänomenologie habe ich schon hervorgehoben: sie ist nach Husserls Auffassung *nicht unterschieden von Philosophie überhaupt*, da sie die Möglichkeit gibt, alle philosophischen Fragen in Angriff zu nehmen, und sie ist im Gebiet *streng wissenschaftlicher Forschung*, in dem keine subjektive Willkür eine Stelle hat, ein *unendliches Forschungsgebiet* wie jede Wissenschaft, so daß ein Forscher dem andern, eine Generation der andern die Hand reichen muß, wenn die nötige Arbeit fortschreitend geleistet werden soll. Ihre Aufgabe ist es, alles wissenschaftliche Verfahren, wie es von den positiven Wissenschaften geübt wird, aber auch alle vorwissenschaftliche Erfahrung, auf die das wissenschaftliche Verfahren aufbaut, ja alle Geistestätigkeit überhaupt, die auf Vernunft Anspruch erhebt, auf eine sichere Grundlage zu stellen. Die vorwissenschaftliche Erfahrung aber und die positiven Wissenschaften arbeiten mit gewissen Grundbegriffen und Grundsätzen, die sie ungeprüft setzen. Die Philosophie muß all das, was anderwärts als selbstverständlich vorausgesetzt wird, zum Gegenstand der Untersuchung machen.

Die *Logischen Untersuchungen* haben diese Arbeit für gewisse logische Grundbegriffe in Angriff genommen. Die I. Untersuchung handelt von *Ausdruck und Bedeutung*, ein Problem, das für die Logik und Sprachphilosophie, aber auch für manche andern Gebiete von Wichtigkeit ist. In einer für die phänomenologische Methode charakteristischen Weise geht sie aus von dem *Sinn der Worte*, scheidet sorgfältig die verschiedenen Bedeutungen, die den Worten sprachüblich zukommen, und dringt durch die Herausstellung eines präzisen Wortsinns allmählich zu den Sachen selbst vor: das ist ein Schritt, der sich notwendig ergibt, weil wir Wortbedeutungen nur präzis abgrenzen können, indem wir uns die Sachen selbst, die mit den Worten gemeint sind, zu klarer anschaulicher Gegebenheit bringen. Die *Sachen selbst* aber, die durch den Sinn der Worte getroffen werden sollen, sind nicht einzelne Dinge der Erfahrung, sondern wie der Wortsinn selbst etwas Allgemeines: die *Idee* oder das *Wesen der Dinge*. Dementsprechend ist die Anschauung, die uns solche *Sachen* zur Gegebenheit bringt, nicht sinnliche Wahrnehmung und Erfahrung, sondern ein geistiger Akt eigener Art, den Husserl als *Wesensanschauung* oder *Intuition* bezeichnet hat.

Es leuchtet ein, daß ein analoges Verfahren, wie es hier auf ein logisches Problem angewandt wurde, für die Untersuchung der Grundbegriffe aller Wissenschaften sowie für die des täglichen Lebens verwendet werden kann. Die Physik arbeitet mit Begriffen wie *Materie, Kraft, Raum, Zeit,* aber was der eigentliche Sinn dieser Namen ist, untersucht sie nicht. Die Geschichte handelt von *Personen, Völkern, Staaten, Verträgen* usw., aber was eine Person, ein Staat, ein Volk usw., ist, das setzt sie als bekannt voraus. All das aber sind Themen für große und schwierige philosophische Untersuchungen, und die phänomenologische Methode hat an ihnen schon ihre Fruchtbarkeit bewiesen und dadurch auf den Betrieb der entsprechenden Wissenschaften einen nachhaltigen Einfluß ausgeübt: denn wenn das Wesen der Gegenstände, mit denen es eine Wissenschaft zu tun hat, geklärt ist, kann man das Verfahren, das darin geübt wird, nachprüfen, ob es sachentsprechend ist und wirklich darauf ausgeht, das Wesentliche des entsprechenden Gebiets herauszuarbeiten. Besonders von der Psychologie und den Geisteswissenschaften muß man sagen, daß sie unter dem Einfluß der Phänomenologie in den letzten Jahrzehnten eine gründliche Umwandlung erfahren haben.

Nun sind gerade die genannten Wissenschaften solche, die sich mit Lebenswirklichkeiten beschäftigen, mit Dingen, auf die wir im praktischen Leben beständig stoßen und die darum auch dem Nicht-Theoretiker wichtig und interessant sind. Wenn die Phänomenologie einen Weg erschlossen hat, dem Wesen dieser Dinge auf die Spur zu kommen, so mußte sie viel stärker als die vor ihr herrschenden philosophischen Richtungen weite Laienkreise anziehen. Und darum konnte sie einen starken Einfluß auf den Zeitgeist ausüben.

Von den verschiedenen Richtungen des *Neukantianismus* oder *Kritizismus* unterschied sich die Phänomenologie dadurch, daß sie sich nicht an den Methoden der Einzelwissenschaften, sondern an den Sachen selbst orientierte (um in ihnen die Methoden zu messen): darum hat man die Wandlung, die sie herbeiführte, als *Wende zum Objekt* bezeichnet. Gegenüber dem *Empirismus*, der sich auf bloße sinnliche Erfahrung stützen will, war sie als *Wesenswissenschaft* ausgezeichnet und durch beides erschien sie als eine Rückkehr zu den ältesten Traditionen: *Plato - Aristoteles - Scholastik*. Die Neuscholastik aber stieß sich an der *Wesensintuition,* deren Geltung sie nicht anerkennen wollte.

In den bisher genannten Punkten – Wende zum Objekt und Wesensforschung – stimmten *Scheler* und Husserls *Göttinger* Schülerkreis durchaus mit ihm überein. Wenn wir verstehen wollen, wo sich ihre Wege scheiden, müssen wir Husserls weitere Entwicklung verfolgen.

c) *Gegensatz zwischen Husserl und Scheler*

Ich sagte, daß ihm in der Arbeit an logischen Einzelproblemen die weit über dieses Gebiet hinausreichende Tragweite der verwandten Methode klar wurde. Das legte die Verpflichtung auf, diese *Methode* nun selbst auszubauen und auf eine feste Grundlage zu stellen. Die Phänomenologie sollte *Grundwissenschaft* werden. Wenn sie die Voraussetzungen aller anderen Wissenschaften und auch der vorwissenschaftlichen Erfahrung prüfen sollte, so durfte sie kein Ergebnis der positiven Wissenschaften als feststehend voraussetzen und auch von der Erfahrung nicht ohne weiteres Gebrauch machen.

Um einen absolut sicheren Ausgangspunkt zu finden, stellte Husserl eine ähnliche *Zweifelsbetrachtung* an wie vor ihm Augustin und Descartes: das, was ich denke, braucht nicht wahr zu sein, was ich wahrnehme, nicht wirklich zu existieren: alles kann sich als Irrtum, als Traum, als Täuschung herausstellen; aber an der Tatsache, daß ich denke, wahrnehme etc., kann ich nicht zweifeln, und ebensowenig daran, daß ich, der Denkende, Wahrnehmende, Zweifelnde bin. Hier habe ich unbezweifelbar, absolut gewisse Tatsachen. Das entscheidend Neue bei Husserl ist, daß er nicht bei der Tatsache eines einzelnen *cogito* stehenbleibt, sondern die ganze *Domäne des Bewußtseins* als ein Gebiet unzweifelhafter Gewißheit aufdeckt und der Phänomenologie als ihr Forschungsgebiet zuweist. Und da zu jedem *Ich denke, Ich nehme wahr, Ich will* usw. ein Gedachtes, Wahrgenommenes, Gewolltes als solches gehört, da das *Phänomen* des wahrgenommenen

Baumes aber so unzweifelbar ist wie die Wahrnehmung selbst, mag auch der wahrgenommene Baum nicht existieren, gehört die ganze gegenständliche Welt, die das Ich in seinen Akten sich gegenüber hat, in das Forschungsgebiet der Phänomenologie mit hinein. Es wird gezeigt, daß das gesamte bewußte Ichleben in Wesensallgemeinheit untersucht werden kann, daß es feste Gesetze gibt, nach denen mit Notwendigkeit Akte an Akte sich reihen, und daß in solchen Aktzusammenhängen für das darin lebende Ich eine gegenständliche Welt sich aufbaut.

Diesen Aufbau der Welt für das Ich, das in seinen Akten lebt und sie reflektierend erforschen kann, nennt Husserl *Konstitution*. In der Untersuchung dessen, was er das *transzendentale Bewußtsein* nennt, d.h. jener Sphäre unbezweifelbaren Seins, das die radikale Zweifelsbetrachtung aufgedeckt hat, sieht er die Aufgabe der *transzendentalen Phänomenologie*, in ihr selbst die philosophische Grundwissenschaft. Denn da für das *reine Ich* die gesamte gegenständliche Welt sich in seinen Akten aufbaut, kann nur die Analyse dieser konstituierenden Akte den Aufbau der gegenständlichen Welt letztlich klären, nur sie kann den eigentlichen Sinn von Erkenntnis, Erfahrung, Vernunft usw. herausstellen.

Die Aufdeckung der Bewußtseinssphäre und der Konstitutionsproblematik ist sicher ein großes Verdienst Husserls, das heute noch zu wenig gewürdigt wird. Was in seinem eigenen Freundes- und Schülerkreis Anstoß erregte, war eine – unseres Erachtens nicht notwendige – Folgerung, die er aus der Tatsache der Konstitution zog: wenn bestimmte geregelte Bewußtseinsverläufe notwendig dazu führen, daß dem Subjekt eine gegenständliche Welt zur Gegebenheit kommt, dann *bedeutet gegenständliches Sein*, z.B. die Existenz der sinnlich wahrnehmbaren Außenwelt, gar nichts anderes als Gegebensein für ein so und so geartetes Bewußtsein, näher: für eine Mehrheit von Subjekten, die miteinander in Wechselverständigung und Erfahrungsaustausch stehen. (Die Bedeutung intersubjektiver Verständigung für die Konstitution der Erfahrungswelt ist von Husserl erst in seiner letzten Schrift ausführlicher dargelegt worden.) Diese Deutung der Konstitution wird als sein *transzendentaler Idealismus* bezeichnet. Sie erschien als eine Rückkehr zum Kantianismus, als Preisgabe jener *Wende zum Objekt*, in der man Husserls großes Verdienst sah, und jener *Ontologie*, d.h. der Erforschung des Wesensbaus der gegenständlichen Welt, in der Scheler und die ihm nahestehenden Göttinger Husserlschüler ihre Aufgabe sahen und bereits fruchtbare Arbeit geleistet hatten: so haben sie sich an diesem Punkt von ihm getrennt, obwohl er ihre Forschungsart anerkennt und von seinem Standpunkt aus einzuordnen weiß.

Schelers großes Verdienst liegt auf den Gebieten der *Ethik, Religionsphilosophie* und *philosophischen Soziologie*. Hier hat er in rein objektiver Einstellung grundlegende Untersuchungen durchgeführt. Er tat es im Vertrauen auf die Kraft der Wesensintuition; diese selbst einer kritischen Analyse zu unterziehen, lag ihm fern – er hat am schärfsten von allen Phänomenologen gegen die kritische Einstellung als geistige Grundhaltung Stellung genommen. Das hing mit seiner religiösen Auffassung zusammen, die der Gotteswelt gegenüber auch für Philosophen den geraden, kindlich-offenen Blick verlangte. Es hing aber auch damit zusammen, daß er keine so strenge und nüchterne Forschernatur war wie Husserl und dessen Auffassung der Philosophie als strenge Wissenschaft auch theoretisch ablehnte. So ist es wohl begreiflich, daß er nicht nur den transzendentalen Idealismus ablehnte, sondern auch für die gesamte Konstitutionsproblematik kein Verständnis zeigte.

d) *Gegensatz von Husserl und Heidegger*

Um zu sehen, wo sich *Heideggers* Weg von dem Husserls scheidet, müssen wir die Darstellung der Husserlschen Phänomenologie noch in einem Punkt ergänzen. Bei der radikalen Zweifelsbetrachtung wird nicht nur die äußere Welt als bezweifelbar ausgeschaltet, auch das, was ich über mich selbst weiß, hält der Prüfung zum größten Teil nicht stand: was andere und was ich selbst von meinen Eigenschaften und Fähigkeiten denke, kann Irrtum sein, woran ich mich zu erinnern glaube, Täuschung. So behält Husserl als unbezweifelbar gewiß nur das übrig, was er *reines Ich* nennt: das pure Subjekt der Akte ohne alle menschlichen Eigenschaften. Die eigene

Person mit ihren Eigenschaften, ihren Lebensschicksalen usw. gehört ebenso wie die andern Personen zu der Welt, die sich in bestimmten Akten des reinen Ich konstituiert.

Für Heidegger ist ähnlich wie für Scheler charakteristisch, daß es ihm offenbar in seinem Philosophieren darum zu tun ist, das Leben und die Stellung des Menschen im Leben zu verstehen. Er unterscheidet sich von Scheler und stimmt mit Husserl darin überein, daß er nicht in reiner Hingegebenheit an die Objekte und in Selbstvergessenheit ihr Wesen zu erforschen sucht, sondern daß er als *philosophische Fundamentaldisziplin* die Erforschung des *Daseins* ansieht, d.h. in der üblichen Sprechweise: des Ich oder Subjekts, das von allem andern, was ist, dadurch unterschieden ist, daß es *für sich selbst da ist.* Zum Dasein gehört es unaufhebbar, in der Welt zu sein. Nur von der Erforschung des Daseins aus ist nach dieser Auffassung der Sinn vom *Sein* und der Sinn von *Welt* zu erschließen, und von hier aus können die prinzipiellen philosophischen Fragen überhaupt erst in sachgemäßer Form gestellt werden.

Was hier *Dasein* genannt ist, das ist nicht Husserls *reines Ich.* Man könnte sagen: es ist der Mensch, wie er sich im Dasein vorfindet. Nur darf man unter *Mensch* nicht die Spezies verstehen, die in der empirischen Anthropologie erforscht wird, auch nicht den Menschen, wie ihn die Geschichte und die andern Geisteswissenschaften behandeln, sondern eben das ins Dasein Geworfene, das sich als ins Dasein Geworfenes vorfindet: es findet sich als ein zeitlich sich streckendes, das aus einer dunklen Vergangenheit kommt und einer Zukunft entgegenlebt, die es in gewissen Grenzen selbst entwerfen kann und muß, die aber doch letztlich auch ein Dunkles ist. Darum gehört nach Heidegger zu diesem Dasein, das aus dem Dunkel kommt und ins Dunkel hineingeht, unaufhebbar die *Sorge.* Das sind nur einige spärliche Andeutungen über die Seinsphilosophie Heideggers, die einer größeren Öffentlichkeit zuerst durch sein großes Werk *Sein und Zeit* bekannt geworden ist. Sie sollen noch ergänzt werden, wenn wir die weltanschauliche Bedeutung dieser Philosophie erwägen.

II. DIE WELTANSCHAULICHE BEDEUTUNG DER PHÄNOMENOLOGIE

I. MATERIALE BEDEUTUNG

Wir stellen nun zuerst die Frage: Gibt die Phänomenologie in dieser dreifachen Gestalt (Husserls transzendentale Phänomenologie, Schelers Realontologie, Heideggers Fundamentalontologie) ein Weltbild oder trägt sie wenigstens material zum Aufbau eines Weltbildes bei?

a) *Das Weltbild der drei Philosophen*

Wenn wir uns zunächst auf den Standpunkt der drei Philosophen selbst stellen, so muß man für *Husserl* zweifellos sagen, daß er durch seine Methode, ohne dies als Ziel zu verfolgen, tatsächlich zu einem geschlossenen Weltbild gekommen ist. Er kennt ein absolutes Sein, auf das alles andere zurückweist und von dem aus alles andere zu verstehen ist: eine Vielheit von Menschen, d.h. von Subjekten, von denen jedes in seinen Akten sich *seine* Welt aufbaut, die aber in *Wechselverständigung stehen und im Austausch ihrer Erfahrungen eine intersubjektive Welt aufbauen*. Alles, was außer diesen Monaden ist, ist durch ihre Akte konstituiert und auf sie relativ. Husserl versichert, daß er von seinem Standpunkt aus auch zu den höchsten Fragen der Ethik und Religionsphilosophie Zugang habe. Wir werden aber sagen müssen, daß vermöge der Absolutsetzung der Monaden für Gott – im Sinn unserer Gottesidee, die ihm allein absolutes Sein zuschreibt, ja ihn als das absolute Sein selbst setzt – kein Raum ist.

Schwerer ist es, bei *Scheler* ein einheitliches Weltbild festzustellen, weil er in seiner Entwicklung so große Schwankungen und Schwenkungen durchgemacht hat. Halten wir uns an die Werke, durch die er vor allem auf weitere Kreise gewirkt hat – seine materiale Wertethik, *Das Ewige im Menschen* und die gesammelten Abhandlungen und Aufsätze –, so wird man sagen dürfen, daß uns hier eine *Gotteswelt* gezeichnet ist, ein Weltbild, das in bewußter Anlehnung an das augustinische entworfen ist, aber auch mit dem thomistisch-scholastischen mehr Verwandtschaft hat als ihm selbst und seinen Gegnern aus den Reihen der Neuscholastik klar war. Es ist ein Stufenbau von Seinsregionen und ein Stufenbau von Werten, die zum höchsten Sein und zum höchsten Gut, zu Gott, emporführen. Unter den irdischen Werten kommt das höchste Sein und der höchste Wert der Person zu, und das Sein der Person vollendet sich in ihrem Verhältnis zu Gott. Darum steht unter den möglichen Typen endlicher Personen der am höchsten, der an der spezifisch göttlichen Wertqualität Anteil gewonnen hat: der Heilige. Es war die Tragik in Schelers Leben, daß ihm der Sinn für wissenschaftliche Strenge und Exaktheit abging. Alle seine Werke weisen Lücken, Unklarheiten, Widersprüche auf, die eine feste Begründung des Baus unmöglich machten, das Wertvolle daran für viele, mit denen er hätte zusammenarbeiten können, verdeckten und schließlich dahin führten, daß er selbst das Wesentlichste wieder preisgab.

Bei Heidegger erscheint es mir heute verfrüht, sein Weltbild zeichnen zu wollen. Die Zentralstellung des *Daseins*, die Betonung der *Sorge* als zu ihm wesenhaft gehörig, des Todes und des Nichts, sowie manche extreme Formulierungen weisen auf ein gott-loses, ja geradezu nihilistisches Weltbild hin. Aber es gibt auch Äußerungen, die es als möglich erscheinen lassen, daß einmal der Umschlag ins Gegenteil erfolgt und das in sich nichtige Dasein seinen Halt in einem absoluten Seinsgrund findet.

b) *Einfluß auf das Weltbild der Zeit*

Von dem Weltbild der Philosophen selbst ist zu unterscheiden, was andere durch ihren Einfluß für ihr Weltbild gewonnen haben. Und es läßt sich nicht leugnen, daß jeder von ihnen den Blick auf unbekannte oder unbeachtete Gebiete gelenkt hat. Bei *Husserl* ist es einmal das Gebiet des *Wesentlichen* und *Notwendigen*, das er neu erschlossen hat im Gegensatz zu dem Einmaligen und Zufälligen, an dem die gewöhnliche Erfahrung und Erfahrungswissenschaft hängen bleibt. Es ist nicht etwas absolut Neues, wenn wir an die großen Traditionen der antiken und mittelalterlichen Philosophie denken, aber etwas Neues gegenüber der modernen Weltanschauung, speziell dem im 19. Jahrhundert vorherrschenden materialistischen und empiristischen

Weltbild. Dazu kommt die Domäne des reinen Bewußtseins, die als ein Gebiet unendlicher, streng methodischer und fruchtbarer Forschungsarbeit wohl noch niemand vor ihm erkannt, geschweige denn herausgearbeitet hat.

Als *Schelers* Verdienst wird wohl dauernd der Hinweis auf die Welt der *materialen Werte* (des sinnlich Angenehmen, des Nützlichen, des Schönen, des Wahren, des sittlich Guten, des Heiligen) und ihre Bedeutung für den Aufbau der *Persönlichkeit* gelten. Insbesondere für die Werte der religiösen Sphäre und zwar in spezifisch katholischer Auffassung hat er vielen die Augen geöffnet. Ideen wie Tugend, Reue, Demut, für die in den Kreisen modernen Unglaubens jedes Verständnis entschwunden war, hat er für die Gebildeten unter ihren *Verächtern* wieder in ihrem ursprünglichen Sinn erschlossen. Es ist eine Dankespflicht gegenüber dem Toten, hervorzuheben, wie vielen er den Weg zu echtem katholischen Glauben geöffnet hat.

Das, wofür *Heidegger* den Blick geöffnet hat, ist das, was er *In-der-Welt-sein* des Ich nennt. Es klingt wie eine ganz banale Tatsache, aber welche zentrale Bedeutung dieser Tatsache zukommt, das ist wohl kaum je früher in dieser Schärfe herausgearbeitet worden. Der naive Realismus nimmt die Dinge so, wie sie dem Menschen vor Augen treten und setzt sie so absolut, ohne zu ahnen, wieviel von dem, was ihm vor Augen steht, durch die Wechselbeziehung zwischen dem Menschen und seiner Welt bedingt ist: er vergißt sich selbst als Faktor im Aufbau seiner Welt. Der Idealist wird von der Entdeckung des Anteils, den das Subjekt im Aufbau der Welt hat, so gefesselt, daß er es absolut setzt und den Blick für die Abhängigkeiten, in denen es selbst steht, verliert. Es war eine eigene Aufgabe, auf das *Dasein als In-der-Welt-sein*, in dem wir uns vorfinden, hinzuweisen und es zum Gegenstand der Forschung zu machen.

So hat jeder der drei Forscher zu dem Weltbild unserer Zeit in entscheidender Weise beigetragen.

2. FORMALE BEDEUTUNG

Es gilt nun noch zu zeigen, ob und wie sie auf die *Weltanschauung im formalen Sinn*, d.h. auf die Art, in die Welt hineinzuschauen, gewirkt haben. Von *Husserl* muß man sagen, daß die Art, wie er auf die Sachen selbst hinlenkte und dazu erzog, sie in aller Schärfe geistig ins Auge zu fassen und nüchtern, treu und gewissenhaft zu beschreiben, von Willkür und Hoffart im Erkennen befreite, zu einer *schlichten, sachgehorsamen* und darin *demütigen Erkenntnishaltung* hinführte. Sie führte auch zu einer *Befreiung von Vorurteilen*, zu einer *unbefangenen Bereitschaft*, Einsichten entgegenzunehmen. Und diese Einstellung, zu der er bewußt erzog, hat viele von uns auch frei und unbefangen gemacht für die katholische Wahrheit, so daß eine ganze Reihe von seinen Schülern es ihm mitverdanken, wenn sie den Weg zur Kirche fanden, den er selbst nicht gefunden hat.

Scheler war es darum zu tun, anstelle des kritisch prüfenden Blicks (*blinzelnden*, wie er sagte) den geraden, offenen und vertrauensvollen Blick, besonders für die Welt der Werte, zu setzen. Bei vielen hat das gewiß befreiend und segensreich gewirkt, es ist aber früher schon erwähnt worden und soll auch an dieser Stelle nicht verschwiegen werden, daß für ihn und für viele, die unter seinem Einfluß standen, etwas mehr Kritik gegenüber Anregungen von außen und dem eigenen Verfahren recht heilsam gewesen wäre.

Über die Art, wie *Heidegger* formal auf die Weltanschauung unserer Zeit wirkt, wage ich kaum heute schon ein Urteil abzugeben. Daß er seit einer Reihe von Jahren auf die studierende Jugend und auch auf reifere Menschen einen faszinierenden Einfluß ausübt, ist Tatsache. *Daß* sich das in der weltanschaulichen Haltung der Zeit auswirken muß, ist unzweifelhaft. Welcher Art diese Wirkung ist, kann ich *tatsächlich* nicht angeben. Sie *kann* zu tieferem *Lebensernst* hinführen, weil sie die entscheidenden Lebensfragen in den Mittelpunkt des Interesses gerückt hat. Ich könnte mir aber denken, daß durch die Art, wie das bisher geschehen ist, durch die alleinige Betonung der Hinfälligkeit des Daseins, des Dunkels vor ihm und nach ihm, der Sorge, eine pessimistische, ja nihilistische Auffassung gefördert und die Orientierung am absoluten Sein untergraben wird, mit der unser katholischer Glaube steht und fällt.

Schluß: KATHOLISCHE UND MODERNE WELTANSCHAUUNG

Darum möchte ich diesen allzu kurzen Überblick über eine tiefeinschneidende Geistesbewegung schließen mit dem Pauluswort: Prüfet alles und das Gute behaltet! Prüfen kann aber nur, wer einen Maßstab hat. Wir haben einen Maßstab an unserem Glauben und an dem reichen Erbe unserer großen katholischen Denker: unserer Kirchenväter und -lehrer. Wer sich das Weltbild und die Weltauffassung unserer Dogmatik und klassischen Philosophie ganz zu eigen gemacht hat, der wird ohne Gefahr sich mit den Forschungsergebnissen und -methoden moderner Denker auseinandersetzen und von ihnen lernen können. Ohne solche Vorbereitung könnte die Beschäftigung mit ihnen nicht als gefahrlos bezeichnet werden.

Natur und Übernatur in Goethes „Faust"

Die Goethe-Literatur dieses Jahres zeigt deutlich ein Ringen um eine klare Stellungnahme zu einem Geist, der wie wenige seine Zeit und die Nachwelt mitgeformt hat. Die Älteren fragen sich, was sie ihm von ihrer Bildung verdanken und welche Bedeutung für die Bildung der Jugend ihm heute noch zukommt. Drei Generationen unter den heute lebenden Katholiken zeigen eine deutlich unterschiedene Haltung.

Die Veteranen der Kulturkampfzeit neigen dazu, einen scharfen Trennungsstrich zu ziehen. Ihre Aufgabe war es, Angriffe von außen abzuwehren, aber auch die Giftstoffe des Naturalismus und Rationalismus auszuscheiden, die sich in die eigenen Lebensadern der deutschen Katholiken eingeschlichen hatten. In ihren Aufgabenkreis gehört auch die Abwehr eines übertriebenen Goethekultes; sie fand ihren kraftvollsten Ausdruck wohl in A. *Baumgartners* großem Goethewerk.

Der Katholizismus der Kriegs- und Nachkriegszeit zeigte ein anderes Gesicht. Er war aus der Gefolgschaft gegenüber fremden Geistesrichtungen, aber auch aus einer rein negativen Abwehrhaltung ihnen gegenüber herausgetreten. Des unerschöpflichen Reichtums seiner Kirche froh bewußt, entdeckte er katholisches Geistesgut auch in andern Lagern und nahm es für sich in Anspruch. Diese Generation hat Goethe für sich entdeckt, sie wird nicht müde, auf immer neue katholische Werte in seinem Werk und in seiner Lebensgestaltung hinzuweisen. Sie stellt sich in den Dienst einer Goethe-Apologie nicht nur der älteren, sondern auch – und besonders – der jüngsten Generation gegenüber.

Denn die moderne Jugend, die Jugend von heute, soweit sie nicht in alte Traditionen naiv hineingewachsen ist, sondern aus einem neuen Geist lebt, weiß mit Goethe nicht mehr viel anzufangen. Was kann Menschen, die in hartem Existenzkampf stehen, ein Mann sagen, der solche Not niemals kennen gelernt hat, der sich den „Luxus" leisten konnte, seiner Bildung zu leben und in Fragen der künstlerischen Form letzte Lebensfragen zu sehen? Das ist nun freilich eine recht oberflächliche Sicht, und man kann es wohl verstehen, wenn diese Haltung für die Älteren schmerzlich anzusehen ist und wenn sie sich mit aller Kraft dafür einsetzen, Werte zu erhalten, von denen sie wissen, daß sie für die Gegenwart und für die Zukunft noch eine Bedeutung haben. Und man kann es begreifen, wenn sie in diesem Bemühen manchmal über das Ziel hinausschiessen und Grenzlinien verwischen, die gezogen bleiben müssen. Der Jugend die Augen zu öffnen für die großen Schöpfungen des deutschen Geistes, Ehrfurcht und Dankbarkeit dafür zu wecken, ist gewiß die erste Aufgabe. Dann aber zu klarer Stellungnahme zu kommen und zur Scheidung der Geister, das sind wir ihr ebenso sehr schuldig.

Im Dienste dieser Aufgabe möchte ich nun den Gedankenbau jenes Werkes, das man Goethes *Summa* genannt hat, in das Licht unseres Glaubens stellen.

Vor einigen Monaten sah ich in der Schweiz ein merkwürdiges Kirchengebäude: zwischen zwei frühgotischen Türmen eine Barockfassade, und demgemäß der Innenraum – zwei völlig verschiedene Organismen durcheinander gewachsen, sodaß man sich kaum ausdenken konnte, wie das Ganze entstanden sein mochte. An dieses Bauwerk mußte ich denken, als ich nicht lange danach wieder einmal die ganze Faustdichtung in einem Zuge durchlas. Auch hier haben wir einen doppelten Grundriß. Man kann versuchen, die beiden Bestandteile getrennt zu betrachten (nur den Grundriß, von allem Rankenwerk abgesehen), aber es wird nicht gelingen, die Trennung restlos durchzuführen, weil wir doch ein organisches Ganzes vor uns haben; und der Entstehungsprozeß ist ein geheimnisvoller. Wir wissen wohl, daß der junge Stürmer mit dem Barock- oder vielleicht richtiger Renaissancebau begann und daß der reife Meister die gotischen Türme und Mauern darum legte. Aber stand nicht der ganze gotische Dom der Volkssage, ehe das Originalgenie Hand ans Werk legte, und hat nicht der Geist, der den alten Dom baute, dem Meister bei der Vollendung seines Baus die Hand geführt?

Wie dem auch sei – wir versuchen es zuerst mit dem Mittelbau, dem Renaissance-Faust, den wir auch den Sturm- und Drang-Faust oder den neuzeitlichen Faust nennen können. Er ist es auch, der den modernen Menschen, den Menschen des 19. und beginnenden 20. Jahrhunderts bis zu der Zeitenwende, in der wir jetzt stehen, vorwiegend anzog und beschäftigte, in dem er sich selbst wiederfand: der Urfaust, der Faust der großen Monologe und der Gretchentragödie, der Mensch mit den zwei Seelen, die ihn zu zerreißen drohen. Ein „Herr Mikrokosmos" ist dieser Mensch, eine kleine Welt für sich: so wie er sich selbst fühlt, völlig einsam, abgeschlossen, verloren, ein *Solus ipse*. Keine Brücke führt von ihm zu den Herdenmenschen, den in ihrem engen Bezirk Befriedigten, in denen nichts von dem verzehrenden Feuer lodert, das er in sich spürt. Und doch drängt es ihn zu ihnen hin wie zu allem, was außer ihm ist. Er möchte die Schranken durchbrechen, die ihn in seinem engen Selbst festhalten, während er sich doch als Teil des großen Ganzen fühlt, des Makrokosmos, des lebendigen All. Er möchte durchbrechen zu diesem All, sich selbst dazu erweitern. Er hat es versucht auf dem gewöhnlichen Weg der menschlichen Erkenntnis, er hat die ganze Schulweisheit durchmessen und sie hat ihm nichts gegeben. Sie tastet von außen an den Dingen herum und zerbröckelt sie. Zum geistigen Band dringt sie nicht vor. Sie kann ihm nicht sagen, „was die Welt im Innersten zusammenhält", sie führt ihn so wenig ins Herz der Natur wie in den Geist vergangener Zeiten.

So hat er den Weg der Magie beschritten und wird bis zur Berührung mit der Geisterwelt geführt, aber nur, um von ihr als einer ganz andern, ihm unfaßlichen, in sich selbst zurückgeschleudert zu werden. – Gibt es nicht noch einen Weg, aus sich selbst heraus- und in die große Geisterwelt hineinzugelangen? Die irdische Hülle zu zerbrechen und frei durch das dunkle Tor des Todes hindurchzuschreiten? Die süßen Töne der Ostergesänge bewegen ihn auf der Schwelle zur Umkehr. Was gibt ihnen diese Macht? Erinnerung an ein unbegreiflich holdes Sehnen, so meint er selbst, das sie einmal in ihm weckten, an ein verlorenes Jugendglück.

Es gibt noch Beglückendes für ihn auf dieser Erde, die er verlassen wollte. Er fühlt es auf dem Osterspaziergang. Die Einheit, die ihm der Verstand nicht aufdeckt, er spürt sie am Herzen der Natur, spürt sie im umfriedeten Kreis schlichten Menschendaseins. Er möchte über die Welt dahinfliegen, um all ihre Schönheit in sich zu trinken, ins Leben hinabtauchen, um alles Wohl und Weh der Menschheit durchzukosten. So tritt er seine Weltfahrt an. Gemeine Lust vermag ihn nicht zu fesseln – dazu ist der Geistestrieb zu mächtig in ihm. Aber er erfährt auch den anderen Trieb und seine zerstörende Gewalt. Seine Sehnsucht nach Durchbrechung der Einsamkeit, der Enge des eigenen Seins, findet beglückende Erfüllung, als ein Menschenwesen in seiner lieblichsten Gestalt, jung und unschuldig rein, grenzenlos liebend und vertrauend sich ihm überläßt. Das Ende ist Vernichtung – die Zerstörung dieser ganzen, kleinen, friedvollen Welt.

Hier endet die Jugenddichtung, und nicht wenige begnügen sich mit diesem Fragment, abgeschreckt durch die Schwierigkeit der späteren Teile. Sind sie nicht im Verhältnis zu diesem blut- und lebensvollen Kernstück blasse Allegorie? Doch der ernsthafte Leser geht weiter, und wenn er naturalistisch eingestellt ist, sucht er im selben Sinn wie bisher weiter zu deuten.

Wie liebliche Erinnerung einst den Helden von der Schwelle des Todes ins Leben zurücklockte, so nimmt ihm heilsames Vergessen den Druck der Schuld von der Seele und läßt ihn erwachen zu einem Leben der Tat. So wenig ihn niederer Genuß fesseln konnte, so wenig lockt ihn eitler Ruhm. Ehre und Einfluß am Kaiserhof vermögen ihn nicht festzuhalten. Gewaltig zieht ihn das Ideal reiner Schönheit an. Er scheut nicht die äußerste Entsagung und Vereinsamung, um ihm auf die Spur zu kommen und es für diese Welt zu gewinnen. Freilich kann es hier noch nicht dauernder Besitz werden. Aber wer es einmal erfaßt hat, dessen Blick zieht es dauernd hinauf zum Ewigen. Es trägt ihn auf eine freie Höhe, von der aus er diese Welt und seine Aufgaben darin erkennt. Er beginnt ein Leben beharrlicher Arbeit, des Kampfes gegen die „zwecklose Kraft unbändiger Elemente", um „vielen Millionen Räume zu eröffnen", „auf freiem Grund mit freiem Volk zu stehen". Im Vorgefühl des erreichten Ziels genießt er den höchsten Augenblick seines Lebens, zugleich der Unzerstörbarkeit seines rastlosen Wirkens gewiß, und dieser Augenblick wird ihm zum Durchgang in das Reich höchsten und reinsten geistigen Seins.

Was wird bei solcher „natürlicher" Betrachtungsweise aus dem Gefährten, der Faust auf seiner Weltfahrt zur Seite steht als Führer und Verführer bei seinen Genüssen, als Diener und Werkzeug seiner Taten? Was wird aus dem Prolog im Himmel, der den Knoten dieses Erdendramas schürzt? Was aus der Himmelsherrlichkeit, die sich dem immer Strebenden öffnet? Das Teufelsbündnis stand im Mittelpunkt der Faustsage. Es konnte unmöglich gestrichen werden, das hätte die Preisgabe des ganzen Stoffes bedeutet. Aber der moderne Leser ist ja sicher, daß der Dichter so wenig wie er selbst an die persönliche Existenz des Bösen geglaubt hat. Mephisto selbst spottet genug über das alte Gespenst des Volksglaubens. Ist nicht der Gegensatz zwischen dem Herrn und dem Widersacher, zwischen Himmel und Hölle nur eine kühne poetische Bildersprache für den Kampf der zwei Seelen in des Menschen eigener Brust, zwischen dem Geist, der rastlos wirken und ewigen Idealen entgegenstreben will, und den niederen Trieben, die ihn an den Staub fesseln, die ihn von seinen Zielen ablenken, die es dahin bringen, daß seine Taten zerstören statt aufzubauen? (Man könnte auch sagen: zwischen der *höheren*, auf das Ewige gerichteten *Vernunft* und der *niederen*, die nur irdischen Zwecken dient, die Wege zu flüchtigen Genüssen ebnet, die sie selbst hinterher mit kritischer Schärfe wieder vernichtet.) Aber der Geist braucht sich den Trieben nicht zu unterwerfen. Er kann ihnen „kräftig widerstehen", und wenn er das tut, dann wandelt sich ihr Fluch zum Segen: sie sind ihm ein Anreiz zur Betätigung, sie steigern seine Kraft und werden so gezwungen, Gutes zu wirken. Mag sein, daß diese Auffassung der Lebensanschauung des Dichters ziemlich nahe kommt. Aber damit wäre noch nicht gesagt, daß sie der Tragödie letzten Sinn erschlösse.

Über Goethes religiöse Weltanschauung ein abschließendes, eindeutiges Urteil sprechen zu wollen, schiene mir ein sehr gewagtes Unternehmen. Seine Äußerungen sind so vielfältig und widersprechend. Und vielleicht hat er das Tiefste niemals gesagt. Aber wovon der Dichter als Mensch überzeugt ist und was sich in seinem Werk ausspricht, das braucht sich keineswegs zu decken. Sobald er als Künstler schafft, ganz rein dem schöpferischen Prozeß hingegeben, steht er „unter höheren Geistes Gewalt". Und so ist der letzte Schlüssel zum Verständnis nicht der Dichter, sondern die Dichtung selbst. Diese Dichtung bietet aber dem gläubigen oder wenigstens in der christlichen Glaubenswelt bewanderten Leser noch etwas ganz anderes als die Kämpfe einer einsam ringenden Menschenseele.

Damit verlassen wir das Renaissancegebäude und treten in den gotischen Dom ein. – Es ist unverkennbar, daß rein dichterisch betrachtet der Prolog im Himmel einen ganz andern Charakter hat als etwa der Maskenzug, die klassische Walpurgisnacht oder das Helena-Drama des II. Teils. Dort haben wir eine allegorische Bildersprache, die ganz anderes meint als das, was bildhaft dargestellt ist. Hier treten wir in eine Welt realen Seins und Geschehens ein, die nicht mehr über sich hinausweist auf etwas, was „eigentlich gemeint ist". Für den Gläubigen ist es keine fremde Welt, sondern eine, die ihm lieb und vertraut ist, in die er mit Ehrfurcht und heiliger Freude hineinschaut: die himmlischen Heerscharen, die das ewige Sanctus singen, in seinen Werken den Schöpfer preisen, hoch erhaben über menschliche Erkenntniskraft und doch unvermögend, den Unaussprechlichen zu fassen, und in der demütigen Erkenntnis ihres Unvermögens befriedet, in „süßer Sachlichkeit und beschwingtem Ernst" zum Dienst des Ewigen bereit.

Ein greller Mißton zerreißt diese Harmonie: die freche Rede des Schadenstifters, der zerstörend in Gottes Schöpfung einzutreten sucht, der es wagt, vor dem Herrn zu erscheinen und ihm eine Wette anzubieten, als wäre er eine Macht neben dem Allerhöchsten, und doch wider Willen gestehen muß, daß sein Wirken nicht weiter reicht, als Gottes Zulassung es ihm bemißt. Um des Menschen Seele geht der Kampf. Himmel und Hölle ringen um sie. Wenn wir sie sehen werden in ihrer Einsamkeit und Not, nur in dunklem Drange ihres Weges bewußt, der für sie in Nacht und Nebel gehüllt ist, wenn wir Zeuge werden ihres Ringens, ihres Fallens und Wiederaufstehens, wird uns die tröstliche Gewißheit begleiten, daß sie in Gottes Hände gezeichnet ist, daß ihr Weg und Ziel sonnenklar vor dem Blick des Ewigen liegen und daß er seinen Engeln befohlen hat über sie, daß sie aus dem Irren zur Klarheit geführt werde.

Zwei Seelen ringen in der Brust des Einsamen. Aber er steht nicht allein in diesem Kampf. Eine Macht ist neben ihm, die alles Niedere aufreizen, den Geist in Fesseln schlagen und von seinem Urquell abziehen will. Ihr Einfluß ist auf seinem ganzen Weg zu spüren. Hat er, sich selbst überlassen, als echter Adamssohn verzweifelte Anstrengungen gemacht, über seine eigenen Grenzen zu springen, so verkehrt sich in der Gegenwart des Versuchers der Schmerz über die Ohnmacht seines Geistes in den furchtbaren Fluch über alle Himmelsgaben. Er, der über alles Irdische hinausstrebte, will nun von nichts mehr wissen als den Freuden und Leiden dieser Erde, wenn auch nur, um sich immer aufs Neue von ihrer Nichtigkeit zu überzeugen. Er, dessen Wandel bisher makellos war, dem noch jetzt der Anblick der Unschuld und Reinheit mächtig ans Herz greift, läßt sich doch dazu verführen, sie mit Teufelskünsten ins Netz zu locken; er läßt das Ehr- und Pflichtgefühl, das sich gegen die falsche Zumutung des falschen Zeugnisses empört, mit höllischer Sophistik beschwichtigen. Selbst als er sich der Führung Mephistos mehr und mehr entwindet, sich Ziele steckt, die dem höllischen Gefährten nicht genehm sind – die Gewinnung Helenas, die Arbeit am Meeresstrande –, kann er ihn als Helfer nicht entbehren und befleckt dadurch immer wieder seine Unternehmungen mit Freveltaten. Ihm, den einst Glockenklänge von der Schwelle des Todes ins Leben zurückriefen, ist der Ton des Aveglöckchens widerlich.

Bei alledem ist er der Macht der Hölle nicht schutzlos preisgegeben. Können wir es als einen „Zufall" ansehen, daß in dem Augenblick, wo er den Todestrank an die Lippen setzt, die Ostergesänge ertönen? Und sollte wirklich eine bloße Erinnerung an fromme Jugendtage die Kraft haben, ihn von dem letzten Schritt zurückzuhalten? Nein, für den Blick des Glaubens ist es Gnadenführung und Gnadenwirkung, vielleicht die Frucht jener früheren, heilig begangenen Ostertage. Wenn der fromme Kindersinn der Geliebten nach seinem Glauben fragt und ihre ahnungsvolle Seele ihn zur Trennung von dem unheimlichen Gesellen mahnt, pocht da nicht Gottes Gnade mächtig an sein Herz? Ist sie es nicht, die mitten im Hexentreiben der Walpurgisnacht das bleiche Bild der Verlassenen vor ihm erscheinen läßt und ihn zu ihrer Rettung antreibt? Machtvoll tut sie sich in der Seele der Verurteilten kund, die sich von dem Geliebten losreißt und den Weg der Buße und des Todes wählt, in der Stimme des Engels, der ihre Rettung verkündet. Vermag sie ihn jetzt noch nicht von dem Gefährten zu trennen, so wird sie doch unaufhaltsam weiterwirken. Von jetzt an wird er sich nicht mehr einfach führen lassen, sondern nach eigenen, nach hohen Zielen Ausschau halten, nach solchen, die der Geist der Verneinung nicht zu fassen vermag.

Das Los der Seele ist kein mechanisches Ergebnis ihrer widerstreitenden Kräfte; sie ist auch kein Spielball im Kampf zwischen Himmel und Hölle. Er wählte in Freiheit selbst seinen Weg, eben dadurch dem Irren ausgesetzt. Kraft seiner Freiheit glaubt er sich den Durchbruch in eine höhere Welt erzwingen zu können, und ein freier Entschluß läßt ihn auf der Schwelle umkehren. So hoch gilt ihm die Freiheit, daß er als Anfang alles Seins die Tat setzt. In freier Entscheidung schließt er den Pakt mit dem Teufel, gibt seinen Einflüsterungen nach, als sein besseres Selbst ihn Gretchens Nähe fliehen heißt, zwingt ihn andererseits, mit ihm zu ihrer Rettung zur Stadt zurückzueilen. Sein freier Wille ist es wiederum, wenn er mit dem Gefährten flieht, statt mit ihr den Bußweg zu gehen. Frei entschließt er sich, dem Schaudern der Natur zum Trotz, zu den „Müttern" hinabzusteigen, um das Bild der höchsten Schönheit zu finden und sie auf diese Welt heraufzubeschwören. Frei entscheidet er sich zum Kampf mit den Elementen in mühevoller Arbeit. Und Mephisto selbst muß ihm schließlich bezeugen, daß er ihm kräftig widerstanden hat. Eben dieses rastlose Streben des freien Geistes ist nach dem Gesang der himmlischen Chöre die Vorbedingung seiner Rettung: Wer immer strebend sich bemüht, den können wir erlösen.

Rundet sich damit Goethes Lebensdichtung zum katholischen Weltbild, tritt er an die Seite *Dantes* und *Calderons*? Es scheint fast, als wäre alles Nötige vorhanden: der Mensch, mit natürlichem Drange dem höchsten Ziel entgegenstrebend, aber von niedern Trieben aufgehalten und abgelenkt, böse und gute Geister an seiner Seite, er frei wählend dazwischen und damit der Gnadenhilfe von oben sich entgegenbemühend? Und doch wird jeder, der mit unbefangenem und unverbildetem katholischen Sinn an die Dichtung herantritt, deutlich spüren, daß hier etwas Wesentliches fehlt, er wird der Lösung des Dichters den Glauben versagen. Die lieblichen Chöre des Schlußbildes haben nichts von der biblischen Kraft der Erzengelhymnen im Prolog. Eher erinnern sie an die Gesänge, mit denen Mephistos dienende Geister Faust in Schlummer singen, an die Elfenlieder, die ihm die Reue aus der Seele schmeicheln. Sie möchten unsere Sinne betören und uns Unmögliches glaubhaft machen.

„Wer immer strebend sich bemüht, den können wir erlösen" – das ist eine Scheinwahrheit, wenn dieses Streben nicht formal und material bestimmt ist, wenn es nicht Streben nach dem Guten selbst um seiner selbst willen ist. Fausts Geist ist von seinem Urquell abgelenkt worden, er hat sich in freier Entscheidung vom höchsten Gut abgewendet und hat niemals eine Rückwendung vollzogen. Ja, er scheint sich in seinen letzten Lebenstagen und Augenblicken entschiedener als je ganz auf das Irdische zu beschränken und dem Ewigkeitssehnen seiner Jugend den Rücken zu kehren, er scheint wie von einem Tätigkeitsfieber ergriffen, das ihn treibt, sein Lebenswerk zum Abschluß zu bringen. Und wenn er unter dem Anhauch der Sorge erblindet, so will uns das – trotz seiner eigenen Versicherung, daß in seinem Inneren helles Licht leuchtet – wie ein Symbol jener geistigen Verblendung dünken, die den letzten Dingen zu entgehen sucht, indem sie die Augen davor schließt.

Wie sollen wir glauben, daß dieser Geist, der sich selbstherrlich auf die eigene Kraft stellt, zu den „reuig Zarten" gehöre, bei denen die Liebe von oben Eingang finden, die sie reinigend durchdringen, als Ziel ihres Sehnens emporziehen und schließlich beseligend ganz in sich bergen kann?

Es hat nur den Anschein, als kämen Natur, Freiheit und Gnade in Goethes Lebensdichtung zu ihrem Recht. Die Freiheit wird nicht angewendet um der Gnade entgegenzustreben und die Pforten zu öffnen, die Gnade soll mechanisch ihr Werk verrichten, den, der sich gegen sie verschlossen hat, ergreifen und emportragen, ohne daß er den Berg der Läuterung zu ersteigen braucht. Dieser Berg heißt *Kalvaria* und auf ihm hochragend das Kreuz, jenes Zeichen, dem Goethe ausgewichen ist und das doch für alle Ewigkeit als der einzige Weg von der Erde zum Himmel aufgerichtet ist. Das Zeichen, das zu klarer Scheidung und Entscheidung auffordert.

Wir haben nicht zu urteilen über den Menschen Goethe, über seinen Glauben, über das, was zwischen ihm und dem Herrn vorging in jenen Augenblicken, die über des Menschen Ewigkeit entscheiden. Das sind Geheimnisse Gottes, in die kein Menschenauge hineinschaut. Wir stehen vor des größten deutschen Dichters größter Dichtung und fragen uns: können wir dieses Werk der deutschen Jugend und dem deutschen Volk in die Hände legen und sagen: nehmt es hin, nehmt es in euch auf, laßt euch ganz durchdringen von dem Geist, der darin lebt und daraus spricht; es ist das Beste, das wir euch zu bieten haben, es ist das Eine, das nottut? Wir blicken auf zum Bild des Gekreuzigten und sagen: Nein.

Dieses Werk gehört zu den wenigen ganz großen Menschheitsdichtungen, weil es die große Frage der Menschheit, die Frage nach Sündenfall und Erlösung, in ihrer ganzen Tiefe und Weite und Schwere aus der Fülle des Menschenlebens heraus sich entrollen läßt. Aber sie beantwortet diese Frage mit einer blendenden Scheinlösung. Das große Werk ist, wenn wir versuchen, es als den gotischen Dom zu nehmen, den die Eingangshalle verspricht, ein gewaltiger Torso. Nehmen wir es als Ganzes, so wie es sich darstellt, wenn wir alle seine Teile durchwandern, so ist es kein einfacher Organismus, sondern zwei Grundrisse von völlig verschiedenem Charakter durchdringen sich: das, was wir als Renaissancebau und als gotischen Dom bezeichneten. Es liegt nicht nur an der Willkür oder der subjektiven Einstellung des Beschauers, wenn es einmal als Tragödie des modernen, des neuzeitlichen Menschen und zugleich als Selbstbekenntnis des Menschen Goethe erscheint und von der andern Seite als das große Menschheitsdrama schlechthin. Beides steckt darin und keiner der beiden Grundrisse hat den andern zu überwinden und zu verdrängen versucht, und schließlich ist das Ganze als ein Notbau zum Abschluß gebracht worden. Man kann es als individuelle Bekenntnisdichtung nehmen und verfolgen, wie das Werden und die Wandlungen des Menschen Goethe sich darin niedergeschlagen haben. Man kann es als Symbol des deutschen Geisteslebens nehmen: wie der große Dom des geschlossenen mittelalterlichen Weltbildes durchbrochen wurde in der Zeitenwende der Renaissance, wie ein verzweifeltes Suchen und Ringen an die Stelle des Stehens auf Felsengrund trat, und schließlich statt des Ringens um Ewigkeitsfragen eine Beschränkung auf greifbare, praktische Ziele. Man kann es schließlich *sub specie aeterni* betrachten: jeder große Genius ist ein Werkzeug des Allerhöchsten; ein Sprachrohr, durch das der Geist Gottes sich vernehmen lassen will, jedes reine Kunstwerk eine Offenbarung göttlicher Wahrheit in einer Sprache, die dem Menschengeist und dem Menschenherzen verständlich ist. Aber es ist dies nur genau so weit, als der Künstler sich dem Geist, der über ihm ist, überläßt, in reinem Sachgehorsam sich selbst vergessend, und nicht mit eigener Willkür dazwischen fährt.

Goethe ist wie nur irgendeiner begnadet worden mit den Augen, die die reine Schönheit schauen, mit dem Herzen, das davon zur Glut entflammt wird, mit der Gabe des Wortes, das davon zu künden weiß. Er hat das reine Ideal des Künstlertums besessen, wie es sich im Helena-Drama der Fausttragödie ausspricht. Aber niemals hat der Künstler den Menschen – auch im Sinne des Allzumenschlichen – ganz überwunden. Und vielleicht wird es nirgends deutlicher als an dem Werk, das wie kein anderes mit seinem ganzen Leben verwachsen ist, wie dem reinen Gebilde fremder Stoff sich anhängt, sodaß es nicht zum voll und rein ausgestalteten Kristall werden kann. Es wird lebenslanger, liebevoller Vertiefung bedürfen, um zu scheiden, was reines Gebilde und was fremder Stoff ist.

Wir kehren zu dem Bildungsproblem zurück, von dem wir ausgingen. Das Größte, was der deutsche Geist hervorgebracht hat, muß in der deutschen Bildung eine Stelle haben. Dazu hinführen und Ehrfurcht vor den Werken des Geistes erwecken ist eine erste Aufgabe. Dann aber: prüfet alles und das Beste behaltet! Das heißt nicht Verführung zu unreifer Kritik. Es heißt nur Bewahrung vor blinder Bewunderung, es heißt nur Mahnung daran, daß wir einen absoluten Maßstab haben, den wir niemals aus den Händen legen dürfen, und ein Wahrzeichen, an dem sich unser Weg von jedem andern Weg scheidet.

Das Wahrzeichen, das über unserer Menschenbildung steht, kann nicht ein Goethebild sein, sondern das Kreuz. Goethe sagt davon: „Wir halten es für eine verdammungswürdige Frechheit, jenes Martergerüst und den daran leidenden Heiligen dem Anblick der Sonne auszusetzen, die ihr Angesicht verbarg, als eine ruchlose Welt ihr dies Schauspiel aufdrang, mit diesen tiefen Geheimnissen, in welchen die göttliche Tiefe des Leidens verborgen liegt, zu spielen, zu verzieren und nicht eher zu ruhen, als bis das Würdigste gemein und abgeschmackt erscheint". Man darf sich die Mahnung ernstlich zu Herzen nehmen, mit dem Heiligsten nicht zu spielen und zu tändeln. Aber Goethes eigentümliche Stellung zum Zeichen unserer Erlösung bedarf doch noch genauerer Prüfung. Sie scheint mir ganz tief mit seiner innersten Haltung zur Welt und zum Christentum zusammenzuhängen. Wie er das Kreuz verhüllen möchte, so hat er für die Idee „Sünde" und „Reue" keinen Raum.

Die katholischen Goetheverehrer, die sich bemühen, recht ins Licht zu stellen, was uns mit ihm verbindet, weisen mit Recht darauf hin, mit welch tiefer Ehrfurcht er zeit seines Lebens vor Gottes Schöpfung gestanden hat. Jedes Ding war ihm Auswirkung einer ewigen Idee, vergängliches Gleichnis eines Unvergänglichen. Mit liebendem Blick hat er jedes Gebilde der Natur umfaßt, bestrebt, die reine Idee herauszuschauen und nachzugestalten. Er sieht gleichsam die Natur, wie sie aus Gottes Händen hervorging. Unverträglich ist ihm der Gedanke, daß durch diese Gotteswelt ein unheilbarer Riß hindurchgehen sollte. Wohl kennt er die Schuld und ihren lastenden Druck auf der Menschenseele, aber sie erscheint eher als Schicksal denn als Sünde: „Ihr führt ins Leben ihn hinein, ihr laßt den Armen schuldig werden"! Und seine ehrfürchtige Liebe zur gottgeschaffenen und von Gottes Odem belebten Welt läßt ihn daran glauben, daß sie die Heilkräfte in sich selbst tragen müsse.

Eduard *Spranger* hat in einem seinen Aufsatz im *Inselalmanach auf das Goethejahr 1932* darauf hingewiesen, daß in der Faustdichtung neben der Tragödie des Mannes, der von Stufe zu Stufe zu Formen immer höheren Strebens emporsteigt, ein Paralleldrama in Ansätzen zu finden sei: ein Stufenreich von immer höheren Formen der Liebe, die sich in den weiblichen Gestalten verkörpern, bis zur höchsten und reinsten: der erbarmenden und erlösenden Liebe, die im Bilde der Jungfrau-Mutter-Königin erscheint. Das geheimnisvolle „Das Ewigweibliche zieht uns hinan" würde also dahin zu deuten sein, daß in das Wesen der Frau erlösende Kräfte gelegt sind. Ein Gedanke von erhabener und herzbewegender Schönheit, der eine heilige Verantwortung auf uns legt. Er darf uns aber nicht blind machen gegen die harte Tatsache, daß der Riß der Erbsünde durch die ganze Schöpfung und durch die weibliche wie durch die männliche Natur geht und daß erst durch die Erlösung die Natur der Frau ihre Reinheit und ihre Heilkraft gewinnt. So groß und erhaben sich im Schlußbild der Faustdichtung die Gemeinschaft der Heiligen vor uns enthüllt, das ewige Urbild zu dem vergänglichen Gleichnis menschlichen Gemeinschaftslebens, so lieblich und beglückend die erbarmende und erlösende Liebe in der Gestalt der Himmelskönigin und der sie umschwebenden heiligen Büßerinnen: sie alle sind kraftlos aus sich selbst, sie vermögen nichts anderes als die Ströme der Gnade weiterzuleiten, die am Stamm des Kreuzes entspringen: aus dem geöffneten Herzen des Erlösers, das unsere Sünden durchstachen.

Zwei Betrachtungen zu Edmund Husserl

Husserls Transzendentale Phänomenologie

(Cf. Edmund Husserl, Méditations Cartésiennes, Paris, 1921, und Eugen *Fink*,
Beiträge zu einer phänomenologischen Analyse der psychischen Phänomene, die
unter den vieldeutigen Titeln „Sich denken, als ob", „Sich etwas bloß vorstellen",
„Phantasieren" befaßt werden. Freiburger Dissertation, 1930.)

Als Husserls *Logische Untersuchungen* zum erstenmal erschienen (1. Auflage 1900/01, 2. Auflage
1914), hatte man den Eindruck, daß hier eine Rückwendung von der kritizistischen Denkwei-
se der modernen Philosophie zu den großen Traditionen der *philosophia perennis* vollzogen sei.
Es wurde mit dem Skeptizismus in seinen verschiedenen Erscheinungsformen (Psychologismus,
Historizismus) Abrechnung gehalten und die Idee einer formalen Ontologie entworfen. Die
konkreten Ausführungen des II. Bandes konnten als Musterbeispiele formal- und material-on-
tologischer Untersuchungen gelten. Und Husserls Göttinger Schule, die sich an dieses *standard
work* anschloß, sah in ontologischen Untersuchungen ihre eigentliche Aufgabe.

Es war aber in jenem Werk bereits eine andere Forschungsrichtung angebahnt, in deren Aus-
bau Husserl schließlich seine Lebensaufgabe sah. Sie kam zum Durchbruch in seinen *Ideen zu
einer reinen Phänomenologie und phänomenologischen Philosophie* (1913) und ist in konzentrierter
Form dargestellt und in manchen Linien über den Standpunkt der *Ideen* hinaus weiterentwickelt
in den *Méditations Cartésiennes* (hervorgegangen aus Vorträgen, die Husserl 1929 in Paris gehalten hat, vorläufig nur in französischer Sprache erschienen; es ist aber eine erweiterte deutsche
Ausgabe in Vorbereitung).

Im Suchen nach einem absoluten Ausgangspunkt für eine fest begründete Philosophie und
Wissenschaft begegnet *Husserl Descartes*; beide sehen diesen Ausgangspunkt im *cogito*, dem Akt
des reflektierenden Ich, das in seinem Akt seiner selbst und seines Seins in unbezweifelbarer
Weise gewiß wird. Aber während Descartes, wie Husserl sagt, aus mathematischem Vorurteil
das *ego cogito* als Axiom für eine deduktive Wissenschaft setzt und aus metaphysischem Vorurteil
als *substantia cogitans*, vollzieht er selbst die Scheidung zwischen dem *psychischen* Ich, das „in der
Welt ist", und dem *transzendentalen Ich*, für das sich die Welt als ein Ganzes aus Sinneinheiten
aufbaut, sodaß es für sie vorausgesetzt ist. Das cogito im weitesten Sinn des Ich-Lebens wird
als ein unendliches Feld immanenter Beschreibungen aufgewiesen; sie sind die Aufgabe einer eigenen Wissenschaft, der *transzendentalen Phänomenologie*, die als Grundwissenschaft, als *prima
philosophia*, und zugleich als *philosophia universalis* in Anspruch zu nehmen ist, weil sich in ihr
und *nur* in ihr alle philosophischen Probleme stellen und lösen lassen. Sie hat zu zeigen, wie sich
in den *cogitationes* die *cogita*, die Gegenstände als Sinneinheiten für das Bewußtsein aufbauen
(*konstituieren*) und wie im Fortgang des Ichlebens, das eine Genesis ist, wesensnotwendig eine
Welt sich aufbauen muß: als eine Unterstufe die Natur, wie sie für das isolierte Subjekt sich
darstellt, und das eigene Ich als psychophysisches; sodann die andern Subjekte und in Wechselverständigung mit ihnen die Welt als *objektive*, intersubjektive; in höherstufigen Akten theoretische Gegenständlichkeiten (*Theorien, Wissenschaften*) die Welt als Güter- und Wertewelt usw.

Innerhalb dieser Transzendentalphilosophie haben die Ontologien ihre Stelle: sie haben die
eidetischen Strukturen der Gegenständlichkeiten verschiedener Stufen herauszuarbeiten. Auch
die höchsten und letzten Fragen der Metaphysik, Ethik und Religionsphilosophie sind von diesem Boden aus in Angriff zu nehmen.

Husserl hat in den Cartesianischen Meditationen die Idee einer absoluten und universalen
Wissenschaft gezeichnet und diese Wissenschaft selbst in ihren Grundlinien entworfen. Seine
Ausführungen werden in mancher Hinsicht erläutert und ergänzt durch die eingangs zitierte
Dissertation seines gegenwärtigen Assistenten Eugen *Fink*: im engsten Anschluß an Husserls
eigene Gedanken, wie sie in Vorlesungen und Privatgesprächen zum Ausdruck kamen, wird hier
vor allem Einblick gegeben in die Problematik der Konstitution des reinen Bewußtseins selbst,

der Zusammenhänge zwischen transzendentalem Ich und Ich-Mensch. Besonders wertvoll ist die Durchführung konkreter Einzelanalysen, deren Bedeutung für die großen prinzipiellen Fragen gezeigt wird.

Der universale Anspruch der transzendentalen Phänomenologie fordert die thomistische Philosophie zur Auseinandersetzung auf: auf der einen Seite zeigen die durchgeführten Analysen, daß hier in der Tat ein großes Forschungsgebiet neu erschlossen ist. Andererseits ist die Etablierung des *cogito* als *ens primum et absolutum* (vielleicht ist es gar nicht erlaubt, es *Seiendes* zu nennen, weil konstituierendes Leben und konstituierte Gegenstände keineswegs univok, höchstens analog als *seiend* zu bezeichnen sind) etwas, was mit dem Kern des Thomismus unvereinbar scheint. Gibt es eine Möglichkeit, von der *philosophia perennis* aus die Problematik der phänomenologischen Konstitution sich zu eigen zu machen, ohne zugleich das, was man den transzendentalen Idealismus der Phänomenologie nennt, zu übernehmen?

EDMUND HUSSERL, DIE KRISIS DER EUROPÄISCHEN WISSENSCHAFTEN UND DIE TRANSZENDENTALE PHÄNOMENOLOGIE

Eine Einleitung in die phänomenologische Philosophie. (Erschienen im I. Band der Zeitschrift *Philosophia*, Belgrad 1936, S. 77-176.)

Arthur *Liebert*, der frühere Herausgeber der *Kantstudien*, hat seinen Wohnsitz von Berlin nach Belgrad verlegt und gibt nun als Nachfolgerin der Kant Studien die Zeitschrift *Philosophia* heraus. Der I. Band dieser Zeitschrift bringt einen Beitrag von Edmund Husserl, dem weitere folgen sollen. Es werden darin Gedanken ausgearbeitet, die er in einer Vortragsfolge zu Prag im November 1935 entwickelt hat.

Der Begründer der Phänomenologie lebt in Freiburg i. Breisgau in großer Zurückgezogenheit. Er ist kürzlich 78 Jahre alt geworden und hat in seinem Alter viel Schmerzliches und Bitteres erfahren, aber er arbeitet mit unermüdlicher Anstrengung und erstaunlicher Kraft an der Vollendung dessen, was er als die Sendung seines Lebens ansieht. Was von Husserl im Druck erschienen ist, war immer der Niederschlag vieljähriger Untersuchungen, der knapp zusammenfassende Ausdruck vielgestaltiger Forschungen, bei dem vieles unausgesprochen blieb, was in ungedruckten Entwürfen niedergelegt oder in mündlichem Gedankenaustausch mitgeteilt wurde. Das macht dem Fernerstehenden das Eindringen in den Zusammenhang dieses Lebenswerkes schwer. Husserl hat sich niemals bestimmen lassen, jene älteren Entwürfe zu veröffentlichen. Sie bedeuten für ihn Stufen, die er hinter sich gelassen hat, und es liegt ihm alles daran, zu der Höhe emporzuführen, auf der er sich jetzt weiß. Darum hat auch das neueste Werk, wie schon manches frühere, den Charakter einer Einführung.

Es geht von der gegenwärtigen Krisis der Wissenschaft aus. In der Tat muß man – trotz der glänzendsten Leistungen und Erfolge – von einer allgemeinen Krisis der Wissenschaft sprechen. Man bringt ihr nicht mehr das Vertrauen entgegen wie noch in der zweiten Hälfte des 19. Jahrhunderts. Sie hat gegenüber der Not des Lebens versagt. Das neuzeitliche, an die Antike anknüpfende Ideal einer alles Seiende in ein Vernunftsystem fassenden und alles Leben durch die Vernunft gestaltenden Philosophie ist gescheitert. Dieses Ideal ist im Zusammenhang mit der modernen mathematischen Naturwissenschaft erwachsen; das entscheidend Neue daran gegenüber der Antike ist das Ideal der mathematischen Methode. Diese Methode muß bis zu ihren Ursprüngen verfolgt und auf ihren Sinn geprüft werden, weil das Verkennen dieses Sinnes und die dadurch bedingte Ausdehnung ihres Anwendungsbereichs für das Scheitern der modernen Philosophie verantwortlich zu machen ist.

Als ihr hervorragendster Bahnbrecher wird *Galilei* in den Mittelpunkt der Betrachtung gestellt und sein Verfahren eindringlich untersucht. Was er als Erbe der Antike vorfand, was die Geometrie als axiomatisches System und ihre Anwendbarkeit auf die Raum-Körperwelt, deren Gestalten Annäherungen an die idealen geometrischen Gebilde sind und Messung und Berechnung zulassen. Daran anknüpfend baute er die induktive Methode, die auf der Hypothese beruht, daß die gesamte Natur — nicht nur die Gestalten, sondern alle sinnlichen Qualitäten — mathematischer Gesetzlichkeit unterstehe und, wenn auch mittelbar, meßbar und berechenbar sei. Man kam dazu, die mathematische Gesetzlichkeit als das wahre Sein der Natur, das *Objektive*, anzusehen und die Sinnenwelt als *subjektiv*. Dabei verkannte man völlig das Verhältnis beider und den Sinn des eigenen Verfahrens. Es bildete sich der moderne Begriff der *Natur* als bloßer, in sich geschlossener Körperwelt aus; alles Seelische ist davon ausgeschlossen und wird als eine davon getrennte zweite Natur angesehen, die man sodann, gleich der Körperwelt, nach naturwissenschaftlicher Methode untersuchen will.

Diese Auffassung übernimmt *Descartes*. Er hält auch noch an dem Ideal einer alles umfassenden rationalen Philosophie fest, sucht aber als Erster für sie eine unanfechtbare Grundlage durch Rückgang auf das erkennende Ego, das er freilich alsbald naturalistisch mißdeutet.

Radikaler als er gehen die *englischen Empiristen* auf die Subjektivität zurück und lösen schließlich die Körperwelt in Bündel von Ideen auf. Bei *Hume* findet sich schließlich das radikale Problem (das von seiner skeptischen Theorie zu trennen ist): „das Rätsel einer Welt, deren Sein *Sein aus subjektiver Leistung* ist, und das in der Evidenz, daß eine andere überhaupt nicht denkbar sein kann...“ (S. 172).

So weit geht *Kant* nicht. Er baut wohl eine *Transzendentalphilosophie* auf, indem er die Erfahrungswelt wie die Naturwissenschaft als Leistung der reinen Anschauung und des reinen Denkens deutet. Aber er glaubt darüber hinaus noch Wege in eine „Welt an sich“ zeigen zu können.

In der radikalen Durchführung der *transzendentalen Phänomenologie* wird das Transzendentale (d.i. das reine, weltkonstituierende Bewußtsein) zu *direkter Erfahrung* gebracht als Ackerfeld einer *methodischen Arbeitsphilosophie,* und zwar in der Evidenz, daß von diesem Boden aus alle erdenklichen philosophischen Probleme der Vergangenheit zu stellen und zu entscheiden sind (S. 176).

Der vorbereitende geschichtliche Rückblick sollte die Notwendigkeit einer radikal durchgeführten Transzendentalphilosophie erweisen. Erst die folgenden Abhandlungen werden uns das verheißene „Ackerfeld“ erschließen. Der tiefe Ernst, mit dem das Scheitern der modernen Philosophie durch einen ihrer führenden Geister anerkannt wird, und die eindringende Schärfe, mit der er den Grund dieser Tatsache aufzudecken sucht, sind geeignet, jeden Beteiligten zu gründlicher Selbstprüfung aufzurütteln. Die Untersuchung des Ursprungs des modernen Naturbegriffs und der Nachweis seiner sachlichen Unhaltbarkeit verdient auch dort größte Beachtung, wo man sich veranlaßt sieht, die Gründe der gegenwärtigen Krisis und die Wege zu ihrer Überwindung in ganz anderer Richtung zu suchen.

Dem christlichen Denker muß es sofort auffallen, daß diese Gewissenserforschung der modernen Philosophie von der Anknüpfung des neuzeitlichen Philosophierens an antike Gedankenmotive spricht, aber alles, was dazwischenliegt, völlig mit Stillschweigen übergeht. Alles Wahrheitsstreben der christlichen Jahrhunderte ist, als wäre es nicht gewesen oder als hätte es in den geistigen Bemühungen der letzten Jahrhunderte keine Spur hinterlassen. Diese Nichtbeachtung ist selbst ein Kennzeichen der modernen Philosophie, und wiederum ist es kennzeichnend, daß ihr dieses Kennzeichen bei ihrem eigenen Bemühen um Selbsterkenntnis entgangen ist.

Und so verlangt die vorliegende Gewissenserforschung nach einer Ergänzung, die nachprüfen müßte, wie weit die Irrwege der modernen Philosophie in der Abkehr von der Geisteshaltung des Mittelalters begründet sind, wie weit auch der moderne Naturbegriff durch diese Abkehr mitbedingt ist. Sie wird sich sodann bereit machen müssen, die angekündigte radikale Transzendentalphilosophie scharf ins Auge zu fassen. Der andeutende Hinweis auf ihren Seinsbegriff läßt schon erkennen, daß eine Gegenüberstellung mit der Seinslehre der *philosophia perennis* dringend notwendig sein wird.

Die Seelenburg

Da ich den Namen *Seelenburg* im Gedanken an das mystische Hauptwerk unserer heiligen Mutter *Teresia von Jesus* verwendet habe, möchte ich etwas darüber sagen, wie sich meine Ausführungen über den Bau der menschlichen Seele zu jenem Werk verhalten. Die leitende Absicht ist eine ganz verschiedene. In unserem Zusammenhang ist die rein theoretische Aufgabe zu lösen, im Stufenbau des Seienden die Eigentümlichkeit des menschlichen Seins herauszuarbeiten, und dazu gehört die Kennzeichnung der Seele als der Mitte des ganzen leiblich-seelisch-geistigen Gebildes, das wir *Mensch* nennen. Es ist aber unmöglich, ein treffendes (wenn auch noch so flüchtiges und unzulängliches) Bild der Seele zu geben, ohne auf das zu sprechen zu kommen, was ihr innerstes Leben ausmacht. Die Erfahrungsgrundlage, auf die wir uns dabei zu stützen haben, sind die Zeugnisse großer Mystiker des Gebetslebens; als solches Zeugnis ist die *Seelenburg* unübertroffen: durch den Reichtum an innerer Erfahrung, über den die heilige Verfasserin verfügte, da sie die höchste Stufe des mystischen Gnadenlebens erreicht hatte; durch ihre ungewöhnliche Fähigkeit, sich über die Vorgänge in ihrem Innern verstandesmäßig Rechenschaft zu geben, fast Unsagbares klar und anschaulich und mit dem Stempel lauterster Wahrhaftigkeit zum Ausdruck zu bringen; durch die Kraft, die einzelnen Tatsachen in ihrem inneren Zusammenhang zu begreifen und die Darstellung dieses Zusammenhangs zu einem geschlossenen Kunstwerk zu gestalten.

Die Absicht der Heiligen ist eine religiös-praktische. Sie hatte von ihren Beichtvätern den Auftrag erhalten, ihre Erfahrungen im Gebetsleben niederzuschreiben. Sie tat es in der Meinung, daß die Schrift nur für ihre geistlichen Töchter bestimmt sei; in dem Wunsch, sie zur Pflege des inneren Gebets und zum Streben nach Vollkommenheit anzueifern; auch in der Hoffnung, ihnen verständlich zu machen, was viele vielleicht schon selbst erfahren hätten – denn sie wußte, daß in ihren Klöstern mystische Begnadung nichts Seltenes sei –, und sie dadurch vor mancher Beängstigung und Verwirrung zu behüten, durch die sie selbst sich hatte hindurchkämpfen müssen, weil es ihr an einer erleuchteten Seelenleitung fehlte.

Sie spricht völlig ungezwungen als Mutter mit ihren Töchtern, streut Ermahnungen ein, fordert sie auf, Gott mit ihr für die Wundertaten zu preisen, die er in den Seelen vollbringt, schiebt öfters Seitenbetrachtungen ein, um vor gewissen Gefahren zu warnen. All das entspricht ihrem leitenden Zweck, erscheint aber dem Leser als Rankenwerk, der in der Absicht an das Werk herangeht, den Grundriß der Seele zu studieren. Doch auch er kommt auf seine Kosten.

Es war für die Heilige nicht möglich, die Vorgänge *im Innern* des Menschen verständlich zu machen, ohne sich darüber zu erklären, was denn eigentlich dieses Innere sei. Dafür bot sich ihr das glückliche Bild einer Burg mit vielen Wohnungen und Gemächern. Den Leib bezeichnet sie als die Ringmauern der Burg, die Sinne und die geistigen Kräfte (Gedächtnis, Verstand und Willen) bald als Vasallen, bald als Wächter oder auch einfach als Bewohner. Die Seele gleicht mit ihren vielen Gemächern dem Himmel, in dem ja „viele Wohnungen sind". „Ja..., wenn wir es recht ansehen, so ist die Seele des Gerechten nichts anderes als ein Paradies, in welchem der Herr, wie er selbst sagt, seine Lust hat". Die Wohnungen sind nicht in einer Reihe zu denken, „sondern ihr müßt eure Augen auf den Mittelpunkt, d.i. auf das Gemach oder den Palast, in welchem der König wohnt, richten und euch denselben vorstellen wie die schmackhafte Frucht des Palmenbaumes, welche viele Schalen hat, die man ablösen muß, um auf das zu kommen, was eßbar ist. Ebenso sind um dieses Gemach herum und über demselben viele Gemächer. Wir müssen uns nämlich das, was die Seele angeht, als eine Weite und Größe denken; denn nichts davon ist übertrieben, weil die Seele viel mehr zu fassen imstande ist, als wir uns denken können".

Außerhalb der Ringmauern dehnt sich die äußere Welt, im innersten Gemach wohnt Gott. Dazwischen (was natürlich nicht räumlich zu verstehen ist) liegen die sechs Wohnungen, die das Innerste (die siebente) umgeben. Die Bewohner aber pflegen draußen herumzuschwärmen oder sich in den Ringmauern aufzuhalten, sie wissen vom Innern der Burg nichts. Das ist freilich ein merkwürdiger, ja ein krankhafter Zustand, daß jemand sein eigenes Haus nicht kennt. Aber tatsächlich sind viele Seelen „so krank und mit äußerlichen Dingen sich so zu beschäftigen gewohnt..., daß es ihnen unmöglich scheint, in ihr Inneres einzukehren. Denn die Gewohnheit, immer mit den kriechenden und andern Tieren, welche sich um die Burg herum aufhalten, umzugehen, hat sie diesen fast gleich gemacht". So haben sie es verlernt zu beten. Nun ist aber „die Pforte, durch welche man in diese Burg eingeht, das Gebet und die Betrachtung". Denn zu einem Gebet, das diesen Namen verdient, gehört es, daß man „bedenkt,... wer denn der ist, der da bittet, und wer der, den man bittet".

Und darum ist die *erste Wohnung*, in die man durch die Pforte gelangt, die der *Selbsterkenntnis*. Man kann nicht die Augen zu Gott erheben, ohne sich der eigenen Niedrigkeit bewußt zu werden. Gotteserkenntnis und Selbsterkenntnis stützen sich gegenseitig. Durch die Selbsterkenntnis nähern wir uns Gott. Darum wird sie niemals überflüssig, wenn man auch schon in die inneren Wohnungen gelangt ist.

Andererseits „werden wir... nie zur vollkommenen Selbsterkenntnis gelangen, wenn wir uns nicht auch befleißen, Gott kennenzulernen; denn durch die Betrachtung seiner Größe werden wir unsere Armseligkeit, durch die Betrachtung seiner Reinheit unsere Befleckung erkennen, und die Betrachtung seiner Demut wird uns zeigen, wie weit wir von dieser Tugend entfernt sind". Doch in diesem ersten Gemach ist die Seele noch sehr weit entfernt von Gott, sodaß „in diese erste Wohnung von dem Licht, welches aus dem Palast ausgeht, worin der König wohnt, fast noch nichts gelangt". Oder vielmehr: die Seele vermag das Licht nicht zu sehen, weil mit ihr zugleich soviel „böses Zeug", „Nattern, Vipern und andere giftige Tiere" eingedrungen sind. Die Seele ist noch so verstrickt in die Dinge dieser Welt, daß sie sich selbst nicht betrachten kann ohne das, was sie gefesselt hält, mitzubetrachten. Darum ist das Licht für sie verdunkelt. Sie merkt von der Gegenwart Gottes nichts, auch wenn sie zu ihm redet, und wird bald wieder nach außen gezogen.

Im Vergleich damit ist die *zweite Wohnung* dadurch ausgezeichnet, daß die Seele hier schon gewisse *Rufe Gottes* vernimmt. Es sind darunter nicht innere Einsprechungen zu verstehen, die sich in der Seele selbst bemerkbar machen, sondern etwas, was von außen an sie herantritt, was sie aber als eine von Gott geschickte Mahnung auffaßt: Worte in einer Predigt, Stellen in Büchern, die ihr als eigens für sie bestimmt erscheinen, Krankheiten oder andere „Schickungen". Die Seele lebt immer noch in und mit der Welt, aber diese Rufe dringen in ihr Inneres ein und mahnen sie selbst zur Einkehr. (Es taucht die Frage auf, was denn die ganz „äußerlichen" Menschen zum Eintritt durch die Pforte des Gebetes bewegen mag, wenn sie noch nicht solche Rufe vernehmen. Die Heilige äußert sich darüber nicht. Ich vermute, daß sie wie selbstverständlich mit Menschen rechnet, die durch ihre fromme Erziehung daran gewöhnt sind, zu gewissen Zeiten zu beten, und genügend in den Glaubenswahrheiten unterrichtet, um in ihrem Sinn an Gott zu denken, während sie beten).

In der *dritten Wohnung* halten sich die Seelen auf, die sich die Rufe Gottes zu Herzen genommen haben und nun *dauernd* bemüht sind, *ihr Leben nach Gottes Willen zu ordnen*: sie hüten sich sorgfältig vor jeder auch läßlichen Sünde, üben sich regelmäßig in Gebet, Bußübungen und guten Werken. Werden sie von schweren Prüfungen heimgesucht, so zeigt es sich aber, daß sie immer noch durch eine starke Anhänglichkeit an irdische Güter gefesselt sind. Und wenn sie für ihren guten Willen öfters durch *Tröstungen* belohnt werden, so sind das noch ganz natürliche Regungen: Tränen der Reue, andächtige Rührung, Freude an den verrichteten guten Werken.

Das bisher Geschilderte zeigt uns den *natürlichen* und *normalen* Weg der Seele zu sich selbst und zu Gott. Damit soll nicht etwa gesagt sein, daß bis hierher nichts Übernatürliches mitspiele. Im Gegenteil, jede Anregung, die den Menschen zur Einkehr bei sich selbst bewegt und auf den Weg zu Gott bringt, ist als eine Wirkung der Gnade anzusehen, auch wenn dabei natürliche Ereignisse und Beweggründe als Werkzeuge benützt werden. Aber was die Seele bisher von Gott und seinem Verhältnis zu ihr weiß, das stammt aus dem Glauben, und den Glauben hat sie *vom Hören*. Gespürt hat sie von der Gegenwart Gottes in ihrem Innern bisher nichts. Und erst wenn das geschieht, wird von *außerordentlichem* oder *mystischem* Gnadenleben gesprochen. Es beginnt in der *vierten Wohnung*.

Anstelle der *Tröstungen*, die „in unserer Natur ihren Ursprung haben und in Gott enden" – Gefühlen, die sich nicht wesentlich von dem unterscheiden, was irdische Vorfälle in uns auslösen –, treten *Süßigkeiten*, die „ihren Ursprung in Gott haben"; sie „werden jedoch auch von unserer Natur empfunden, die ebensosehr, ja noch mehr ihre Wonne darin findet wie in besagten Tröstungen". Die Heilige nennt sie auch *Gebet der Ruhe*, weil sie sich ganz ohne eigenes Bemühen einstellen.

Die Tröstungen gewinnen wir „durch Nachdenken, wobei wir uns des Geschaffenen bedienen und den Verstand ermüden". Sie werden mit Wasser verglichen, das durch Röhren unter viel Geräusch in einen Behälter geleitet wird. Der andere Brunnen (die Seele im Gebet der Ruhe) nimmt das Wasser unmittelbar von der Quelle selbst, die Gott ist, in seinen Behälter auf, und darum geschieht es, wenn es Seiner Majestät gefällt, der Seele eine übernatürliche Gnade mitzuteilen, im höchsten Frieden, mit größter Ruhe und Süßigkeit, ganz in unserm Innern selbst, ich weiß nicht, wo und wie. Die Freude und Wonne wird nicht, wie die irdischen, gleich anfangs im Herzen empfunden, erst später füllt dieses Wasser alles an und ergießt sich durch alle Wohnungen und Kräfte der Seele, bis es sich auch über den Leib ausbreitet. Deshalb sagte ich, die geistigen Süßigkeiten fangen in Gott an und endigen in uns, indem in Wahrheit der ganze äußere Mensch sie genießt..." Sie kommen aus „einer verborgenen Tiefe", aus dem „Mittelpunkt der Seele". „Sie spürt... einen gewissen Wohlgeruch, als wäre in jener inneren Tiefe ein Feuerbecken, worauf man wohlriechendes Räucherwerk gestreut. Zwar ist weder das Feuer noch die Stätte sichtbar, wo es brennt; aber die Wärme und der liebliche Geruch durchdringen die ganze Seele..."

Dabei sind *Wärme* und *Wohlgeruch* nur Bilder für „etwas viel Feineres". „Auch ist dies nicht etwas, das man sich einbilden könnte; denn durch alle möglichen Anstrengungen könnten wir so etwas nicht in uns bewirken, und eben daraus ersieht man, daß diese Münze nicht aus unserem Metall, sondern aus dem reinsten Gold der göttlichen Weisheit geprägt ist. In diesem Zustand sind meines Erachtens die Seelenkräfte noch nicht (mit Gott) vereinigt, sondern nur vertieft (in ihn) und wie verwundert über das, was sie gewahren".

Die Vorbereitung auf das Gebet der Ruhe ist eine *Sammlung*, die mir auch schon übernatürlich zu sein scheint; denn sie tritt ein, auch ohne daß man dunkle Orte aufzusuchen oder die Augen zu schließen oder sonst sich äußerlich darum zu bemühen braucht, obwohl sich dabei die Augen von selbst schließen und der Seele die Einsamkeit erwünscht ist..."; „...die Sinne und die äußeren Dinge scheinen mehr und mehr ihr Recht zu verlieren, weil die Seele das ihrige, welches sie verloren hatte, mehr und mehr wiedergewinnt. Man sagt, die Seele gehe in sich selbst ein oder sie erhebe sich über sich selbst". Die Sinne und Kräfte der Seele, „die Bewohner dieser Burg hatten sich daraus entfernt und waren zu einem fremden, dem Wohl der Burg feindlichen Volk übergegangen.

Es vergehen Tage und Jahre, da endlich sehen sie ihr Verderben ein und nähern sich wieder der Burg, ohne es jedoch fertigzubringen, in das Innere derselben zurückzukehren; denn sind sie auch keine Verräter mehr und schweifen sie nur noch um die Burg herum, so ist doch diese Gewohnheit des Herumschweifens schwer zu überwinden.

Wenn nun der große König, der in der Burg seine Wohnung hat, ihren guten Willen sieht, so will er sie in seinem großen Erbarmen wieder an sich ziehen und läßt sie, gleich einem guten Hirten, durch ein so sanftes Pfeifen, daß sie es kaum wahrnehmen, seine Stimme hören, die sie mahnt, nicht mehr in dieser Irre zu bleiben, sondern in ihre Wohnung zurückzukehren. Dieses Pfeifen des Hirten hat eine solche Kraft, daß sie die äußeren Dinge, in die sie sich verirrt hatten, verlassen und sich in die Burg begeben... Wenn Gott diese Gnade gewährt, ist er der Seele in ganz besonderer Weise behilflich, ihn in ihrem eigenen Innern zu suchen. Dort findet sie ihn weit besser und mit mehr Nutzen als in den Geschöpfen außer sich".

Man darf nicht etwa denken, „diese Sammlung werde durch den Verstand erworben, indem man sich bemüht, in seinem Innern sich Gott als gegenwärtig zu denken, oder durch die Einbildungskraft, indem wir uns ihn in uns selbst vorstellen... Was ich hier meine, geschieht in ganz anderer Weise, und manchmal finden sich die Sinne und Kräfte der Seele, noch ehe man beginnt an Gott zu denken, schon in der Burg, sodaß man nicht weiß, wie sie hineingekommen sind oder wie sie das Pfeifen ihres Hirten vernommen haben, da nichts davon zu den Ohren gedrungen; denn man hört nichts davon, merkt aber deutlich eine sanfte Zurückziehung in das Innere, wie diejenigen es erfahren werden, denen dies Gebet zuteil wird".

Weil es ganz Gottes Sache ist, ob und wann er eine Seele in die Ruhe versetzen will, warnt die Heilige dringend davor, willkürlich die Tätigkeit des Verstandes und der Einbildungskraft zu unterbinden. Die Kräfte sollen sich durch eigenes Bemühen mit Gott beschäftigen, solange sie ungehindert tätig sein können. Sonst würde die Seele nur in Trockenheit geraten, sie würde sich durch ihre peinliche Anstrengung selbst schaden, die Einbildungskraft und den Verstand erst recht in Aufregung bringen und das „Wesentlichste und Gottgefälligste" außer acht lassen, „daß wir an seine Ehre und Verherrlichung denken und uns selbst, unseren Vorteil, unseren Trost und unser Vergnügen vergessen. Wie kann aber einer sich selbst vergessen, der so sorglich auf sich acht hat, daß er sich nicht zu bewegen getraut, ja nicht einmal seinem Verstand und seinen frommen Begierden sich zu rühren gestattet, um sich zu freuen über die Herrlichkeit Gottes und Verlangen zu tragen nach immer größerer Verherrlichung der göttlichen Majestät?

Will der Herr, daß der Verstand seine Tätigkeit einstelle, so beschäftigt er ihn in anderer Weise. Er verleiht ihm alsdann ein Licht, welches alles, was wir (mit unserer natürlichen Erkenntnis) erreichen können, so weit übertrifft, daß er, von Staunen hingerissen und ohne zu wissen wie, viel besser unterrichtet wird als durch alle unsere Anstrengungen, die nur dazu beitragen, ihn mehr zu verwirren..." „...Eine Seele, die der Herr in diese Wohnung versetzen wollte, kann nichts Besseres tun als...ohne alle Gewalt und ohne alles Geräusch das Nachdenken einhalten, nicht aber den Verstand oder das Denkvermögen aufzuheben suchen..."

Die Wirkung dieses Gebetes ist „eine Erweiterung oder Ausdehnung in der Seele, wie wenn das aus einer Quelle strömende Wasser, das keinen Abfluß findet, die Einfassung der Quelle, die aus einem dehnbaren Stoff gearbeitet ist, in dem Grade ausdehnt, in welchem die Wassermasse sich vergrößerte".

Während die Seele im Gebet der Ruhe „wie im Traum" ist, weil sie „wie eingeschlummert zu sein scheint, sodaß sie weder recht schläft noch auch sich wach fühlt", ist sie in der *fünften Wohnung*, im *Gebet der Vereinigung* „ganz wach für Gott, für die Dinge dieser Welt aber und für sich selbst ganz eingeschlafen; denn während der – freilich nur kurzen – Dauer der Vereinigung ist sie wie von Sinnen, sodaß sie, auch wenn sie wollte, an nichts denken kann. Darum braucht sie auch das Denken nicht künstlich zu unterdrücken; hier liebt sie nur, weiß aber, wenn sie liebt, nicht einmal, wie sie liebt, noch was das ist, was sie liebt, noch was sie möchte. Kurz, die Seele ist hier der Welt ganz abgestorben, um desto mehr in Gott zu leben". Der Leib ist wie leblos, die Kräfte der Seele ruhen. „Der Verstand möchte sich ganz damit beschäftigen, etwas von dem, was die Seele hier empfindet, zu begreifen; weil aber seine Kräfte dies nicht vermögen, ist er von Staunen so hingerissen, daß er, wenn er sich nicht ganz verliert, doch wenigstens weder Fuß noch Hand bewegt, wie wir von einem Menschen sagen, der von einer so schweren Ohnmacht befallen ist, daß wir meinen, er sei tot". „...Hier kann weder Einbildungskraft noch der Verstand noch das Gedächtnis der Seele in ihrem Genuß hinderlich sein".

Auch der böse Feind vermag hier nicht mehr einzudringen, um ihr zu schaden. „Denn hier ist die göttliche Majestät mit dem Wesen der Seele so verbunden und vereinigt, daß jener ihr sich nicht zu nahen getraut, ja er wird nicht einmal erkennen, was hier in geheimnisvoller Weise in der Seele vorgeht. Kennt er, wie gesagt wird, nicht einmal unsere Gedanken, so ist es klar, daß er noch weniger ein Geheimnis erkennen wird, welches Gott auch nicht unserem eigenen Verstande anvertraut...Daher bleibt der Seele ein so großer Gewinn, weil Gott in ihr wirkt, ohne von jemand, ja ohne von uns selbst gehindert zu werden".

Während der kurzen Dauer der Vereinigung versteht die Seele nicht, was mit ihr geschieht. „Aber Gott drückt sich selbst der Seele in einer Weise ein, daß sie, wenn sie wieder zu sich kommt, durchaus nicht zweifeln kann, sie sei in Gott und Gott in ihr gewesen. Diese Wahrheit bleibt ihr mit einer solchen Festigkeit, daß sie dieselbe, auch wenn Gott jahrelang ihr diese Gnade nicht wieder erweist, doch nie vergißt und nie daran zweifeln kann..." „...Die Seele hat dieses Geheimnis freilich nicht gesehen, als es in ihr vorging, aber nachher hat sie die Wahrheit desselben klar erkannt. Sie schaute es nicht in einer Vision, aber es bleibt ihr davon eine Gewißheit, die Gott allein geben kann". Die Heilige kam so auf dem Weg der inneren Erfahrung zu der Glaubenswahrheit, die ihr vorher unbekannt war: „daß Gott in allen Dingen ist durch seine Gegenwart, durch seine Macht und seine Wesenheit", und daß dieses etwas anderes ist als das Innewohnen durch die Gnade.

Durch eigene Anstrengung in diesen *Weinkeller* zu gelangen, ist völlig unmöglich. „Die göttliche Majestät muß uns hineinbringen und selbst eintreten in den Mittelpunkt unserer Seele". Aber die Seele ist doch imstande, aus eigener Kraft eine vorbereitende Arbeit dafür zu leisten.

Das wird erläutert durch das anmutige Bild des Seidenwürmleins: wie das kleine, starre Samenkörnchen durch die Wärme Leben gewinnt und anfängt, sich von den Blättern des Maulbeerbaums zu ernähren; wie es dadurch groß und stark wird und aus sich heraus die Seide spinnt und das Haus baut, worin das Würmchen stirbt, um dann als ein schöner, weißer Schmetterling daraus hervorzugehen – so gewinnt die Seele Leben, „wenn sie, vom Heiligen Geist erwärmt, anfängt, die allgemeine Gnadenhilfe, die Gott uns allen gewährt, zu benutzen und die Mittel anzuwenden, die er in seiner Kirche hinterlassen hat.

Diese Mittel, die einer in ihrer Sorglosigkeit und in ihren Sünden erstorbenen und von Gelegenheiten zur Sünde umgebenen Seele zu Gebote stehen, sind das öftere Beichten, die Lesung guter Bücher und das Anhören der Predigten. Tut die Seele dies alles, dann wird sie anfangen zu leben und darin, sowie in frommen Betrachtungen, Nahrung finden, bis sie großgewachsen ist". Dann beginnt sie das Haus zu bauen, in dem sie sterben muß. „Unter diesem Hause möchte ich hier Christus verstanden wissen" nach dem Apostelwort: „Ihr seid gestorben und euer Leben ist verborgen mit Christo in Gott. Wenn Christus, euer Leben, erscheinen wird, dann werdet auch ihr mit ihm erscheinen in Herrlichkeit".

Es klingt seltsam, daß Gott selbst unsere Wohnung sei und daß doch wir imstande sein sollen, sie zu bauen. Aber das ist nicht so zu verstehen, „als könnten wir von Gott etwas nehmen oder ihm etwas hinzufügen". „Wir können allerdings gar wohl diese Wohnung bauen, nicht zwar, indem wir von Gott etwas nehmen oder ihm etwas hinzusetzen, sondern indem wir... uns selbst etwas nehmen und hinzufügen": „...indem wir unserer Eigenliebe und unserem Eigenwillen entsagen, an nichts Irdisches uns hängen, den Bußübungen, dem Gebet, der Abtötung, dem Gehorsam uns hingeben und alle übrigen uns bekannten Tugenden üben". „Wir werden aber kaum noch alles getan haben, was wir konnten, so wird Gott diese kleine Arbeit, die wie nichts ist, schon mit seiner Größe vereinigen und ihr einen so hohen Wert verleihen, daß Seine Majestät selbst unser Lohn dafür wird...".

Und wie aus der Hülle des kleinen Seidenwurms der kleine Schmetterling hervorkommt, so ähnlich geht es mit „unserer Seele, wenn sie im Gebet der Vereinigung der Welt ganz abgestorben ist... Wie herrlich geht die Seele aus diesem Gebet hervor, nachdem sie hier... in die Größe Gottes versenkt und so innig mit ihm verbunden war! Ich rede die Wahrheit, wenn ich sage, daß die Seele sich selbst nicht mehr kennt".

Es erwacht in ihr ein unwiderstehliches Verlangen, Gott zu preisen und für ihn zu leiden. Sie sehnt sich nach Bußübungen und Einsamkeit. „Dazu hegt sie den sehnlichsten Wunsch, daß alle Menschen Gott erkennen möchten, und sieht sie, daß er beleidigt wird, so empfindet sie großen Schmerz". Und obwohl sie in ihrem Leben „noch keine so große Ruhe und keinen solchen Frieden genossen hat", ist sie doch unruhig. Denn nachdem sie eine solche Ruhe gekostet hat – besonders, wenn es öfters geschieht –, ist ihr alles auf Erden zuwider. „Alles, was die Seele für Gott tun kann, ist ihr im Verhältnis zu ihrem Verlangen zu wenig... Ihre Anhänglichkeit an Verwandte, Freunde und zeitliche Güter ist geschwunden, und weder fromme Anmutungen noch gute Vorsätze noch das Verlangen reichten vorher hin, sich davon zu trennen... Alles Irdische ist ihr zum Überdruß, da sie erfahren hat, daß die Geschöpfe ihr die wahre Ruhe nicht geben können".

Gott hat ihr in der Vereinigung sein Siegel eingedrückt. „Damit die Seele sich fortan als sein Eigentum erkenne, gibt er ihr von dem Seinigen, das ist, was sein Sohn während seines irdischen Lebens hatte". Das ist das Verlangen, dieses Leben zu verlassen, das wohl niemand sehnlicher empfunden hat als der Gottessohn. Und daneben die Liebe zu den Seelen und das Verlangen, sie zu retten, die ihm so entsetzliches Leiden verursachten, daß ihm der Tod und die Pein, die ihm vorausgehen sollten, im Vergleich dazu wie nichts erschienen.

Dieses Verlangen, um Gottes willen für das Heil der Seelen (auch der eigenen) zu wirken, ist die beste Frucht der Vereinigung. Und sie ist auch von denen zu erlangen, „welchen der Herr keine übernatürlichen Gnaden mitteilt", wie ihnen zum Trost versichert wird. „Denn die wahre Vereinigung unseres Willens mit dem göttlichen läßt sich mit der Hilfe des Herrn gar wohl von uns erreichen, wenn wir ernstlich nach Vereinigung streben, so daß wir nur das wollen, was der Wille Gottes ist". An jener „wonnevollen Vereinigung" ist das Wertvollste, „daß sie hervorgeht aus derjenigen, von welcher ich jetzt rede, und wir können nicht zu ihr gelangen, wenn nicht die Vereinigung, die in der völligen Hingabe unseres Willens in den göttlichen besteht, eine ganz wahre ist".

Zu dieser Vereinigung des Willens mit dem göttlichen ist „die Aufhebung der Seelenkräfte nicht notwendig". Aber „sterben muß der Seidenwurm und zwar mehr als dort auf eigene Kosten. Denn dort wird das Sterben durch das neue Leben, welches die Seele gewonnen hat, sehr erleichtert; hier aber, wo sie noch ganz ihr altes Leben hat, muß sie selbst den Wurm ertöten". Mit dem Willen Gottes ganz vereint, heißt vollkommen sein, und dazu „verlangt der Herr nur zwei Stücke von uns: die Liebe zu Seiner Majestät und die Liebe zum Nächsten. Diese doppelte Liebe also zu üben, müssen wir uns Mühe geben; denn dann, wenn wir hierin vollkommen unsere Pflicht erfüllen, tun wir den Willen Gottes und werden so eins mit ihm sein". Das sicherste Zeichen für das Vorhandensein der Gottesliebe ist die deutlich erkennbare Nächstenliebe. „Denn der Herr liebt uns so sehr, daß er zur Belohnung der Liebe, die wir zum Nächsten tragen, unserer Liebe zu ihm auf tausendfältige Weise Wachstum verleiht". Überdies würden wir „bei der Verderbnis unserer Natur … die Liebe zum Nächsten nie vollkommen üben, wenn sie nicht aus der Liebe Gottes, als aus ihrer Wurzel hervorsproßt".

So gibt es offenbar zwei Wege zur Vereinigung mit Gott und damit zur Vollkommenheit der Liebe: ein mühsames Emporklimmen durch eigene Anstrengung, freilich mit Gottes Gnadenhilfe, und ein Emporgetragenwerden, das viel eigene Arbeit erspart, dessen Vorbereitung und Auswirkung aber doch an den Willen hohe Anforderung stellt.

Im übrigen ist für die Seelen, die der Herr auf dem mystischen Gnadenweg führt, das Gebet der Vereinigung nur eine Vorbereitung für eine noch höhere Stufe: die *geistige Verlobung,* die in der *sechsten* Wohnung stattfindet. Bis dahin „besteht … zwischen Gott und der Seele nur das Verhältnis wie hinieden zwischen zwei Personen, die sich erst gegenseitig verloben wollen". Sie suchen einander kennenzulernen und ihre Liebe zu prüfen. „So geschieht es auch bei dem Gebet der Vereinigung, nur ist hier der Vertrag schon fertig. Die Seele weiß schon gar wohl, wie vorteilhaft die einzugehende Verbindung für sie ist, und entschlossen, in allem den Willen ihres Bräutigams zu tun, sucht sie ihm auf alle ihr mögliche Weise. zu gefallen. Aber auch die göttliche Majestät, der die Aufrichtigkeit ihrer Liebe gut bekannt ist, hat ihr Wohlgefallen an der Seele. Darum will der Herr in seiner Barmherzigkeit, daß sie ihn noch mehr kennen lerne; er kommt mit ihr zusammen und vereinigt sie mit sich … Weil aber dieser Bräutigam so erhaben ist, darum macht er sie durch diesen Anblick würdiger, ihm, wie man sich ausdrückt, ihre Hand zu reichen. Denn die Seele wird dadurch von einer solchen Liebe zu ihm entflammt, daß sie ihrerseits alles tut, was in ihren Kräften steht, damit diese göttliche Verlobung ja nicht durch ihre Schuld verhindert werde".

Aber auch die sechste Wohnung ist noch nicht der Ort der Ruhe für die Seele. Ihre Sehnsucht verlangt nach der dauernden Vereinigung, die ihr erst in der siebenten Wohnung gewährt werden soll, und sie wird noch durch die härtesten äußeren und inneren Leiden erprobt. Sie wird von den heftigsten inneren Stürmen heimgesucht, die nur mit den Peinen der Verworfenen zu vergleichen sind und denen nur Gott ein Ende machen kann. Das geschieht freilich, und zwar indem der Herr „unerwartet mit einem einzigen Wort, das er spricht oder durch einen Zufall, den er herbeiführt, alles so plötzlich verscheucht, als wäre in der Seele keine trübe Wolke gewesen... Wie ein Kämpfer, der siegreich aus einer gefährlichen Schlacht hervorging, lobpreist die Seele unseren Herrn; denn er ist es, der den Sieg erfocht. Sie sieht ganz klar ein, daß nicht sie selbst gekämpft... und so erkennt sie denn deutlich ihre Armseligkeit und wie wenig wir aus uns selbst vermögen, wenn der Herr seine Hand uns entzieht".

Freilich bedarf die Seele „um zu dieser Erkenntnis zu gelangen... keiner Betrachtung mehr; denn nachdem sie sich so gänzlich unfähig gesehen, hat sie aus der Erfahrung unsere Armseligkeit und Nichtigkeit kennengelernt". Zu den Leiden dieser Stufe gehört auch die Unfähigkeit zu beten. Die Seele findet weder bei Gott noch bei den Geschöpfen Trost. Was ihre Lage noch am ehesten erträglich macht, „sind Werke der Liebe und andere äußere Beschäftigungen, sowie das Vertrauen auf die Barmherzigkeit Gottes, der diejenigen nie verläßt, die auf ihn hoffen".

Bei all diesen Leiden bleibt es der Seele doch nicht verborgen, wie nahe sie dem Herrn bereits ist. Er macht sich bemerkbar durch „feine und zarte Antriebe, die vom Innersten der Seele ausgehen... Sie sind ganz verschieden von allem, was wir in uns selbst anregen können, und ebenso von den eben schon besprochenen Süßigkeiten.

Oft, wenn die Seele ganz unbekümmert ist und gar nicht an Gott denkt, wird sie von Seiner Majestät wie durch einen schnell sie durchbohrenden Pfeil oder wie durch einen plötzlichen Donner geweckt. Sie hört zwar keinen Schall, aber sie erkennt gar wohl, daß Gott sie gerufen und zwar so deutlich, daß sie manchmal, besonders, wenn ihr diese Gnade noch neu ist, erzittert und sogar klagt, obgleich sie nichts Schmerzliches empfindet. Sie fühlt sich auf das lieblichste verwundet, ohne jedoch zu wissen, wie und von wem sie die Wunde empfangen; aber das erkennt sie gut, daß dieselbe etwas Kostbares ist, und sie möchte gar nie mehr davon geheilt werden". Obwohl sie ihren Bräutigam „als gegenwärtig erkennt, will er sich doch nicht so offenbaren, daß sie seiner genießen könnte. Das ist ihr „eine große, jedoch liebliche und süße Pein", deren sie sich nicht entledigen möchte, „weil sie eine größere Befriedigung dabei empfindet als selbst bei der wonnigen Vertiefung im Gebet, die ohne Pein ist". Gott gibt ihr seine Anwesenheit in der Seele durch „ein so gewisses Zeichen" bekannt, „daß sie unmöglich zweifeln kann, und durch ein so durchdringendes Pfeifen, daß ihr ein Nichthören unmöglich ist... Denn wenn der Bräutigam, der in der siebenten Wohnung sich befindet, auf diese Art, die aber kein förmliches Reden ist, zur Seele spricht, scheint es nicht anders, als daß alle Bewohner der anderen Gemächer, die Sinne, die Einbildungskraft und die übrigen Kräfte, sich nicht zu regen wagen". Dabei „bleiben alle Sinne und Kräfte von jeder Versenkung frei. Sie schauen zu, was dies sein könnte, ohne jedoch irgendwie die Seele zu stören, und meines Erachtens unfähig, etwas zur Vermehrung oder Verminderung dieser wonnigen Pein beizutragen".

„Der Herr pflegt noch auf andere Weisen die Seelen zu wecken. Unerwartet, und ohne an etwas Innerliches zu denken, scheint manchmal die Seele, während sie auch nur mündlich betet, von einer wonnevollen Entflammung erfaßt zu werden. Es kommt ihr da vor, als lasse sich plötzlich ein so starker Wohlgeruch (in ihr) wahrnehmen, daß er sich allen Sinnen mitteilt". *Wohlgeruch* ist dabei wieder nur ein Bild für das, was gemeint ist. Dadurch „will der Bräutigam der Seele nur zu erkennen geben, daß er da sei".

Eine dritte Art sind „gewisse Ansprachen an die Seele, die von mannigfacher Art sind. Es scheinen nämlich einige... von außen, einige ganz aus dem Innern der Seele und wieder andere aus ihrem oberen Teil zu kommen". Bei all diesen Ansprachen ist Täuschung möglich, denn sie können „von Gott, vom bösen Feinde oder von der eigenen Einbildungskraft herrühren". „Das erste und sicherste Zeichen" ihrer göttlichen Herkunft „ist die Macht und Herrschaft, welche die Ansprachen Gottes mit sich führen; denn da ist Sprechen und Wirken vereint". Ist z.B. die Seele „ganz erfüllt von Trübsal und innerer Unruhe, in... Verfinsterung des Verstandes und Trockenheit des Geistes" und „vernimmt sie nur ein einziges Wort, wie z.B.: „Betrübe dich nicht!", so ist sie „beruhigt, von ihrer Trübsal befreit und voll des klarsten Lichtes".

„Das zweite Zeichen, welches den göttlichen Ursprung solcher Ansprachen zu erkennen gibt, ist, daß dieselben in der Seele eine große Ruhe zurücklassen, eine andächtige und friedvolle Sammlung in ihr bewirken und sie zum Lobe Gottes anregen"; das dritte, daß sie „sehr lange und manchmal gar nie mehr dem Gedächtnis entschwinden". Dazu kommt der feste Glaube, daß solche Worte, wenn sie Zukünftiges voraussagen, sich erfüllen werden, auch wenn die Erfüllung Jahre hindurch auf sich warten läßt und unmöglich scheint.

Für ganz sicher von Gott kommend hält sie die Ansprachen, die nicht mit den Sinnen oder der Einbildungskraft vernommen werden, sondern rein verstandesmäßig. Sie sind durch eine so große Deutlichkeit ausgezeichnet, „daß die Seele es merken würde, wenn dem Vernommenen auch nur eine Silbe fehlte... Zweitens vernimmt man die göttlichen Ansprachen oftmals, ohne zuvor an das gedacht zu haben, was sie besagen, d.h. ganz unerwartet, und zuweilen selbst dann, wenn man gerade in der Unterhaltung mit jemandem begriffen ist". „Drittens ist es, wenn Gott zur Seele redet, ebenso, wie wenn jemand den Worten eines anderen nur zuhörte; kommt aber die Ansprache von der Einbildungskraft, dann ist es, wie wenn jemand das, was er von einem anderen gern hören möchte, allmählich selbst zusammensetzte. Viertens haben die göttlichen Worte etwas ganz Verschiedenes von anderen Worten; ein einziges enthält viel mehr, als unser Verstand so schnell erfinden könnte. Fünftens wird oftmals der Seele zugleich mit dem, was ihr Gott durch Worte zu verstehen gibt, auf eine Weise, die ich nicht erklären kann, noch viel mehr als diese Worte sagen, ohne Worte geoffenbart". Auf solche innere Ansprachen, um die es sich hier handelt, muß die Seele horchen. Denn da bringt der Geist selbst, welcher spricht, alle anderen Gedanken zum Schweigen und nötigt die Seele, das anzuhören, was er zu ihr spricht".

Manchmal wird die Seele von einem Gotteswort so betroffen, daß sie in *Verzückung* gerät: „Es scheint, als ob der Herr, von Mitleid wegen der Leiden, die er sie so lange Zeit in ihrem Verlangen nach ihm erleiden sah, gerührt, aus ihrem Innern den schon besprochenen Funken auflodern ließe. Dadurch ganz verzehrt, geht sie dann, gleich dem Vogel Phönix, verjüngt aus der Glut hervor, und es ist fromm zu glauben, daß ihr ihre Sünden vergeben sind, vorausgesetzt, daß ihr die nötige Zubereitung nicht fehlte und daß sie die von der Kirche verordneten Mittel gebraucht hatte. Nachdem sie in solcher Weise rein geworden, vereinigt sie der Herr mit sich, und niemand außer ihnen beiden weiß davon, ja die Seele selbst erkennt es nicht in einer Weise, daß sie es nachher erklären könnte, obwohl sie nicht ohne innere Empfindung dabei ist..."

Damit ist eine hohe Erleuchtung verbunden, sodaß „die Seele nie in solcher Weise wie hier zu göttlichen Dingen aufgeweckt ist und nie eines solchen Lichtes und einer solchen Erkenntnis der göttlichen Majestät sich erfreut". Und dies, trotzdem „die Vermögen der Seele und die Sinne so aufgehoben sind, daß man sagen kann, sie seien tot. Wie läßt es sich also denken, daß die Seele dieses Geheimnis erkenne? ich weiß es nicht; und vielleicht weiß es überhaupt kein geschaffenes Wesen, sondern nur der Schöpfer".

Trotzdem man von diesen Gnaden nachher nichts zu sagen weiß, „bleiben sie doch dem Innersten der Seele so tief eingeschrieben, daß man ihrer nie mehr vergißt" und „gewisse Wahrheiten von der Größe Gottes einer solchen Seele sich so tief einprägen, daß sie, selbst wenn sie den Glauben noch nicht hätte, der ihr sagt, wer Gott ist und daß sie verpflichtet sei, ihn als Gott zu glauben, von diesem Augenblick an ihn als Gott anbeten würde, wie Jakob getan, als er die Leiter geschaut".

Zugleich schaut sie in der Verzückung etwas von den Herrlichkeiten jener „Wohnung des höchsten Himmels, die wir im Innern unserer Seele selbst haben müssen". Das geschieht nur wie mit einem flüchtigen Blick, da sie meist „so ganz in den Genuß Gottes versenkt ist, daß ihr ein so großes Gut genügt"; immerhin „kann sie sich dann, wenn sie wieder zu sich gekommen, die geschauten Herrlichkeiten vergegenwärtigen, ohne jedoch etwas davon erzählen zu können". Und damit sie sich ganz ungestört in die Betrachtung des Herrn sowie des Reiches, das sie als seine Braut gewinnt, versenken könne, „duldet er kein Hindernis, weder von seiten der Vermögen noch von seiten der Sinne, und darum gebietet er, daß schnell die Türen aller dieser Wohnungen geschlossen werden"; ebenso die Türen „der Burg und ihrer Einfriedung"; nur die des Gemaches, welches er selbst bewohnt, bleibt offen, damit wir in dasselbe eingehen können".

In der Tat sind die beiden letzten Wohnungen nicht streng voneinander getrennt; „jedoch kommt in der letzten Wohnung so manches vor, was nur denen geoffenbart wird, die in dieselbe eingehen". Die große Ekstase, in der die natürliche Tätigkeit der äußeren und inneren Sinne sowie der geistigen Kräfte aufgehoben ist, dauert meist nicht lange. Aber auch, wenn sie ganz vorüber ist, bleibt „der Wille noch versenkt... und der Verstand so verloren..., daß es scheint, er könne auf nichts achten als auf das, was den Willen zum Lieben anzuregen vermag; denn dazu ist dieser äußerst geweckt, während er sich den Geschöpfen gegenüber wie schlafend verhält und kein Verlangen hat, sich mit irgendeinem solchen zu beschäftigen. Dies dauert einen Tag, ja auch mehrere Tage so fort".

Dem Wesen nach mit der Verzückung eins, aber in seinem Verlauf „im Innern... in einer von dieser ganz verschiedenen Weise empfunden", ist das, was die Heilige *Geistesflug* nennt; wobei man „urplötzlich eine hastige Bewegung der Seele merkt und der Geist mit einer solchen Schnelligkeit dahingerissen zu werden scheint, daß man, besonders am Anfang, von großer Furcht befallen wird". Das „geschieht in einer Weise, daß es wahrhaftig den Anschein hat, der Geist scheide vom Leibe; und doch ist es andererseits gewiß, daß die Person nicht tot ist. Indessen kann sie wenigstens für einige Augenblicke selbst nicht sagen, ob die Seele im Leibe ist oder außer dem Leibe. Ist sie aber wieder zu sich gekommen, so meint sie in einem ganz anderen Lande gewesen zu sein, als in dem wir leben". Dabei wird „ihr in einem Augenblick vieles auf einmal gelehrt..., von dem sie, selbst wenn sie viele Jahre lang mit ihrer Einbildungskraft und ihrem Verstand sich mühen wollte, auch nicht den tausendsten Teil zu erdenken vermöchte".

Was hier mit der Seele vorgeht, sucht die Heilige so zu erklären, „daß die Seele, die mit dem Geist eins ist wie auch die Sonne und ihre Strahlen eins sind, während sie in ihrem Wohnsitz bleibt, durch die Kraft der Wärme, die ihr von der wahren Sonne der Gerechtigkeit zukommt, einem gewissen höheren Teil nach sich über sich selbst erhebt". Der Geistesflug geht schnell vorüber, aber es bleibt der Seele ein großer Gewinn zurück: „... Erkenntnis der Größe Gottes... Selbsterkenntnis und Demut bei dem Gedanken, wie ein im Vergleich mit dem Schöpfer so großer Herrlichkeiten so niedriges Wesen es gewagt habe, ihn zu beleidigen, und wie es ferner noch wage, zu ihm das Auge zu erheben...; ... eine große Geringschätzung aller Dinge dieser Erde, insofern sie nicht zum Dienst eines so großen Gottes angewendet werden können". Als weitere Wirkung bleibt eine große Sehnsucht zu sterben und das Verlangen, sich vor der geringsten Unvollkommenheit zu hüten.

Solche Seelen möchten dann gern allen Verkehr mit den Menschen meiden. „Auf der anderen Seite jedoch möchten sie wieder mitten in die Welt sich begeben, um zu sehen, ob sie etwa dazu beitragen könnten, daß eine Seele mehr Gott lobte". Dazu „verleiht ihr der Herr zuweilen auch einen gewissen inneren Jubel und ein so seltsames Gebet, daß sie gar nicht verstehen kann, was es ist... Nach meinem Dafürhalten ist dies eine innige Vereinigung der Seelenvermögen mit Gott, nur daß der Herr denselben, wie auch den Sinnen, die Freiheit läßt, die Freude zu genießen, womit er sie erfüllt, ohne daß sie jedoch begreifen könnten, was sie genießen und wie sie es genießen... Diese Freude ist so überschwenglich groß, daß die Seele sie nicht für sich allein genießen, sondern sie allen verkünden möchte, damit alle ihr helfen, unsern Herrn zu loben; denn dahin zielt all ihr Streben".

Seelen, die zu hoher Stufe der Beschauung erhoben wurden, fällt es nachher schwer, in verstandesmäßiger Betrachtung über die Geheimnisse des Lebens und Leidens Christi nachzudenken. Die Heilige warnt aber dringend davor, solche Betrachtungen als für immer erledigt anzusehen, „weil der Wille zu seiner Entflammung noch gar oft der Beihilfe des Verstandes bedarf".

Alle Gnaden, die in der sechsten Wohnung empfangen werden, dienen nur dazu, ihren Sehnsuchtsschmerz zu steigern, „weil mit der immer mehr zunehmenden Erkenntnis der Herrlichkeiten ihres Gottes, von dessen Genuß sie sich noch so getrennt und fern sieht, ihr Verlangen nach ihm immer viel heftiger wird; denn auch ihre Liebe wächst in dem Grade, in welchem ihr dieser große Gott und Herr zu erkennen gibt, wie sehr er geliebt zu werden verdient". Oft fühlt sie sich beim Gedanken an das Säumen des Todes wie von einem feurigen Pfeil durchbohrt und „im tiefsten und innersten Grunde der Seele" verwundet, „wo dieser schnell vorübergehende Blitzstrahl alles zu Asche verbrennt, was er Irdisches von unserer Natur vorfindet". Die Pein der Sehnsucht bringt die Seele wirklich dem Tode nahe. Und ebenso gerät ihr Leben in Gefahr durch „ein Übermaß von Freude und Wonne, welches die Seele in Wahrheit zu erdrücken scheint, sodaß nur ganz wenig mehr fehlt, und sie würde aus dem Leibe scheiden…" Das ist ihre letzte Vorbereitung für die Erhebung auf die höchste Stufe des Gnadenlebens, die auf Erden erreichbar ist.

„Wenn es unserem Herrn gefällt, sich der Seele, die er geistigerweise schon zur Braut genommen, in seinem Mitleiden über das, was sie durch ihr Verlangen bisher mit ihm gelitten hat und noch leidet, zu erbarmen, so führt er sie, bevor die geistige Vermählung vollzogen wird, in seine eigene, das ist in diese *siebente Wohnung* ein…"

Das geschieht in einer Verstandesvision, in der sich alle drei Personen zu ihrem Geist niedersenken. Durch eine wunderbare Erkenntnis, die ihr gegeben wird, sieht die Seele alsdann mit größter Gewißheit, wie alle drei Personen nur eine Wesenheit, eine Macht, ein Wissen und ein Gott sind; und zwar sieht sie das in einer Weise, daß man sagen kann, sie erkenne das, was wir sonst durch den Glauben festhalten, durch Schauen, obwohl sie weder mit den Augen des Leibes noch auch… mit den Augen der Seele etwas sieht. Alle drei Personen teilen sich ihr mit, sprechen zu ihr und erschließen ihr das Verständnis jener Worte des Evangeliums, die der Herr gesprochen, daß nämlich er und der Vater und der Heilige Geist kommen und Wohnung nehmen werden in der Seele, die ihn liebt und seine Gebote hält".

Diese „göttliche Gesellschaft" verläßt die Seele nun nicht mehr; sie sieht sie aber nicht immer in der gleichen Klarheit wie das erste Mal; diese Klarheit zu erneuern steht allein bei Gott. Die Seele soll nicht beständig in diese Anschauung vertieft sein, sondern ihren Pflichten nachgehen. Ja, „sie achtet weit mehr als vorher auf alles, was den Dienst Gottes angeht, und nur, wenn sie frei von Geschäften ist, weilt sie in dieser angenehmen Gesellschaft". Dabei ist es, als ob das Wesentliche der Seele „auch bei noch so großen Leiden und noch so vielen Geschäften sich gar nie von jenem Gemach entferne" und als sei die Seele geteilt, Maria und Martha zugleich. Es zeigt sich „ ein ganz offenbarer Unterschied zwischen der Seele und dem Geist, obgleich im übrigen beide ein– und dasselbe sind. Man erkennt da zuweilen eine so feine Teilung, daß sie verschieden voneinander zu wirken scheinen, je nach der Wonne (oder: der Erkenntnis). Auch scheint mir, daß die Seele etwas von ihren Vermögen Verschiedenes ist…"

Der *Vermählung* ging bei der Heiligen eine Vision der Einbildungskraft voraus: der Herr zeigte sich ihr „nach der Kommunion in einer hellglänzenden Gestalt von ausgezeichneter Schönheit und großer Majestät, wie er nach seiner Auferstehung war, und sprach zu ihr, es sei nun Zeit, daß sie fortan sich seiner Angelegenheiten als der ihrigen annehme, er dagegen werde für die ihrigen Sorge tragen". Die Vermählung selbst „geht im innersten Mittelpunkt der Seele vor sich, an dem Ort, wo Gott selbst wohnen muß. Meines Erachtens bedarf er auch keiner Tür, um da einzugehen…; denn bei allem bisher Besprochenen scheint er sich der Sinne und der Vermögen zu bedienen, und auch die erwähnte Erscheinung der Menschheit des Herrn muß wohl in dieser Weise geschehen sein. Was aber bei der Vereinigung durch die geistige Ehe vor sich geht, ist ganz anderer Art. Hier zeigt sich der Herr der Seele in ihrem Mittelpunkt nicht in einer einbildlichen, sondern in einer Verstandesvision, die noch feiner ist, als die früher besprochenen, so wie er, ohne durch die Tür einzugehen, den Aposteln erschienen ist, als er zu ihnen sprach: „Der Friede sei mit euch!" Was Gott hier der Seele in einem Augenblick mitteilt, ist ein so großes Geheimnis, eine so hohe Gnade und erfüllt sie mit einer so außerordentlichen Wonne, daß ich es mit nichts anderem vergleichen kann als mit der himmlischen Glorie, die der Herr ihr für jenen Augenblick offenbaren will, und zwar auf eine so erhabene Weise wie durch keine andere Vision oder geistige Süßigkeit. Man kann darüber nicht mehr sagen, als daß die Seele oder vielmehr der Geist der Seele, soviel man es erkennen kann, eins mit Gott geworden ist, der, da er selbst ein Geist ist, seine Liebe zu uns dadurch zeigen wollte, daß er einigen Personen offenbarte, wie weit dieselbe gehe, damit wir die Größe seiner Erbarmung preisen. Denn in solcher Weise hat er sich mit dem Geschöpf verbinden wollen, daß er sich nicht mehr davon trennen will…

Der Strom, der sich der Seele mitteilt, überflutet von ihrem Innersten her auch ihre Kräfte. Es ist „deutlich wahrzunehmen, daß in unserem Innern… eine Sonne vorhanden ist, von der ein helles Licht ausströmt, das sich aus dem Innern der Seele auf ihre Vermögen ergießt. Die Seele weicht ... nicht von diesem Mittelpunkt und verliert nicht ihren Frieden ..."

Dieser Frieden soll aber nicht so verstanden werden, als sei die Seele „ihres Heils gewiß und könne fortan garnicht mehr fallen". Sie selbst hält sich dessen nicht für versichert, vielmehr wandelt sie „mit viel größerer Furcht als ehedem" und hütet „sich vor jeder, auch geringen Beleidigung Gottes".

Die erste Wirkung der Vermählung ist „ein solches Selbstvergessen der Seele, daß es scheint, sie hätte ... aufgehört zu sein ...; ihr ganzes Streben geht jetzt vielmehr dahin, die Ehre Gottes zu fördern, sodaß es scheint, die Worte, die er zu ihr gesprochen, sie solle seine Angelegenheiten als die ihrigen betrachten, indes er die ihrigen als die seinigen ansehen werde, seien an ihr in Erfüllung gegangen".

„Die zweite Wirkung ist ein großes Verlangen zu leiden", aber ohne „daß es diese Seelen beunruhigte, wie dies sonst der Fall war. Denn sie verlangen so sehr, daß in allem Gottes Wille in ihnen geschehe, daß ihnen alles recht ist, was immer Seine Majestät tut". Und wenn sie sich früher nach dem Tode sehnten, so ist jetzt ihr Verlangen, Gott „zu dienen und zu seinem Lobe zur Förderung irgendeiner Seele, wenn es möglich wäre, beizutragen, so groß, daß sie, weit entfernt von dem Verlangen zu sterben, vielmehr noch recht lange unter den größten Leiden zu leben wünschen, damit, wenn es möglich wäre, der Herr durch sie gelobt werde ..."

Sie haben „auch kein Verlangen mehr nach geistlichen Wonnen und Süßigkeiten", „leben in einer großen Losschälung von allem Geschaffenen und wünschen, immer allein zu sein oder zum Nutzen irgendeiner Seele sich zu beschäftigen. Sie haben weder Trockenheit des Geistes noch innere Leiden, sondern ... sind ... von einer so zärtlichen Liebe" zum Herrn „erfüllt, daß sie ihn ohne Unterlaß loben möchten. Werden sie aber hierin schläfrig, so weckt sie der Herr selbst ... wieder auf, sodaß ganz deutlich ist, diese Anregung ... gehe von dem Innern der Seele aus"; sie kommt weder vom eigenen Denken noch vom Gedächtnis noch ist sie etwas, daß man denken könnte, die Seele habe ihrerseits etwas dazu beigetragen". „Alles, was der Herr zur Förderung und Belehrung der Seele hier tut, geschieht mit einer solchen Ruhe, daß es mich an den Bau des salomonischen Tempels erinnert, wo kein Lärm zu hören war ... Da bedarf es keiner Tätigkeit, keines Suchens des Verstandes; denn der Herr, der ihn erschaffen, will ihn hier in Ruhe haben, und nur durch eine kleine Ritze darf er sehen, was da vorgeht".

Die Verzückungen hören auf dieser Stufe fast ganz auf. Das läßt sich vielleicht aus dem verstehen, was die Heilige als den Zweck der ganzen Gnadenführung ansieht. Das ist nicht etwa nur die „Ergötzung der Seelen". Vielmehr sollen alle Gnaden „zur Stärkung unserer Schwachheit dienen, damit wir dem Herrn durch Ertragung vieler Leiden nachfolgen" und rastlos für das Reich Gottes wirken. „Dahin zielt das innerliche Gebet und dazu dient auch die geistige Vermählung, daß unaufhörlich Werke, lauter Werke daraus hervorgehen ..."

Das Reich der Seele und der Weg, den sie selbst von den *Ringmauern* bis zum *Mittelpunkt* zurücklegt, ist möglichst mit den eigenen Worten unserer heiligen Mutter dargestellt worden, weil man schwerlich bessere finden kann.

Es soll jetzt nur noch hervorgehoben werden, was *dieses* Bild der Seele mit dem früher gezeichneten gemeinsam hat und was es davon unterscheidet. Gemeinsam ist vor allem die Auffassung der Seele als eines weitausgedehnten Reiches, in dessen Besitz der Eigentümer erst gelangen muß, weil es dem Menschen von Natur aus (allerdings dürfen wir wohl sagen: von der *gefallenen* Natur aus) eigen ist, sich an die Außenwelt zu verlieren. Dabei ist zu scheiden zwischen der *sachlichen* Hingabe, etwa des Kindes oder des Künstlers, die bis zur *Selbstvergessenheit* geht, aber zur gegebenen Zeit eine ebenso sachliche Hinwendung ins eigene Innere nicht ausschließt, und der *Verstrickung* in die Dinge der Welt, die der sündhaften Begehrlichkeit entspringt und die *Einkehr* hemmt oder zur Quelle einer falschen Beschäftigung mit sich selbst werden kann.

Das führt bereits auf den Hauptunterschied der beiden Darstellungen, der in der Verschiedenheit der leitenden Absichten begründet ist. Der Heiligen ist es rein darum zu tun, die *Seelenburg*, das *Haus Gottes* zu zeichnen und deutlich zu machen, was sie selbst erfahren hat: wie der Herr selbst die Seele aus ihrer Verlorenheit an die äußere Welt zurückruft, sie näher und näher an sich zieht, bis er sie schließlich in ihrem eigenen Mittelpunkt mit sich vereinen kann.

Es lag ihr durchaus fern zu erwägen, ob dem Bau der Seele auch abgesehen von der Einwohnung Gottes noch ein Sinn zukomme und ob es vielleicht noch eine andere *Pforte* gebe als die des Gebets. Beide Fragen müssen wir anscheinend bejahend beantworten. Die Menschenseele hat als Geist und Ebenbild des göttlichen Geistes die Aufgabe, die ganze geschaffene Welt erkennend und liebend aufzunehmen, ihren Beruf darin zu verstehen und entsprechend zu wirken. Dem Stufenbau der geschaffenen Welt entsprechen die *Wohnungen* der Seele: sie ist von einer verschiedenen Tiefe her zu erfassen. Und wenn die innerste Wohnung dem Herrn der Schöpfung vorbehalten ist, so gilt doch auch, daß nur von der letzten Tiefe der Seele aus, gleichsam vom Mittelpunkt des Schöpfers aus, ein wirklich entsprechendes Bild der Schöpfung zu gewinnen ist: immer noch kein allumfassendes, wie es Gott selbst eigen ist, aber doch ein Bild ohne Verzerrungen. So bleibt durchaus bestehen, was die Heilige so klar gezeigt hat: daß das Eingehen eine schrittweise Annäherung an Gott bedeutet.

Es bedeutet aber zugleich das fortschreitende Erringen einer immer reineren und sachgemäßeren Einstellung zur Welt. Wenn die sündhafte Verstrickung in die Dinge der irdischen Welt zunächst eine vollständige Loslösung von ihnen fordert, um zu Gott gelangen zu können, so ist die *Entrückung* nicht Ziel, sondern Weg. Das Ende zeigt ja, daß der Seele schließlich ihre ganze natürliche Wirkungskraft wiedergegeben wird, um im Dienst des Herrn arbeiten zu können.

Als Geist und Bild des göttlichen Geistes hat die Seele nicht nur von der äußeren Welt, sondern auch von sich selbst Kenntnis: ihr ganzes geistiges Leben ist *bewußt* und ermöglicht ihr ein Zurückblicken auf sich selbst, auch ohne daß sie durch die Pforte des Gebetes eingeht. Allerdings ist wohl zu bedenken, auf was für ein Selbst die Seele dann stößt, und das hängt damit zusammen, durch welche andere Pforte sie eingeht. Eine Möglichkeit des Zugangs ins Innere ergibt sich aus dem Verkehr mit anderen Menschen. Die natürliche Erfahrung gibt uns ein Bild von ihnen und führt uns darauf, daß auch sie ein Bild von uns haben. Und so kommen wir dazu, uns selbst gleichsam *von außen* zu betrachten. Es mag manches Richtige dabei festgestellt werden, aber wir dringen dabei selten tiefer in uns ein; und es sind mit dieser Erkenntnis viele Fehlerquellen verbunden, die uns verborgen bleiben, solange uns Gott nicht durch eine wahrhafte innere Erschütterung – durch einen *Ruf* ins Innere – die Binde von den Augen nimmt, die jedem Menschen in besonderem Maße sein eigenes Innere verhüllt.

Ein anderer Antrieb zur Hinwendung auf das eigene Selbst ergibt sich erfahrungsgemäß rein durch das Erstarken des Eigenwesens in der Zeit des Reifens vom Kinde zum Jugendlichen. Die spürbaren Wandlungen im Innern lenken von selbst den Blick darauf hin. Aber mit dem echten und gesunden Verlangen nach Selbsterkenntnis, das die Entdeckung dieser *inneren Welt* weckt, mischt sich gewöhnlich ein übersteigerter Drang, dieses *Selbst* zur Geltung zu bringen. Das wird wiederum zu einer Täuschungsquelle, die ein falsches *Bild* des eigenen Selbst erstehen läßt. Dazu kommt, daß sich zu dieser Zeit längst jene Betrachtung des eigenen Selbst unter dem Bilde, wie es die andern von außen sehen, angebahnt hat, ja selbst eine Formung der Seele von außen her, und zur Verdeckung ihres eigentlichen Wesens beiträgt.

Und denken wir schließlich an die wissenschaftliche Erforschung der *inneren Welt*, die sich diesem Seinsgebiet wie allen anderen zugewendet hat, so ist es ganz erstaunlich, was vom Reich der Seele übriggeblieben ist, seit die *Psychologie* in der Neuzeit begonnen hat, sich ganz unabhängig von allen religiösen und theologischen Betrachtungen der Seele ihren Weg zu bahnen: das Ergebnis war im 19. Jahrhundert eine *Psychologie ohne Seele*. Sowohl das *Wesen* der Seele als ihre *Kräfte* wurden als *mythologische Begriffe* ausgeschaltet, und man wollte sich nur noch mit den *psychologischen Phänomenen* beschäftigen. Und was waren das für *Phänomene*?

Die Psychologie der letzten drei Jahrhunderte läßt sich nicht in einem einfachen Bild einheitlich kennzeichnen, denn es hat immer verschiedene Richtungen nebeneinander gegeben. Aber der Hauptstrom, der mit den Bemühungen der englischen Empiristen einsetzte, hat sich doch immer mehr im Sinne eines naturwissenschaftlichen Verfahrens gestaltet und ist schließlich dabei gelandet, alle seelischen Regungen aus einfachen Sinnesempfindungen, wie ein räumliches und stoffliches Ding aus Atomen, zusammensetzen zu wollen: man hat nicht nur alles Bleibende und Dauernde, die Wirklichkeitsgrundlage der wechselnden *Erscheinungen*, d.h. des fließenden Lebens, geleugnet, sondern aus dem Fluß des seelischen Lebens selbst Geist, Sinn und Leben ausgeschaltet. Was heißt das anderes als daß man von der *Seelenburg* nur die *Ringmauern* stehen ließ, und auch von ihnen nur Trümmer, die von der ursprünglichen Gestalt kaum noch etwas verrieten, da ja ein Leib ohne Seele kein wahrer Leib mehr ist.

Angesichts dieses Trümmerfeldes wird man zu der Frage gedrängt, ob nicht am Ende doch die Pforte des Gebets der einzige Zugang zum Innern der Seele sei. Jene naturwissenschaftliche Psychologie des 19. Jahrhunderts ist zwar heute ihrer grundsätzlichen Auffassung nach überwunden. Die Wiederentdeckung des Geistes und das Bemühen um eine echte Geisteswissenschaft gehört sicher zu den größten Wandlungen, die sich in den letzten Jahrzehnten auf wissenschaftlichem Gebiet vollzogen haben. Und nicht nur die Geistigkeit und Sinnerfülltheit des seelischen Lebens ist wieder zu ihrem Recht gekommen, man hat auch seine Wirklichkeitsgrundlage wiedergefunden, wenn es auch immer noch Psychologen gibt – erstaunlicherweise sogar gläubige Katholiken – die es für unerlaubt halten, in wissenschaftlichen Zusammenhängen von der *Seele* zu sprechen.

Wenn wir die Bahnbrecher der neuesten Geistes- und Seelenwissenschaft betrachten – ich denke vor allem an *Dilthey, Brentano, Husserl* und ihre Schülerkreise –, so machen ihre entscheidenden Schriften gewiß nicht den Eindruck, als ob sie religiös bestimmt wären und als ob ihre Verfasser „durch die Pforte des Gebetes eingegangen" waren. Bedenken wir aber, daß Dilthey mit Fragen der protestantischen Theologie wohlvertraut war, wie z.B. seine *Jugendgeschichte Hegels* beweist; daß Brentano katholischer Priester war und auch nach seinem Bruch mit der Kirche, ja bis in seine letzten Lebenstage sich eifrig mit Glaubens- und Gottesfragen beschäftigte; daß Husserl als Brentanos Schüler, ohne selbst die Theologie und Philosophie des Mittelalters zu studieren, eine gewisse lebendige Verbindung mit der großen Überlieferung der *philosophia perennis* hatte, daß er überdies persönlich im Kampf um sein philosophisches Lebenswerk stets vom Bewußtsein einer *Sendung* getragen war und daß im Kreise der Menschen, die ihm wissenschaftlich und menschlich nahestanden, eine starke Bewegung zur Kirche hin einsetzte – dann wird man doch nicht leicht ein bloßes Nebeneinander annehmen, sondern einen tiefen inneren Zusammenhang vermuten dürfen.

Besondere Erwähnung verdient hier das schon öfter genannte Werk des Münchener Phänomenologen *Pfänder*: *Die Seele des Menschen. Versuch einer verstehenden Psychologie*, dessen Auffassung von der Seele weitgehend mit der unseren übereinstimmt. Von einer Beschreibung der seelischen Regungen ausgehend, sucht Pfänder das Verständnis des seelischen Lebens durch Aufdeckung der es beherrschenden Grundtriebe zu erschließen. Diese Grundtriebe führt er auf einen Urtrieb zurück: den Trieb der Seele nach Selbstauszeugung, der im Wesen der Seele begründet ist. Er sieht in der Seele ein Lebewesen, das sich aus einem Keim zur Vollgestalt auszeugen muß. Es gehört zum eigentümlichen Wesen der Menschenseele, daß zu ihrer Auszeugung freie persönliche Tätigkeit nötig ist. Sie ist aber „wesentlich Geschöpf und nicht der Schöpfer ihrer selbst. Sie *erzeugt* nicht sich selbst sondern sie kann sich selbst nur *auszeugen*. Im tiefsten Punkt ihrer selbst ist sie nach rückwärts verbunden mit dem dauernd schöpferischen Grund ihrer selbst. Sie kann sich selbst daher nur voll auszeugen, indem sie dauernd in Kontakt bleibt mit dem dauernd schöpferischen Grund". Das Wesen der Seele wird als Schlüssel zum Verständnis ihres Lebens angesehen. Eine entschiedenere Absage an die *Psychologie ohne Seele* ist kaum denkbar.

Pfänders Werk über die Seele ist sichtlich der Abschluß einer langen Lebensarbeit und das Ergebnis eines ernsten Ringens mit den letzten Fragen. Darum berühren einige Unklarheiten an entscheidenden Stellen geradezu schmerzlich. Das Verhältnis von Seele und Leib bleibt ganz im Dunkeln. Meist wird so gesprochen, als handelte es sich um zwei miteinander vereinte Lebewesen; nur an einer Stelle kommt zum Ausdruck, daß es unentschieden bleiben solle, ob

Leibkeim und *Seelenkeim* getrennte Keime seien oder ob im Grunde nur ein Keim vorhanden sei. Der Geistbegriff wird als ungeklärt ausgeschaltet und darum gar kein Versuch gemacht, das Verhältnis von Seele und Geist zu ergründen. Umso erstaunlicher mutet die Zuversicht an, zu einem restlosen Verständnis der Seele, ihres Wesens und ihres Lebens, der Menschenseele als solcher wie der Einzelseele, gelangen zu können. Wir stehen vor einem Rest des alten Rationalismus, der keine Geheimnisse anerkennt, der von der Bruchstückhaftigkeit alles geschöpflichen Erkennens nichts zu wissen scheint und selbst das Geheimnis des Verhältnisses der Seele zu Gott vollkommen entschleiern zu können glaubt. Es bleibt ihm selbst verborgen, wieviel er von dem, was er als Ergebnis seiner natürlichen Erkenntnis in Anspruch nimmt, den Glaubenslehren und dem Glaubensleben verdankt.

Es ist nicht möglich, in unserem Rahmen über diese wenigen Anregungen und Andeutungen hinauszugehen. Es wäre eine eigene Aufgabe, die Geschichte der Psychologie einmal unter dem Gesichtspunkt durchzugehen, wie sich Grundeinstellung im Glaubensleben und Auffassung der Seele – beim einzelnen Forscher und im jeweiligen Zeitalter – zueinander verhalten.

Wenn man eine so unfaßliche Blindheit gegenüber dem seelisch Wirklichen gewahrt, wie sie in der naturwissenschaftlichen Psychologie des 19. Jahrhunderts als geschichtliche Tatsache vorliegt, so möchte man meinen, daß nicht bloß Verranntheit in gewisse metaphysische Vorurteile, sondern eine unbewußt leitende Angst vor einer Begegnung mit Gott die Verblendung herbeigeführt und die Tiefen der Seele verhüllt haben mag. Auf der anderen Seite steht die Tatsache, daß niemand so in die Tiefen der Seele eingedrungen ist, wie die Menschen, die mit einem heißen Herzen die Welt umfaßt hatten und dann durch die starke Hand Gottes aus der Verstrickung gelöst und in das eigene Innere und Innerste hineingezogen wurden. Neben unserer heiligen Mutter *Teresia* steht hier in erster Linie, ihr im tiefsten wesensverwandt und auch von ihr so empfunden, der heilige *Augustinus*. Für diese Meister der Selbsterkenntnis und Selbstdarstellung wurden die geheimen Tiefen der Seele erleuchtet: nicht nur die *Phänomene*, die bewegte Oberfläche des Seelenlebens, waren für sie unleugbare Erfahrungstatsache, sondern auch die Kräfte, die sich in dem unmittelbar bewußten seelischen Leben betätigen, und schließlich sogar das Wesen der Seele.

Und das ist wiederum ein Punkt, in dem wir eine Übereinstimmung zwischen unserer Darstellung und den Zeugnissen der Heiligen festzustellen haben: weil die Seele ein persönlich-geistiges Gebilde ist, darum ist ihr Innerstes und Eigentlichstes, ihr Wesen, aus dem ihre Kräfte und das Wechselspiel ihres Lebens entspringen, nicht nur ein unbekanntes X, das wir zur Erklärung der erfahrbaren seelischen Tatsachen annehmen, sondern etwas, was uns aufleuchten und spürbar werden kann, wenn es auch immer geheimnisvoll bleibt.

Der seltsame Gang, den die Seele bei ihrer Einkehr nach der Beschreibung der Heiligen zurücklegt – daß sie gleichsam sich selbst von den Ringmauern bis zum Innersten durchmißt –, wird vielleicht ein wenig verständlicher durch unsere Scheidung von *Seele* und *Ich*. Das Ich erscheint als ein beweglicher *Punkt* im *Raum* der Seele; wo es jeweils seinen Standort nimmt, da leuchtet das Licht des Bewußtseins auf und erhellt einen gewissen Umkreis: sowohl im Innern der Seele wie in der gegenständlichen Welt, der das Ich zugewendet ist. Trotz seiner Beweglichkeit ist das Ich aber doch wiederum gebunden: an jenen selbst unbeweglichen Mittelpunkt der Seele, in dem es eigentlich zu Hause ist. Hierhin wird es immer wieder gerufen und zwar – das ist wieder ein Punkt, in dem wir über das hinausgehen mußten, was uns die *Seelenburg* bezeugt – nicht nur zur höchsten mystischen Begnadung, der geistlichen Vermählung mit Gott, sondern um von hier aus die letzten Entscheidungen zu treffen, zu denen der Mensch als freie Person aufgerufen wird.

Der Mittelpunkt der Seele ist der Ort, von dem aus die Stimme des Gewissens sich vernehmen läßt, und der Ort der freien persönlichen Enscheidung. Weil es so ist und weil zur liebenden Vereinigung mit Gott die freie persönliche Hingabe gehört, darum muß der Ort der freien Entscheidung zugleich der Ort der freien Vereinigung mit Gott sein. Von hier aus wird es auch verständlich, warum von der heiligen Mutter Teresia (ebenso wie von anderen Geisteslehrern) die Hingabe des Willens an den göttlichen als das Wesentlichste an der Vereinigung angesehen wird: die Hingabe unseres Willens ist das, was Gott von uns allen verlangt und was wir leisten können. Sie ist das Maß unserer Heiligkeit. Sie ist zugleich die Bedingung der mystischen Vereinigung, die nicht in unserer Macht steht, sondern freies Geschenk Gottes ist. Darum ergibt sich aber auch die Möglichkeit, vom Mittelpunkt der Seele aus zu leben, sich selbst und sein Leben zu gestalten, ohne mystisch begnadet zu sein.

Als über ihre Zuständigkeit hinausgehend betrachtet die Heilige die Erklärung der Tatsache, die sie als solche klar zu sehen glaubt: daß *Geist* und *Seele* eins sind und doch wiederum voneinander zu scheiden. Wir suchten Wege zur Lösung dieses Rätsels einmal durch die Scheidung des *inhaltlichen* Unterschiedes von *Geist* und (raumfüllendem) *Stoff* als verschiedenen Gattungen des Seienden (wobei die Seele auf die Seite des Geistes gehört, aber zu den geistigen Gebilden, die als stoffgestaltende Formen zwischen Geist und Stoff vermitteln) und des *formalen Seinsunterschiedes* von *Leib - Seele - Geist*, wonach Seele das Verborgene, Ungestaltete, Geist das frei ausströmende, offenbare Leben ist.

Sodann fanden wir – diesen Unterscheidungen entsprechend – an der *Menschenseele* verschiedene Seinsrichtungen: als Form des Leibes gestaltet sie sich in einen ihr fremden Stoff hinein und erleidet dabei die Verdunkelung und Belastung, die die Bindung an massen-beschwerten Stoff (den Stoff im Zustand des Falles) mit sich bringt. Sie gestaltet zugleich sich selbst aus und offenbart sich dabei als persönlich-geistiges Wesen, indem sie in frei-bewußtem Leben ausströmt und sich in das Lichtreich des Geistes erhebt, ohne daß sie aufhörte, verborgener Quell zu sein. Dieser verborgene Quell ist – im Sinne der inhaltlichen Scheidung von Stoff und Geist ein Geistiges, und je tiefer die Seele in ihn hinabsteigt und je mehr sie sich in ihrem Mittelpunkt befestigt, desto freier kann sie über sich emporsteigen und sich aus der Stoffverhaftung lösen: bis zur Durchschneidung des Bandes zwischen Seele und irdischem Leib – wie sie im Tode, in gewisser Weise aber schon in der Ekstase eintritt – und zur Wandlung der *lebendigen Seele* in einen *lebenspendenden Geist*.

Martin Heideggers Existentialphilosophie

SEIN UND ZEIT

Es ist nicht möglich, auf wenigen Seiten ein Bild vom Reichtum und der Kraft der oft wahrhaft erleuchtenden Untersuchungen zu geben, die in Heideggers großem Torso *Sein und Zeit* enthalten sind. Vielleicht hat kein anderes Buch in den letzten zehn Jahren das philosophische Denken der Gegenwart so stark beeinflußt wie dieses, wenn man vielfach auch den Eindruck bekommt, daß nur die neugeprägten *Worte* aufgegriffen wurden, ohne daß man ihren radikalen Sinn und ihre Unvereinbarkeit mit dem übrigen begrifflichen Rüstzeug, das unbedenklich daneben verwendet wird, erkannt hätte.

Es kann hier nur versucht werden, die Grundlinien nachzuzeichnen, um dann dazu Stellung zu nehmen, soweit das möglich ist.

A. Wiedergabe des Gedankenganges

Ziel des Werkes ist es, *„die Frage nach dem Sinn von Sein erneut zu stellen"*. Begründet wird diese Zielsetzung einmal mit dem *sachlich-wissenschaftlichen Vorrang* der Seinsfrage: *„Alle Ontologie … bleibt im Grunde blind und eine Verkehrung ihrer eigensten Absicht, wenn sie nicht zuvor den Sinn von Sein zureichend geklärt und diese Klärung als ihre Fundamentalaufgabe begriffen hat"*; andererseits mit der Behauptung, daß bisher nicht nur keine befriedigende Lösung, sondern nicht einmal angemessene Fragestellung gelungen sei. Die bedeutsamen Ansätze bei Plato und Aristoteles hätten nicht ans Ziel kommen können, weil die ganze antike Ontologie *eine bestimmte Seinsweise – das Vorhandensein – als das Sein schlechthin* angesehen habe. In der Folge habe man das Sein immer als das Allgemeinste und Selbstverständlichste vorausgesetzt, das keiner Definition mehr fähig und bedürftig sei. Im übrigen habe man sich an die antike Ontotogie gehalten, und zwar nicht nur das ganze Mittelalter hindurch, sondern auch in den einflußreichsten Versuchen der Neuzeit: Descartes und Kant.

Um auf die Frage nach dem Sinn des Seins eine Antwort zu bekommen, müsse man das *Seiende* befragen, und zwar nicht ein beliebiges, sondern *das* Seiende, *zu dessen Sein das Fragen nach dem Sinn des Seins und ein gewisses vorläufiges (vor-ontologisches) Seinsverständnis gehört*. Dieses Seiende, „das wir selbst je sind", wird *Dasein* genannt, „weil die Wesensbestimmung dieses Seienden nicht durch die Angabe eines sachhaltigen Was vollzogen werden kann, sein Wesen vielmehr darin liegt, daß es je sein Sein als seiniges zu sein hat". Weil sein Seinsverständnis sich nicht nur auf sein eigenes Sein erstreckt (das *Existenz* genannt wird), sondern auch auf das nicht daseinsmäßige Seiende, „muß die *Fundamentalontologie*, aus der alle anderen erst entspringen können, in der *existentialen Analytik des Daseins* gesucht werden". Darum wird der I. Teil des Werkes der Deutung des Daseins gewidmet: der erste Abschnitt enthält eine vorbereitende Auseinanderlegung des Daseins, der zweite will als „Sinn des Seienden, das wir Dasein nennen … die *Zeitlichkeit*" aufweisen. Und weil zum Sein dieses Seienden das Seins Verständnis gehört, darum muß die *„Zeit als Horizont des Seinsverständnisses aus der Zeitlichkeit als Sein des seinsverstehenden Daseins"* … „ans Licht gebracht und gemein begriffen werden". In einem dritten Abschnitt sollte „Zeit und Sein" behandelt werden; und zwar in dem Sinn, daß nicht nur das Dasein als zeitlich zu verstehen, sondern das Sein als solches „aus der Zeit begriffen werden" sollte. Es scheint, daß dieser Abschnitt mit den beiden vorausgehenden zusammen ausgearbeitet wurde (es wird öfters mit Angabe der Paragraphen darauf verwiesen); aber er ist nicht veröffentlicht worden. Ebenso ist der ganze zweite Teil – eine mit dem Hinweis auf die Geschichtlichkeit des Daseins und seines Seins Verständnisses als notwendig geforderte „Destruktion der Geschichte der Ontotogie" (Kant - Descartes - Aristoteles) nur angekündigt.

I. *Die vorbereitende Analyse des Daseins*

Die *vorbereitende Untersuchung* bezeichnet es als zum *Sein des Daseins* gehörig, daß es je *meines* ist (d.h. schlechthin einmalig, nicht ein allgemeines); daß es *sich zu sich selbst verhält* und daß dieses sein Sein oder seine *Existenz sein Wesen* ist. Was zum Aufbau dieses Seins gehört, wird als *Existential* bezeichnet. Die Existentialien entsprechen den Kategorien des *Vorhandenen*. Das Dasein ist aber kein Vorhandenes, kein *Was*, sondern ein *Wer*. Es *hat* keine Möglichkeiten als *Eigenschaften*, sondern *ist* seine Möglichkeiten. Sein *eigentliches Sein* ist sein *Sich-zu-eigen-sein*. Die Ausdrücke *Ich, Subjekt, Seele, Person,* ebenso *Mensch* und *Leben* werden vermieden, weil sie entweder eine Verdinglichung des Daseins bedeuteten – es wird als der Fehler der antiken Ontologie und der christlichen Dogmatik bezeichnet, daß sie das Dasein unter die Kategorien des Vorhandenen rückten – oder es unklar ließen, was für ein nicht-dingliches Sein sie meinten.

Das Dasein wird zunächst betrachtet, wie es *alltäglich* ist. Es gehört wesentlich dazu das *In-der-Welt-sein,* daran wird Verschiedenes zur Abhebung gebracht: das *In-der-Welt,* das *Wer,* das in der Welt ist, und das *In-sein.* Unter *Welt* ist dabei nicht das All der vorhandenen Gegenstände zu verstehen, auch nicht ein bestimmtes Gebiet des Seienden (wie etwa *Natur*); es ist eben *das, worin ein Dasein lebt,* und von nirgends anders her zu verstehen als vom Dasein her. Das *In-sein* hat *nichts* mit *Räumlichkeit* zu tun. Es ist ein Existential, etwas zur Seinsweise des Daseins als solchem Gehöriges, unabhängig von der Raumkörperlichkeit des Leibes. Das *In-der-Welt-sein* ist gekennzeichnet als *Besorgen* (in den mannigfaltigen Bedeutungen von *erledigen, ausführen, sich verschaffen, befürchten*). Auch das Erkennen ist eine Art des Besorgens. Man verfälscht seinen ursprünglichen Charakter, wenn man es als eine Beziehung zwischen Vorhandenem (*Subjekt* und *Objekt*) deutet. Es ist eine Weise des In-seins, und zwar nicht die grundlegende, sondern eine *Abwandlung des ursprünglichen In-seins.* Das Ursprüngliche ist ein *Umgehen* mit den Dingen, wobei sie nicht als etwas bloß *Vorhandenes* angesehen sind, sondern als *Zeug,* das zu etwas zu brauchen ist (Material, Werkzeug, Gebrauchsgegenstand): als etwas *Zuhandenes.* Jedes ist verstanden als etwas „um zu...“; die Sicht, die dieses Um-zu entdeckt, ist die *Umsicht.* Das theoretische Verhalten dagegen ist ein umsichtiges Nur-Hinsehen. Im reibungslosen Umgehen mit den *zuhandenen* Dingen bleiben sie unauffällig, unaufdringlich, unaufsässig. Erst wenn etwas sich als unbrauchbar erweist, fällt es auf und drängt sich auf im Gegensatz zu dem, was gebraucht wird und nicht *zur Hand* ist. Das sich aufdrängende Unbrauchbare enthüllt sein *Vorhandensein.* Das Fehlen oder Unbrauchbarsein wird zur *Verweisung,* die vom Einzelnen zum *Zeugganzen* und zur *Welt* führt. Das Besorgen geschieht immer schon auf dem Grunde einer Vertrautheit mit der Welt. Das Dasein versteht sich selbst als in der Welt Seiendes und versteht die *Bedeutsamkeit* der Welt. Es hat mit allem darin eine *gewisse Bewandtnis,* und dabei „läßt man es bewenden“, d.h. man „gibt die Dinge frei“, wenn sie nicht gerade zum Angreifen und Umgestalten auffordern.

Jedes Zeug hat im Zeugganzen seinen *Platz* und eine *Gegend,* wo es hingehört: es „ist an seinem Platz“ oder „liegt herum“. Das ist die *Räumlichkeit,* die zu den Zeugdingen selbst gehört; die ist nicht dahin zu deuten, daß die Dinge in einen zuvor schon vorhandenen Raum mit indifferenten Orten hineingestellt wären. Aber dank der Einheit des Bewandtnisganzen schließen sich alle Plätze zu einer Einheit zusammen. Auch das *Dasein ist räumlich.* Aber seine Räumlichkeit bedeutet weder, daß es eine Stelle im objektiven Raum habe noch einen Platz wie ein Zuhandenes. Sie ist bestimmt durch *Entfernung* und *Ausrichtung. Entfernung* (d.i. Aufhebung der Ferne) bedeutet, daß es sich Zuhandenes in die gehörige Nähe bringt. *Ausrichtung* besagt, daß es Richtungen in der Umwelt hat (rechts, links, oben, unten usw.) und alles Räumliche begegnet. Dabei ist zunächst noch nicht *der Raum* abgehoben. Der Raum ist weder *im* Subjekt noch ist die Welt *in* ihm als einem zuvor Vorhandenem. Er gehört zur Welt als etwas sie mit Aufbauendes. In einer Einstellung des Daseins, in der es die ursprüngliche Haltung des Besorgens aufgegeben hat und noch betrachtet, kann er für sich zur Abhebung gebracht und als *reiner homogener Raum* gesehen werden.

Das *Wer* des Daseins ist keine vorhandene Substanz, sondern eine *Existenzform.* „...Die Substanz des Menschen ist nicht der Geist als die Synthese von Seele und Leib, sondern die *Existenz*“. Zum Dasein gehört ein *Mitsein* von andern Seienden, die auch die Form des Daseins haben. Das ist nicht ein Vorfinden von anderen vorhandenen Subjekten, sondern ein Miteinandersein, das für ein Kennenlernen und Verstehen (Einführung) schon vorausgesetzt ist. Zum

Seinsverständnis des Daseins gehört das Verstehen anderer. „Dieses Verstehen ist, wie Verstehen überhaupt, nicht eine aus Erkennen erwachsende Kenntnis, sondern eine ursprüngliche existentiale Seinsart, die Erkennen und Erkenntnis allererst möglich macht". So ist Dasein von vornherein *Mit-dasein-in-der-Welt*. Sein Subjekt – und das Subjekt des alltäglichen Daseins überhaupt – ist nicht das eigene Selbst, sonder ein *Man*: es ist nicht eine Summe von Subjekten, auch nicht Gattung oder Art, sondern – ebenso wie das eigentliche *Selbst*, das durch das Man zunächst verdeckt wird – ein *wesenshaftes Existential*.

Nach der Klärung der *Welt* und des *Wer* kann nun das *In-Sein* noch besser erfaßt werden. Dasein heißt *da* sein, und das bedeutet einmal ein Hier- zu einem Dort-sein: Erschlossenheit für eine räumliche Welt; es bedeutet ferner „für es selbst da sein". Diese Erschlossenheit wird als Sinn der „Rede vom *lumen naturale* im Menschen" in Anspruch genommen: sie „meint nichts anderes als die existential-ontologische Struktur dieses Seienden, daß es *ist* in der Weise, sein Da zu sein. Es ist *erleuchtet*, besagt: an ihm selbst *als* In-der-Welt-sein gelichtet, nicht durch ein anderes Seiendes, sondern so, daß es selbst die Lichtung *ist*". Das Erschlossensein beruht nicht auf reflektiver Wahrnehmung, sondern ist ein Existential, etwas zum Dasein als solchem Gehöriges. Als gleich ursprünglich sind im Dasein aufweisbar *Befindlichkeit* und *Verstehen*. Befindlichkeit bezeichnet eine innere Gestimmtheit. Das Dasein ist immer in irgendeiner *Stimmung*; sie kommt weder *von außen* noch *von innen*, sondern ist eine Weise des In-der-Welt-seins. Und sie offenbart ihm seine *Geworfenheit*: es findet sich als in der Welt seiendes und so gestimmtes. „Das pure *daß es ist* zeigt sich, das Woher und Wohin bleiben im Dunkel". „Es findet sich" – das bedeutet nichts anderes, als daß es für sich selbst erschlossen ist. Diese Erschlossenheit ist der eine Sinn des *Verstehens*. Darüber hinaus liegt aber darin ein „sich verstehen auf…", d.h. eine Möglichkeit oder ein Können, das ihm als zu seinem Sein gehörig durchsichtig ist. „Dasein ist nicht ein Vorhandensein, das als Zugabe noch besitzt, etwas zu können, sondern es ist primär sein Möglichsein". Das existentiale Verstehen ist das, woraus Denken wie Anschauung sich ableiten. Zum Verstehen der eigenen Möglichkeiten kommt das Verstehen der innerweltlichen Möglichkeiten, die für das Dasein Bedeutung haben: das Dasein *entwirft* beständig sein Sein auf Möglichkeiten. Es *ist* in diesem Entwerfen immer schon das, was es noch nicht ist, und zwar auf Grund seines verstehenden Seins.

Das Verstehen kann sich entfalten zu einem *Auslegen*, d.h. zu einem Verstehen *von etwas als etwas*. Dazu gehört noch nicht notwendig sprachlicher Ausdruck. Vorausgesetzt ist immer ein schlichtes Verstehen, und zwar ein Verstehen aus einer Bedeutungsganzheit; darin liegt ein *Vorhaben*, eine *Vor-sicht* und ein *Vor-griff* in bestimmter Richtung.

Sein, das sich einem Dasein erschließt, hat einen *Sinn*. Verstanden ist das Seiende selbst; der Sinn ist nicht *an sich*, sondern ist eine existentiale Bestimmung. Nur Dasein kann *sinnvoll* oder *sinnlos* sein. Nicht Daseinsmäßiges ist *unsinnig*, und nur es kann *widersinnig sein*. Der Sinn ist in der Auslegung gegliedert und schon im Verstehen als gliederbar erschlossen. Indem ein Zuhandenes aus seinem Zusammenhang herausgelöst und ihm in sich eine Eigenschaft zugesprochen wird, formt sich die Auslegung um zur *Aussage*. Sie bedeutet ein Dreifaches:

1. *Aufzeigung* eines Seienden oder von etwas am Seienden;
2. *Bestimmung* des Seienden (Prädikation);
3. *Mitteilung* als Mitsehenlassen.

Im Verstehen begründet, zum Sein des Da *seins* – zu seiner Erschlossenheit und seinem Mitsein – gehörig sind *Rede* und *Hören*. Das verstandene Bedeutungsganze in seiner Gliederung wird durch die Rede ausgesprochen. Das Hinausgeredete ist die *Sprache* (die Rede ihre existentiale Grundlage). Das, *worüber* geredet wird, ist das Seiende.

Im alltäglichen Dasein des Man ist die Rede verfallen zum *Gerede*. Hier liegt nicht mehr ein ursprüngliches Sachverständnis vor, sondern beim Reden wie beim Hören ein durchschnittliches *Wortverständnis*. Es wird nicht das Seiende verstanden, sondern das Geredete als solches.

Ursprüngliche Aneignung von Seiendem ist Sicht: in der Form des ursprünglichen umsichtig-besorgenden Verstehens, des Erkennens oder betrachtenden Verweilens. Wie sich zur Rede das

Geredete verhält, so zur Sicht das neugierige Sehen. *Neugier* ist die Sucht zu sehen, nur um zu sehen, nicht um zu verstehen, unverweilend, aufenthaltslos, zur Zerstreuung führend. Gerede und Neugier hängen eng zusammen: das Gerede bestimmt, was man gelesen und gesehen haben muß. Dazu kommt als drittes Kennzeichen des Verfalles die *Zweideutigkeit*: daß man nicht mehr weiß, was ursprünglich und was nur uneigentlich verstanden ist. *Verfall* ist eine Seinsweise, bei der das Dasein weder es selbst, noch bei der Sache, noch mit den andern ist, sondern das alles nur vermeint. „Dieses *Nicht-sein* muß als die nächste Seinsart des Daseins begriffen werden, in der es sich zumeist hält. Die Verfallenheit des Daseins darf daher auch nicht als *Fall* aus einem reineren und höheren *Urstand* aufgefaßt werden".

Die bisherige Untersuchung hat *Existentialität* und *Faktizität* als die Seinsverfassung des Daseins bestimmt aufgewiesen. Dabei bezeichnet Existentialität die Eigentümlichkeit des Daseins, daß zu seinem Sein ein Sich-verhalten zu sich selbst gehört, daß es „vor es selbst gebracht und ihm in seiner Geworfenheit erschlossen wird", Faktizität das Geworfensein als „die Seinsart eines Seienden, das je seine Möglichkeit selbst *ist*, so zwar, daß es sich in ihnen und aus ihnen versteht (auf sie sich entwirft)". „Das Selbst aber ist zunächst und zumeist uneigentlich das Man-selbst... *Die durchschnittliche Alltäglichkeit des Daseins kann demnach bestimmt werden als das verfallend-erschlossene, geworfen-entwerfende In-der-Welt-sein, dem es in seinem Sein bei der Welt und im Mitsein mit Anderen um das eigenste Seinkönnen selbst geht*". Es soll nun versucht werden, die so dargestellte Seinsverfassung in ihrer *Ganzheit* in den Griff zu bekommen, die Einzelzüge, die mit den Namen *Existentialität* und *Faktizität* bezeichnet sind, in ihrem innersten Zusammenhang zu zeigen. Dazu wird nach der *Grundbefindlichkeit* des Daseins gesucht, an der dieser Zusammenhang deutlich werden könnte. Es müßte dies „eine verstehende Befindlichkeit im Dasein" sein, „in der es ihm selbst in ausgezeichneter Weise erschlossen" wäre. Es soll gezeigt werden, daß die *Angst* diesen Bedingungen genüge. Während Furcht immer auf ein Bedrohliches in der Welt gerichtet ist, ist die Angst nicht Angst vor etwas Innerweltlichem, sondern vor dem In-der-Welt-sein selbst. Ja sie ist es, die *Welt* als solche überhaupt erst sichtbar macht. Sie ist Angst vor Allein-in-der-Welt-sein (als *solus ipse*), d.h. vor einem eigentlichen Sein, aus dem das Dasein in seinem Verfall in die Welt und in das Man flüchtet. Eben von dieser Abkehr her ist rückblickend die Angst zu erspähen. Das, *worum* sich das Dasein ängstet, ist sein Seinkönnen in der Welt, Das Verfallen ist ein Abbiegen von den eigenen freien Seinsmöglichkeiten zum Bei-der-Welt-sein und zum Man-selbst. In den Möglichkeiten ist es immer schon „sich selbst vorweg" – und das gehört zum Geworfensein; sein Vor-weg-sein wird mit dem Namen *Sorge* genannt und ist Grundlage für alles Besorgen und Fürsorgen, alles Wünschen und Wollen, allen Hang und Drang.

Nach Heidegger ist es eine Umkehrung der Seinsordnung, wenn man das Sein des Daseins aus *Realität* und *Substantialität* begreifen wolle. Nach seiner Auffassung versteht die Überlieferung unter Realität nichts anderes als „das Sein des innerweltlich vorhandenen Seienden (*res*)..."; man kann es auch weiter fassen, sodaß es die verschiedenen Seinsmodi des innerweltlichen Seienden umschließt. Da Seinsverständnis etwas zum Dasein Gehöriges ist, gibt es Seinsverständnis nur, wenn es Dasein gibt. Daraus wird gefolgert, daß das Sein selbst, wenn auch nicht das Seiende, vom Dasein abhängig sei. Als *Substanz des Menschen* aber wird seine *Existenz* – als Sorge verstanden – in Anspruch genommen.

Wenn *Wahrheit* und Sein so eng zusammenhängen, wie es die Überlieferung seit Parmenides immer angenommen hat, dann muß auch der ursprüngliche Sinn von Wahrheit aus der Analyse des Daseins zu gewinnen sein. Die gewöhnliche Definition der Wahrheit als *adaequatio rei et intellectus* vermöge keine Gleichheit oder Ähnlichkeit zwischen Subjekt und Objekt oder idealem Urteilsgehalt und Sache aufzuweisen, wodurch die Rede von einer Übereinstimmung gerechtfertigt würde. *Die Aussage zeigt am Gegenstand etwas auf*: es ist *derselbe* Gegenstand, der oder an dem etwas wahrgenommen und von dem etwas ausgesagt wird. Wahrheit ist gleichbedeutend mit *Wahrsein*, und das heißt *entdeckend sein* (αλήϑεια = Unverborgenheit). Sie kommt also ursprünglich dem Dasein zu. Erst abgeleiteterweise ist sie *Entdeckung* von innerweltlichem Seienden als Wahrheit zu bezeichnen. Beidem liegt zugrunde das *Erschlossensein des Daseins: es ist in der Wahrheit.* Zugleich aber – in seinem Verfall – ist es *in der Unwahrheit,* d.h. verdeckt durch Gerede, Neugier und Zweideutigkeit.

Die *Aussage* ist zunächst aus Verstehen und Auslegen erwachsendes *Aufweisen* am Seienden. Als Ausgesagtes aber wird sie Zu- und Vorhandenes, und als solches wird sie zu dem Zu- und Vorhandenen, worüber sie aussagt, in Beziehung gebracht: so kommt es zu der Übereinstimmung zwischen Erkenntnis (= Urteil) und Seiendem (= res). Die Abwandlung ist daraus zu verstehen, daß alle Wahrheit dem Seienden erst abgerungen werden muß; daß Entdecktheit gegenüber Verdecktheit – als etwas Ungewöhnliches – nach Ausweis verlangt. Die *Urteilswahrheit* ist also *nicht die ursprünglichste,* sondern sehr abgeleitet. Im ursprünglichen Sinn ist Wahrheit ein Existential. Als solches ist *Wahrheit nur, sofern Dasein ist. Ewige Wahrheiten* könnte es nur geben, wenn ein *ewiges Dasein* wäre, und nur wenn es nachgewiesen wäre, *wären* sie erwiesen. Andererseits muß Wahrheit sein, sofern sie zum Dasein unaufhebbar gehört. Wir müssen sie *voraussetzen,* indem wir uns selbst „voraussetzen", d.h. immer schon als ins Dasein geworfen vorfinden.

II. *Dasein und Zeitlichkeit*

Die vorbereitende Untersuchung des Daseins ist abgeschlossen. Sie soll dazu dienen, den *Sinn von Sein* zu erschließen. Wenn sie dazu ausreichend sein sollte, müßte sie das *Dasein in seiner Ganzheit und Eigentlichkeit* erfaßt haben. Rückblickend wird die Frage gestellt, ob das mit der Bestimmung der Existenz des Daseins als Sorge schon geleistet sei. Es wird festgestellt, daß noch Wesentliches fehlt. Wenn es dem Dasein um sein Seinkönnen geht, so gehört offenbar dazu, daß es etwas jeweils noch nicht ist. Damit es als Ganzes gefaßt werden könnte, müßte auch sein Ende, der *Tod,* gefaßt sein, was nur im Sein zum Tode möglich ist. Um ferner die Eigentlichkeit des Daseins aufzuweisen, müßte gezeigt werden, wie sie sich selbst bezeugt, und das geschieht im *Gewissen.* Erst wenn sie das eigentliche Ganzseinkönnen des Daseins aufweist, ist die Analytik des urspünglichen Seins des Daseins versichert; und das ist nur möglich, wenn die *Zeitlichkeit* und *Geschichtlichkeit* des Daseins herangezogen wird. Tod, Gewissen, Zeitlichkeit und Geschichtlichkeit des Daseins sind also die Gegenstände der folgenden Untersuchungen.

Die Eigentümlichkeit der *Sorge* als Sein des Daseins, worin es sich selbst vorweg ist und wonach immer noch etwas von seinem Sein *aussteht,* scheint ein Umfassen des Daseins in seiner Ganzheit auszuschließen. Es muß also gezeigt werden, daß der *Tod erfaßbar* und damit das *Dasein als Ganzes erfaßbar* ist.

Die Erfahrung des Todes anderer ist kein eigentliches Erfahren des Todes. Wir erfahren ihr Nicht-mehr-in-der-Welt-sein, einen Übergang vom Dasein zu etwas, was dem bloßen Vorhandensein nahekommt, aber doch nicht damit zusammenfällt, denn es bleibt kein bloßes Körperding übrig, auch kein bloßes Unlebendiges, sondern es ist auch von uns aus Mit-sein und Fürsorge für den *Verstorbenen* möglich. Und das Aufhören ist nur ein Aufhören für uns; es wird nicht vom Sterbenden aus erfaßt, *wir erfahren nicht das Sterben des anderen.* Während beim In-der-Welt-sein im Sinn des Besorgens weitgehend Vertretung des einen durch den andern möglich ist, *kann das Sterben keiner dein anderen abnehmen. Als Enden des Daseins* ist es selbst ein *Existential,* und wenn überhaupt, kann es *nur als meines erfahrbar* sein, nicht von anderen her.

Das *Ausstehen,* das zum Sein des Daseins gehört und mit dem Tode fortfällt, ist nicht das Ausstehen eines noch nicht Zuhandenen, das zu bereits Verfügbarem seiner Art hinzukommen wird (wie eine ausstehende Schuld). Es ist nicht die Unreife der Frucht, die sich im Reifen vollendet, und nicht wie die Unabgeschlossenheit des Weges, der erst ganz ist, wenn er am Ziel endet. Das Enden, das im Sterben liegt, ist auch kein Verschwinden (wie das Aufhören des Regens). Es ist von nirgends anders her zu begreifen als vom Sein des Daseins selbst, d.h. von der Sorge. Das *Sterben* ist weder dem *Verenden* eines nur Lebendigen gleichzusetzen, noch dem *Ableben* als Übergang vom Leben zum Totsein, sondern es ist die *Seinsweise,* in der das Dasein zum Tode *ist.*

„Die existentiale Interpretation des Todes liegt vor aller Biologie und Ontologie des Lebens. Sie fundiert aber auch erst alle biografisch-historischen und ethnologisch-psychologischen Untersuchungen des Todes ... Die ontologische Analyse des Seins zum Ende greift andererseits keiner existentiellen Stellungnahme zum Tode vor. Wenn der Tod als *Ende* des Daseins, d.h. des In-der-Welt-seins bestimmt wird, dann fällt damit keine ontische Entscheidung darüber, ob *nach dem Tode* noch ein anderes, höheres oder niedrigeres Sein möglich ist, ob das Dasein *fortlebt* oder gar, sich *überdauernd, unsterblich* ist. Über das *Jenseits* und seine Möglichkeit wird ebensowenig ontisch entschieden wie über das Diesseits ... Die Analyse des Todes bleibt aber insofern rein *diesseitig* als sie das Phänomen lediglich daraufhin interpretiert, wie es als Seinsmöglichkeit des jeweiligen Daseins *in dieses hereinsteht*. Mit Sinn und Recht kann überhaupt erst dann methodisch sicher auch nur *gefragt* werden, was *nach dem Tode sei*, wenn dieser in seinem vollen ontologischen Wesen begriffen ist".

Das *Sein zum Tode* ist in der Sorge als Sich-selbst-vorweg-sein vorgezeichnet. Es gehört zum Dasein so ursprünglich wie das Ins-Dasein-geworfen-sein und prägt sich am deutlichsten aus in der *Angst*; aber es ist meist verdeckt, weil das Dasein auf der Flucht davor, in der Weise des Verfallens bei Vorhandenem ist. *Was bevorsteht*, ist das *Nicht-dasein-können*, das von allen Bezügen losgelöste eigenste Seinkönnen; aber es steht nicht bevor als ein von außen Begegnendes, sondern als eigenes Sein-können. Das alltägliche Gerede des *Man* macht daraus ein Ereignis, das dem *Man* begegnet, wovor sich also das je eigene Selbst sicher fühlen kann. Es stempelt die Angst zur Furcht vor dem drohenden Ereignis und damit zu etwas, dem man sich nicht hingeben darf; es läßt den Mut zur Angst vor dem Tode nicht aufkommen und verdeckt dem Dasein dieses sein eigenstes, unbezügliches Seinkönnen. Indem das *Man* dem Tode eine nur empirische Gewißheit (als allgemeine Erfahrungstatsache) zuspricht, verdeckt es sich seine *eigentliche Gewißheit*, die zur Aufgeschlossenheit des Daseins gehört: die eigentümliche Gewißheit, daß *der Tod jeden Augenblick möglich*, obwohl zeitlich unbestimmt ist. Mit dieser Gewißheit ist eine Art Ganzheit des *Daseins schon gegeben*.

Das *eigentliche Sein zum Tode* ist kein besorgendes Verfügbar-machen-wollen, kein Warten auf Verwirklichung; es hat das Nicht-sein-können als pure Möglichkeit vor Augen, in die es *vorläuft* als in seine *eigenste* Möglichkeit, die es *selbst* übernehmen muß, *losgelöst* von allen Bezügen; die ihm darum sein *eigentliches* Sein enthüllt und zugleich die Uneigentlichkeit des durchschnittlichen Seins und das eigentliche Seinkönnen der anderen. Aus der Befindlichkeit der *Angst* steigt ihm diese Möglichkeit bedrohend auf. Für seine Ganzheit aber hat sie Bedeutung, „weil das Vorlaufen in die unüberholbare Möglichkeit alle ihr vorgelagerten Möglichkeiten mit erschließt"; darum „liegt in ihm die Möglichkeit eines existentiellen Vorwegnehmens des *ganzen* Daseins".

Das eigentliche Ganzseinkönnen des Daseins, das sich im Vorlaufen zum Tode ankündigt, bedarf aber einer *Bezeugung der möglichen Eigentlichkeit seines Seins* aus dem Dasein selbst. Sie liegt vor im *Gewissen*. Aus der Verlorenheit in das *Man* muß das Dasein zu sich selbst gerufen werden. Die Stimme des Gewissens hat den Charakter eines *Rufes*. *Angerufen* ist das *Dasein* selbst, unter Übergehung des Man, und zwar *schweigend*. *Der Rufende* ist wiederum das *Dasein*, aber der Ruf ist nicht *von* mir vollzogen, sondern *kommt über mich*: das Dasein in seiner Angst um sein eigenes Seinkönnen als Sorge ist der Rufer. Das Selbst ist dem im Man verlorenen Dasein das Fremdeste; daher der *Fremdcharakter* des Rufes. „Der Anruf des Selbst ... drängt es nicht auf sich selbst in ein Inneres, damit es sich vor der *Außenwelt* verschließen soll". „Der Ruf weist das Dasein *vor auf* sein Seinkönnen ..." Er ist *vorrufender Rückruf*. Er spricht nicht von Begebenheiten und gibt nichts zu bereden. Wenn er von *Schuld* spricht, so bedeutet dies *Schuldigsein* ein *Existential: Grund eines Nicht-seins sein*. (Das ist für alles Schuldhaben und Schulden-haben grundlegend.) Das Dasein als in die Existenz (d.i. ein Sein als Entwurf) geworfenes ist Grund seines Seins: es ist dem Sein als Grund des Seinkönnens überantwortet. Weil es hinter seinen Möglichkeiten immer zurückbleibt, weil es, in *einer* seiend, die andern *nicht* ist, ist es *wesenhaft* immer Grund des Nichtseins und darum immer *schuldig* (in einem Sinn, der nicht am Bösen orientiert, sondern für Gut und Böse vorausgesetzt ist).

Das rechte Verstehen des Gewissensrufes ist das *Gewissen-haben-wollen*, aus dem *freigewählten Sein-können* handeln wollen und damit verantwortlich sein. „Jedes Handeln aber ist faktisch notwendig *gewissenlos*, nicht nur weil es faktische moralische Verschuldung nicht vermeidet, sondern weil es auf dem nichtigen Grunde seines nichtigen Entwerfens je schon im Mitsein mit Anderen an ihnen schuldig geworden ist. So wird das Gewissen-haben-wollen zur Übernahme der wesenhaften Gewissenlosigkeit, innerhalb der allein die existentielle Möglichkeit besteht, *gut zu sein*". „Das Gewissen offenbart sich... als eine zum Sein des Daseins gehörige *Bezeugung*, in der es dieses selbst vor sein eigenstes Seinkönnen ruft".

Wenn die gewöhnliche Auslegung des Gewissens als gutes oder *böses* rückwärts Tatsachen verrechnen oder vorwärts vor einzelnen Tatsachen warnen läßt, so ist das ein Mißdeuten des Rufs aus der alltäglich-besorgenden Einstellung auf Vor- oder Zuhandenes heraus, die vor dem eigentlichen Sein flieht. Das *rechte Verstehen* des Gewissensrufs ist eine *Weise des Daseins* und zwar *seiner Erschlossenheit*. Die entsprechende Befindlichkeit ist die *Unheimlichkeit*, die zugehörige Rede das *Schweigen*, mit dem das Dasein sein Seinkönnen auf sich nimmt. Das Ganze ist zu bezeichnen als *Entschlossenheit*, und das bedeutet einen „ausgezeichneten Modus der Erschlossenheit", der gleichbedeutend ist mit *ursprünglicher Wahrheit*. Das Dasein wird damit nicht aus dem In-der-Welt-sein herausgelöst, sondern erst eigentlich *in seine Situation hineingestellt*, erst zu *eigentlichem Mitsein* und eigentlicher Fürsorge fähig.

In dem Ganzsein, das durch das Vorlaufen enthüllt wird, zeigt sich die *Zeitlichkeit des Daseins*, von der alle seine Grundbestimmungen getroffen sind. „Die Entschlossenheit wird eigentlich das, was sie sein kann, *als verstehendes Sein zum Ende*, d.h. als Vorlaufen in den Tod". Entschlossen sein heißt, in seinem Seinkönnen enthüllt sein und sich enthüllen, d.h. in der Wahrheit sein und sich das Für-wahr-halten im Gewißsein aneignen. Die jeweilige *Situation* ist nicht vorauszuberechnen und nicht vorgegeben wie ein Vorhandenes; sie „wird nur erschlossen in einem freien, unbestimmten, aber der Bestimmbarkeit offenen Sich-entschließen". Das Hören des Gewissensrufes bedeutet mit der Zurücknahme des Daseins in sein eigentliches Sein zugleich das Aufnehmen der eigensten Seinsmöglichkeit des Todes mit der Angst und Unbestimmtheit. Dieses eigentliche Sein sichtbar zu machen, ist nicht leicht: es muß erst der verdeckenden alltäglichen Einstellung abgewonnen werden.

Mit dem Namen *Sorge* wurde das *Strukturganze des Daseins* bezeichnet (*Faktizität* als Geworfensein, *Existenz* als Sich-vorweg-sein einschließlich des Seins zum Ende, *Verfallen*). Die Einheit dieses Ganzen spricht sich im *Selbst* oder *Ich* aus: es ist nicht als *res*, auch nicht als *res cogitans* zu fassen; es spricht auch nicht vom Ich, sondern in der Sorge spricht es sich schweigend aus, und im eigentlichen Sein ist es *selbständig*. Zum Sinn der Sorge, d.h. des Seins „eines Seienden, dem es um dieses Sein geht", gehört es, daß dieses Seiende seiend sich selbst versteht. „Der Seinssinn des Daseins ist nicht ein freischwebendes Anderes und außerhalb seiner selbst, sondern das sich verstehende Dasein selbst". Das Sich-verstehen ist Verstehen des eigenen Seinkönnens, und das ist möglich, weil das Dasein in seinem Sein *auf sich selbst zukommt*. Zugleich ist es, *was es gewesen ist*, und ist *bei etwas Gegenwärtigem*: Zukunft, Gewesenheit (Vergangenheit), und Gegenwärtigkeit sind sein *Außer-sich* oder die *Ekstasen* seiner *Zeitlichkeit*. Die *Zukunft* ist das *Primäre*. Dabei geben sich Dasein, Zukunft, Zeitlichkeit als *endlich*. Was gegenüber dieser ursprünglichen Zeit die endlose bedeutet, ist erst noch zu zeigen.

Wenn das Sein des Daseins wesentlich zeitlich ist, so muß an allem, was zu seiner Seinsverfassung gehört, die Zeitlichkeit aufweisbar sein. Das *Verstehen* als Entwerfen ist eigentlich auf *Zukunft* gerichtet, in die es vorläuft. Dagegen hat das *alltägliche Verstehen* als Besorgen nur eigentlich Zukunft, indem es das *Besorgte gewärtigt*. Der *Augenblick* ist die *eigentliche Gegenwart*, in der sich das Selbst zurücknimmt und im *Entschluß* seine Situation erschließt. Das eigentliche Verstehen nimmt das *Gewesensein* auf sich, während das Besorgen in *Vergessenheit* des Gewesenen lebt. Die Zeitlichkeit des uneigentlichen Verstehens, in dem das Selbst verschlossen ist, ist demnach ein Vergessend-gegenwärtigend-gewärtigen.

Die *Befindlichkeit*, die das Geworfensein enthüllt und zu jedem Verstehen gehört, gründet *primär* im *Gewesensein*, obgleich sie auf Künftiges gerichtet ist; z.B. die Angst in eigentlicher, die Furcht in uneigentlicher Weise als Flucht vor dem Gewesensein und aus der verlorenen Gegenwart in das drohende künftige Begegnende. Für die Gewesenheit, die zur Befindlichkeit der Angst gehört, ist es wesentlich, daß sie das Dasein vor seine *Wieder* holbarkeit bringt. Die Angst „bringt zurück auf das pure Daß der eigensten, vereinzelten Geworfenheit. Dieses Zurückbringen hat nicht den Charakter des ausweichenden Vergessens, aber auch nicht den einer Erinnerung. Allein ebensowenig liegt in der Angst schon eine wiederholende Übernahme der Existenz in den Entschluß. Wohl dagegen bringt die Angst zurück auf die Geworfenheit *als mögliche wiederholbare*. Und dergestalt enthüllt sie *mit* die Möglichkeit eines eigentlichen Seinkönnens, das im Wiederholen auf das geworfene Da zurückkommen muß".

Das *Verfallen* hat seine *Zeitlichkeit primär* in der *Gegenwart*, da die Neugier ständig bei etwas zu sein strebt; ihre *Aufenthaltlosigkeit* ist der größte Gegensatz zum *Augenblick* des eigentlichen Seins.

Zur Zeitlichkeit gehören immer alle drei *Ekstasen*, und sie sind nicht als ein *Nebeneinander* aufzufassen.

„Das Seiende, das den Titel Dasein trägt, ist *gelichtet*", und zwar nicht nur durch eine „eingepflanzte vorhandene Kraft", sondern „die ekstatische Zeitlichkeit lichtet das Da ursprünglich". Durch sie wird die Einheit aller existentialen Strukturen möglich. Aus ihr ist das In-der-Welt-sein zu verstehen, der Sinn des Seins der Welt und ihres Transzendierens.

Weisen des In-der-Welt-seins sind das umsichtige Besorgen und das theoretische Verstehen. Für die *Zeitlichkeit des umsichtigen Besorgens* ist kennzeichnend, daß das Wozu eines *gegenwärtigen* und zugleich *behaltenen* Bewandtnisganzen *gewärtigt* ist. Das jeweilige Besorgen setzt an innerhalb einer Bewandtnisganzheit. Deren ursprüngliches Verstehen heißt *Übersicht* und erhält sein *Licht* aus dem Seinkönnen des Daseins. Die praktische *Überlegung* der Bewandtnisbezüge des Zuhandenen ist ein Gegenwärtigen von Möglichkeiten. Beim Übergang zum *theoretischen Erkennen* liegt nicht nur ein Fortfall der Praxis vor – die Theorie fordert sogar eine eigene Praxis –, sondern ein *Neusehen des nun Vorhandenen*: außerhalb seiner Bezüge und seines Platzes, an einem indifferenten Ort. Es ist *Thematisieren*, damit das Vorhandene als Entdecktes frei werden und als Objekt begegnen könne; ein *ausgezeichnetes Gegenwärtigen*, das in der Entschlossenheit gründet – „in der Erschlossenheit des Da ist Welt miterschlossen" – und darin, daß das Dasein das thematisierte Seiende transzendiert.

Zum Dasein gehören die drei Ekstasen und gehört das In-der-Welt-sein, das selbst zeitlich ist. Das *Sein des Daseins* als geworfenes, besorgendes, gegenwärtigendes, ebenso als thematisierendes und objektivierendes *setzt* immer schon *eine Welt voraus*, in der etwas Zuhandenes oder Vorhandenes begegnen kann. Andererseits ist *ohne Dasein* auch *keine Welt* da. „Dieses ist existierend seine Welt". Das *Subjekt* „als existierendes Dasein, dessen Sein in der Zeitlichkeit gründet", nötigt zu sagen: Die *Welt* ist *objektiver* als jedes mögliche Objekt.

Die *Zeitlichkeit* des Daseins ist nicht eine dem Raum koordinierte Zeit. Aber die *Räumlichkeit* des Daseins ist zeitlich. Das Dasein ist nicht an einem Ort im Raum, sondern nimmt Raum ein (und zwar nicht nur den, den der Körper erfüllt. „Das Dasein kann, weil es *geistig* ist, *und nur deshalb*, in einer Weise räumlich sein, die einem ausgedehnten Körperding wesenhaft möglich bleibt"). Es ist ausgerichtet in den Raum und Gegend-entdeckend, woher und wohin es etwas gewärtigt und wo ihm etwas gegenwärtig wird. Seine Zeitlichkeit macht ihm das Raumeinnehmen möglich. In der nähernden Gegenwärtigung, die das Verfallen bevorzugt, wird das Dort vergessen, und es erscheint zunächst nur ein *Ding im Raum*.

Das *Dasein in der Alltäglichkeit* hat seine eigentümliche Zeitlichkeit. Es ist das Dasein, wie es „zumeist und zunächst" ist; es verläuft „wie gestern, so heute und morgen"; außerdem schließt es ein beständiges Rechnen mit der Zeit ein. Alltäglichkeit bedeutet also Zeitlichkeit; weil „diese aber das *Sein* des Daseins ermöglicht, kann die zureichende begriffliche Umgrenzung der Alltäglichkeit erst im Rahmen der grundsätzlichen Erörterung des Sinnes von Sein überhaupt und seiner möglichen Abwandlungen gelingen".

Weil Seinsverständnis nötig ist, um den Sinn des Seins zu erschließen, und weil Seinsverständnis etwas zur Seinsverfassung des Daseins Gehöriges ist, wurde die Analyse des Daseins zur Vorbereitung der Erforschung des Seinssinnes angestellt. Sie hat bisher das *Sein des Daseins als Sorge* und damit als *Sein zum Tode* bestimmt. Für die Ganzheit ist aber außerdem die *Geburt* und der *Zusammenhang zwischen Geburt und Tod* hereinzuziehen. Dieser Zusammenhang ist nicht als ein Nacheinander von jeweils allein-wirklichen Jetzt-Momenten in der Zeit zu fassen. Die Zeitlichkeit des Daseins mit den stets gleichwirklichen drei Ekstasen zeigt, daß es primär sich nicht in die Zeit einordnet: sein Sein ist Sich-Erstrecken, zu dem Geburt und Tod immer mitgehören und das *Geschehen* ist. Dies Geschehen, das aus der Zeitlichkeit des Daseins folgt, ist Vorbedingung der Historie (d.i. Wissenschaft von der Geschichte). *Geschichtlichkeit und In-der-Zeit-sein folgen beide aus der ursprünglichen Zeitlichkeit*; darum ist sekundär auch die Geschichte in der Zeit.

Nach dem gewöhnlichen Sprachgebrauch hat *geschichtlich* einen vierfachen Sinn; es bedeutet:

1. was *vergangen* ist (und zwar entweder, was jetzt nicht mehr wirksam oder was noch wirksam ist);
2. das, wovon etwas *herkommt*;
3. das Ganze des *in der Zeit* Seienden, inbesondere
4. das *menschliche Sein (Geist, Kultur)*.

Die vier Bedeutungen werden zusammengefaßt in der Bestimmung: „Geschichte ist das in der Zeit sich begegnende spezifische Geschehen des existierenden Daseins, so zwar, daß das im Miteinandersein *vergangene* und zugleich *überlieferte* und fortwirkende Geschehen im betonten Sinn als Geschichte gilt. Aber *primär-geschichtlich* ist das *Dasein*, das nicht *vergangen* (d.i. nicht mehr vorhanden) ist, da es nie *vorhanden* war; *sekundär* alles *Innerweltliche* eines gewesenen Daseins (es wird das *Welt-Geschichtliche* genannt): z.B. Zeug, das noch vorhanden ist, wenn die Welt, in der es zuhanden war, nicht mehr ist.

Das *Dasein existiert in tradierten Möglichkeiten*, in die es *geworfen* ist, die es aber in der *Entschlossenheit frei* als sein *Schicksal* auf sich nimmt. Mit *Schicksal* bezeichnen wir das in der eigentlichen Entschlossenheit liegende ursprüngliche Geschehen des Daseins, in dem es sich frei für den Tod ihm selbst in einer ererbten, aber gleichwohl gewählten Möglichkeit *überliefert*". „Schicksal als die ohnmächtige, den Widrigkeiten sich bereitstellende Übermacht des verschwiegenen, angstbereiten Sichentwerfens auf das eigene Schuldigsein verlangt als ontologische Bedingung seiner Möglichkeit die Sorge, d.h. die *Zeitlichkeit*".

Nur Seiendes, das wesenhaft in seinem Sein *zukünftig*, sodaß es frei für seinen Tod an ihm zerschellend auf sein faktisches Da sich zurückwerfen lassen kann, d.h. nur Seiendes, das alles zukünftiges gleich ursprünglich *gewesend* ist, kann, sich selbst die ererbte Möglichkeit überliefernd, die eigene Geworfenheit übernehmen und *augenblicklich* sein für *seine Zeit*. Nur eigentliche Zeitlichkeit, die zugleich endlich ist, macht so etwas wie Schicksal, d.h. eigentliche Geschichtlichkeit, möglich".

„*Wiederholung ist die ausdrückliche Überlieferung*, das heißt der Rückgang in Möglichkeiten des dagewesenen Daseins". Sie läßt nicht bloß vormals Wirkliches wiederkehren. Sie „überläßt sich weder dem Vergangenen noch zielt sie auf einen Fortschritt. Beides ist der eigentlichen Existenz im Augenblick gleichgültig".

Im *Mitsein* mit anderen hat das *Dasein* teil am *Geschick der Gemeinschaft*. Schicksal und Geschick sind Sein zum Tode. Somit hat *alle Geschichte ihr Schwergewicht in der Zukunft*, was nur die uneigentliche Geschichtlichkeit verdeckt.

Das *innerweltlich Vorhandene* ist geschichtlich nicht nur, sofern es in der Welt ist, sondern sofern etwas *mit ihm geschieht* (was von Naturgeschehen grundverschieden ist). Im *uneigentlichen Sinn* des alltäglichen Besorgens sammelt sich das zerstreute Dasein sein Leben aus diesem einzelnen Geschehen zusammen. Im *eigentlichen Sein* der Entschlossenheit lebt es in seinem Schicksal und in der Treue zum eigenen Selbst.

In der wesenhaften Geschichtlichkeit des Daseins ist die Historie existential begründet. Ihr Thema ist, weder das nur einmal Geschehende noch ein darüber schwebendes Allgemeines ..., „sondern die faktisch existent gewesene Möglichkeit": die Möglichkeiten, die von dem selbst geschichtlich bestimmten Dasein, das Geschichte treibt, wiederholt werden. *Nietzsches* Dreiteilung in *monumentalische, antiquarische* und *kritische* ist eine notwendige, den drei Ekstasen der Zeitlichkeit entsprechende.

Das letzte Kapitel will zeigen, welche Bedeutung *Zeitlichkeit und Innerzeitlichkeit* für den *Ursprung des vulgären Zeitbegriffes* haben. Vor aller Zeitmessung *rechnet das Dasein mit Zeit* (die es *hat, nicht hat, verliert* usw.). Es findet die Zeit zunächst an dem innerweltlich begegnenden Zuhandenen und Vorhandenen und faßt sie selbst als ein Vorhandenes auf. Aus seiner Zeitlichkeit ist die *Entstehung des vulgären Zeitbegriffs* abzuleiten.

Das alltägliche *Besorgen* spricht sich immer zeitlich aus als gewärtigendes Dann, behaltendes Damals, gegenwärtigendes Jetzt. Damit *datiert* es immer ein „Dann, wenn...“, „Damals, als...“, „Jetzt, wo...“

Das unentschlossene Dasein *verliert* beständig Zeit und *hat* darum niemals welche. Das entschlossene verliert nie Zeit und hat immer welche. „Denn die Zeitlichkeit der Entschlossenheit hat...den Charakter des *Augenblicks*...Die dergestalt zeitliche Existenz hat *ständig* ihre Zeit *für* das, was die Situation von ihr verlangt“. Weil das Dasein *mit anderen* existiert, die sein Jetzt, Dann usw. verstehen, wenn auch anders datieren, wird die *Zeit* nicht als eigene, sondern als *öffentliche* verstanden.

In der Grundverfassung des Daseins als *Sorge* ist *Zeitrechnung* notwendig begründet. „Die Geworfenheit des Daseins ist der Grund dafür, daß es öffentlich Zeit gibt“, die Zeit, *in der* es Vorhandenes und Zuhandenes — Innerzeitiges — gibt. Weil zur Sicht der Welt, in die das Dasein geworfen ist, *Helligkeit* gehört, *datiert* es nach Tag und Nacht („es ist Zeit zu...“), *berechnet* die Zeit nach Tagen und *mißt* sie am Sonnenstand. Die im Besorgen ausgelegte Zeit ist immer „Zeit zu...“, sie gehört zur Weltlichkeit der Welt und heißt darum *Welt-Zeit*. Sie ist *datierbar, gespannt* und *öffentlich*. Zeit ablesen ist immer ein Jetztsagen als Ausdruck eines Gegenwärtigen.

In der *Zeitmessung* vollzieht sich eine Veröffentlichung der Zeit, wonach sie jeweils und jederzeit für jedermann als „jetzt und jetzt“ begegnet. Sie wird an räumlichen Maßverhältnissen datiert, wird aber dadurch nicht zum Raum. Erst durch die Zeitmessung kommen wir zu *der* Zeit und jedes Ding zu *seiner* Zeit. Sie ist *weder subjektiv noch objektiv*, weil sie Welt und Sein des Selbst möglich macht. *Zeitlich* ist nur das Dasein, das Zuhandene und Vorhandene dagegen ist *innerzeitig*.

Das Gesagte dient als Grundlage, um die *Entstehung des vulgären Zeitbegriffs* aufzuweisen: mit der Erschlossenheit der Welt ist Zeit veröffentlicht und besorgt. Indem das Dasein mit *sich* rechnet, rechnet es mit Zeit. Man richtet sich nach der Zeit durch den Uhrgebrauch, im Zählen der Zeigerstellen. Darin liegt ein gegenwärtiges Behalten des Damals und Gegenwärtigen des Später. Die sich darin zeigende *Zeit* „ist das im gewärtigenden, zählenden Verfolg des wandernden Zeigers sich zeigende *Gezählte*...“ Das entspricht der *aristotelischen* Definition der *Zeit* als *Zahl der Bewegung*: sie hält sich innerhalb des natürlichen Seinsverständnisses, ohne es zum Problem zu machen. Je mehr das Besorgen sich an das besorgte Zeug verliert, desto natürlicher rechnet es mit der Zeit, ohne sie selbst zu beachten, und nimmt sie „als eine Folge von ständig *vorhandenen*, zugleich vergehenden und ankommenden Jetzt“, „als ein Nacheinander, als *Fluß* des Jetzt...“. Dieser Welt-Zeit, d.i. Jetzt-Zeit fehlt die Datierbarkeit (d.i. Bedeutsamkeit) der *Zeitlichkeit*: diese ist die *ursprüngliche Zeit*. Weil die Zeit als vorhandene Jetzt-Folge aufgefaßt wird, nennt man sie *Abbild der Ewigkeit* (Plato). Die Gespanntheit der Welt-Zeit, die aus der Erstrecktheit der Zeitlichkeit folgt, bleibt verdeckt. Weil jedes *Jetzt* zugleich als ein *Soeben* und *Sofort* gefaßt wird, ergibt sich die Auffassung der Zeit als einer *unendlichen*. Das gründet in der *Sorge*, die vor dem Tode flieht und von dem Ende absieht. Man spricht vom Vergehen, aber nicht vom Entstehen der Zeit, weil man sich die Flüchtigkeit der Zeit nicht verbergen kann: das Dasein kennt sie „aus dem *flüchtigen* Wissen um seinen Tod“.

Auch in der *Unumkehrbarkeit* der Zeit offenbart sich ihr Ursprung aus der Zeitlichkeit, die primär zukünftig ist.

Aus dem vulgär verstandenen *Jetzt* ist der *Augenblick* nicht zu erklären, ebensowenig das datierbare Dann und Damals. Dagegen entspringt ihm der *traditionelle Begriff der Ewigkeit als eines stehenden Jetzt.* Von der *ursprünglichen Zeitlichkeit her könnte Gottes Ewigkeit nur als unendliche Zeit verstanden werden.* In der Zusammenstellung von *Zeit und Seele* oder Geist bei Aristoteles, Augustinus, Hegel eröffnet sich ein Zugang zum *Verständnis des Daseins als Zeitlichkeit.*

Die Analyse des Daseins war der Weg, um die Frage nach dem Sinn des Seins vorzubereiten. Der Unterschied zwischen daseinsmäßigem und nicht daseinsmäßigem Sein ist bisher nicht aufgeklärt; ebensowenig die Tatsache, daß die ontologische Deutung sich seit alters immer am dinglichen Sein orientiert hat und immer wieder darein verfällt. Alles war darauf angelegt, als Grundverfassung des Daseins die Zeitlichkeit nachzuweisen. So endet die Untersuchung mit der Frage: „Führt ein Weg von der ursprünglichen *Zeit* zum Sinn des *Seins?* Offenbart sich die Zeit selbst als Horizont des Seins?".

B. Stellungnahme

Das Ziel des ganzen Werkes war nichts anderes als die Frage nach dem Sinn des Seins richtig zu stellen. *Ist* nun die Frage, in die es ausklingt, eben diese Frage, auf die es abgesehen war, oder kommt darin ein Zweifel zum Ausdruck, ob der eingeschlagene Weg der rechte war? Auf alle Fälle mahnt sie dazu, den Weg noch einmal rückblickend zu überschauen und zu prüfen.

Es wird nicht möglich sein, dabei alle Schwierigkeiten zur Sprache zu bringen, die schon die kurze Inhaltsangabe merken läßt. Dazu wäre ein neues großes Buch nötig. Wir wollen uns nur an die Grundlinien des Gedankenganges halten und auf folgende Fragen eine Antwort suchen:

1. Was ist das *Dasein?*
2. Ist die Analyse des Daseins getreu?
3. Ist sie ausreichend als Grundlage, um die Frage nach dem Sinn des Seins angemessen zu stellen?

I. *Was ist das Dasein?*

Es kann wohl kein Zweifel daran sein, daß Heidegger unter dem Titel *Dasein* das *menschliche Sein* fassen will. Wir dürfen auch sagen: *den Menschen,* denn das Dasein wird sehr oft ein *Seiendes* genannt, ohne daß Seiendes als „das, was ist", dem Sein gegenüber gestellt werden dürfte. Es wird ja auch geradezu ausgesprochen, daß das *Wesen* des Menschen die *Existenz* sei. Das heißt nichts anderes, als daß für den Menschen etwas in Anspruch genommen wird, was nach der *philosophia perennis* Gott allein vorbehalten ist: das Zusammenfallen von Wesen und Sein. Immerhin wird der Mensch nicht schlechthin an die Stelle Gottes gesetzt; unter *Dasein* ist nicht das Sein schlechthin verstanden, sondern eine besondere Seinsweise, der andere Seinsweisen gegenüber stehen: das Vorhandensein und Zuhandensein, auch noch anderes, was gelegentlich flüchtig angedeutet, aber nicht näher ausgeführt wird. Insofern ist der Mensch aber doch als ein kleiner Gott aufgefaßt, als das menschliche Sein als ein vor allem anderen ausgezeichnetes Sein in Anspruch genommen wird und als *das* Sein, von dem allein Aufschluß über den Sinn des Seins zu erhoffen ist. Von Gott ist nur gelegentlich in Randbemerkungen und in ausschließender Weise die Rede: das göttliche Sein als etwas, was für die Klärung des Sinnes von Sein überhaupt Bedeutung haben könnte, bleibt völlig ausgeschaltet.

Die Wahl des Namens *Dasein* für den Menschen wird *positiv* damit begründet, daß es zu seinem Sein gehöre, *da* zu sein; d.h. für sich selbst erschlossen zu sein und in einer Welt zu sein, in der er immer auf ein *Dort* hin *ausgerichtet* ist. Die *negative* Begründung ist die, daß die traditionelle und dogmatisch festgelegte Wesensdefinition des Menschen als „aus zwei Substanzen bestehend, aus der seelischen und der körperlichen", die durch den Namen *Mensch* immer nahegelegt wird, von vornherein ausgeschlossen werden sollte. Daß der Mensch einen Leib hat, wird nicht bestritten, es ist nur nicht weiter davon die Rede. Dagegen läßt die Art, wie von der *Seele* gesprochen wird, kaum eine andere Bedeutung zu, als daß dies ein Wort sei, hinter dem kein klarer Sinn stünde. Das darf nicht etwa dahin mißverstanden werden, als läge hier eine materialistische Auffassung vor. Im Gegenteil: es ist deutlich ausgesprochen, daß dem *Geist* (das ist freilich ein Wort, das auch nicht gebraucht werden sollte) ein Vorrang eingeräumt wird.

Offenbar soll uns die Analyse des Daseins die Klarheit geben, zu der bisher keine *Seelenlehre* kommen konnte.

Was bleibt vom Menschen übrig, wenn von Leib und Seele abgesehen, wird? Daß sich noch ein ganzes großes Buch über ihn schreiben läßt, ist vielleicht der beste Beweis für die Trennung von Wesen und Dasein im Menschen. Daß Heidegger von dieser Trennung, obwohl er sie leugnet, doch nicht loskommt, zeigt die Tatsache, daß er beständig vom *Sein des Daseins* spricht: was doch keinen Sinn hätte, wenn mit *Dasein* nichts anderes gemeint wäre als das menschliche Sein. Mitunter wird auch von etwas gesprochen, was *wesenhaft* zum Dasein gehört. Und wenn beim *In-der-Welt-sein*, das als zum Dasein gehörig herausgestellt wird, das *Wer* nicht nur von der *Welt*, sondern auch vom *In-sein* geschieden wird, so kommt darin zum Ausdruck, daß der Name *Dasein* für Verschiedenes gebraucht wird, was innerlich zusammengehört, wovon eines nicht ohne das andere sein kann, was aber doch nicht dasselbe ist. So dürfen wir sagen: *Dasein* bezeichnet bei Heidegger bald den Menschen, (es steht dann dafür oft *Wer* oder *Selbst*), bald das menschliche Sein (in diesen Fällen drängt sich dafür meist der Ausdruck *Sein des Daseins* auf). Dieses Sein in seiner Unterschiedenheit von anderen Seinsweisen wird *Existenz* genannt. Denken wir an den formalen Aufbau des Seienden, wie er sich in unseren Untersuchungen herausgestellt hat — „Etwas, was ist" — so entspricht dem *Etwas* das *Wer* oder *Selbst*, das *Was* ist mit Leib und Seele hinausbefördert, das Sein kommt in der Existenz zur Geltung. Streckenweise beschäftigt sich die Analyse mit dem Selbst, aber vorzugsweise ist sie dem Sein gewidmet.

II. *Ist die Analyse des Daseins getreu?*

Es ist nirgends ausdrücklich ausgesprochen, darf aber wohl als selbstverständlich vorausgesetzt werden, daß die durchgeführte Analyse kaum Anspruch auf Vollständigkeit erhebt. Die Grundbestimmungen des menschlichen Seins — z.B. Befindlichkeit, Geworfenheit und Verstehen – müssen sich in einer sehr unbestimmten Allgemeinheit halten, weil sie die Eigentümlichkeit des leiblich-seelischen Seins nicht berücksichtigen. (Die *Befindlichkeit*scheint mir sehr wichtig, um zu ergründen, was leibliches und was seelisches Sein ist und wie beides zusammenhängt, kann aber andererseits nicht ihrem vollen Sinn nach geklärt werden, wenn sie nicht in ihrer Entfaltung als leibliches und seelisches Sein betrachtet wird.) Die Unvollständigkeit schließt aber nicht aus, daß das, was herausgestellt ist, echte Aufschlüsse über das menschliche Sein gibt. Die Herausarbeitung der eben genannten Grundverfassung und ihrer Abwandlung in den beiden verschiedenen Weisen des alltäglichen und des eigentlichen Seins darf als meisterhaft bezeichnet werden. Ihr ist wohl auch die starke und nachhaltige Wirkung des Buches hauptsächlich zu verdanken. Ist aber diese Grundverfassung zu einer möglichst weitgehenden Klärung des menschlichen Seins ausgewertet? Macht die Untersuchung nicht an manchen Stellen in überraschender Weise halt vor Verweisungen, die durch das Herausgestellte in geradezu gebieterischer Weise gegeben sind?

Das menschliche Sein wird als *geworfenes* bezeichnet. Es wird damit vorzüglich zum Ausdruck gebracht, daß der Mensch sich im Dasein vorfindet, ohne zu wissen, wie er hineingekommen ist, daß er nicht aus und durch sich selbst ist und auch aus seinem eigenen Sein keinen Aufschluß über sein Woher zu erwarten hat. Damit wird aber die Frage nach dem Woher nicht aus der Welt geschafft. Man mag noch so gewaltsam versuchen, sie totzuschweigen oder als sinnlos zu verbieten – aus der aufgewiesenen Eigentümlichkeit des menschlichen Seins erhebt sie sich unabweisbar immer wieder und verlangt nach einem dieses in sich grundlose begründenden, in sich begründeten Sein, nach Einem, der das *Geworfene* wirft. Damit enthüllt sich die Geworfenheit als Geschöpflichkeit.

Sehr einleuchtend ist die Darstellung des *alltäglichen Daseins*: des In-der-Welt-seins, des besorgenden Umgehens mit den Dingen, des Mit-seins mit anderen. Es darf auch unbedenklich zugestanden werden, daß das menschliche Leben „zunächst und zumeist" Mitleben mit andern und in überlieferten Formen ist, ehe das eigene und eigentliche Sein zum Durchbruch kommt — ein Gedanke, den schon Max *Scheler* nachdrücklich hervorgehoben hat. Werden aber die

Seinsgründe dieser Tatsache genügend geklärt durch die Scheidung von *Man-selbst* und *eigentlichem Selbst* und der Bezeichnung beider als *Existential* oder *Existenzform*?

Was wir unter *Existential* verstehen sollen, ist wiederholt ausgesprochen: das, was zur Existenz als solcher gehört. Und unter Existenz haben wir das Sein eines Seienden zu denken, dem es in seinem Sein um sein Sein geht, d.h. das menschliche Sein in seiner von anderen Seinsweisen unterschiedenen Eigentümlichkeit. Dagegen ist der Ausdruck *Form* ganz im Unklaren gelassen. Und wir wissen aus den Untersuchungen dieses Buches, wie notwendig er der Klärung bedarf. So können wir aus dem Wort *Existenzform* keinen Aufschluß über den Sinn und das wechselseitige Verhältnis der beiden *Selbst* gewinnen. Daß zur Existenz ein Wer oder Selbst gehört, ist wohl einleuchtend. Aber was zeichnet *dieses Existential* gegenüber andern (wie z.B. *In-der-Welt-sein* oder *Verstehen*) aus? Und wiederum: in welchem Verhältnis stehen Man-Selbst und eigentliches Selbst *seinsmäßig* zu einander? Ist es nicht deutlich, daß in der Seinsverfassung des Menschen dem *Selbst* eine ganz ausgezeichnete Rolle zukommt, die es mit keinem anderen Existential teilt? Und hat sich nicht Heidegger die notwendige Klärung dieser ausgezeichneten Rolle von vornherein unmöglich gemacht, indem er es ablehnte, von *Ich* oder *Person* zu sprechen, statt den möglichen Bedeutungen dieser Worte nachzugehen? Im Hinblick auf die früher erarbeitete Sinnesklärung dürfen wir es wohl wagen zu behaupten: Was Heidegger mit dem *Selbst* wiedergeben will, ist das *Personsein* des Menschen. Und die Auszeichnung des Personsein vor allem andern, was zum Sein des Menschen gehört, ist es, daß die Person als solche Träger aller andern *Existentialien* ist.

Können *eigentliches Selbst* und *Man* beide in vollem Sinn als Person in Anspruch genommen werden? Mir scheint, daß man das *Gerede* zu ernst nähme, wenn man dem *Man* diese Ehre erweisen wollte. Um der Sache auf den Grund zu gehen, muß etwas näher zugesehen werden, was das *Man* eigentlich meint.

In der gewöhnlichen Redeweise setzt man das *Man* oft in dem Sinn, in dem ich es eben brauchte: „*Man* nähme das Gerede zu ernst...“ Dafür könnte auch gesagt werden: „*Wer* wollte, *der nähme...*“ Es ist eine Aussage von unbestimmter Allgemeinheit und von hypothetischem Charakter: zum *Ernstnehmen* als einem persönlichen Verhalten gehört ein persönlicher Träger; aber es ist nicht als Tatsache behauptet und wird keiner bestimmten Person zugewiesen. Die Aussage „*Man* braucht das Wort gewöhnlich in diesem Sinn“, stellt eine Tatsache behauptend fest. Wiederum handelt es sich um ein persönliches Verhalten: um eine Reihe erfahrungsmäßig feststehender und noch zu erwartender Einzelfälle und einen unbestimmten Umkreis, der mit der eigentümlichen Gewißheit der allgemeinen Erfahrung mitbehauptet werden darf. Nicht selten bezeichnet der Sprechende sich selbst und den Angeredeten zugleich mit *man*; z.B.: Könnte man am Sonntag einen Spaziergang machen?“ Dabei kann eine gewisse Scheu vorliegen, das *wir* auszusprechen, das eigentlich gemeint ist, und damit einer noch nicht voll eingestandenen oder heimlich gehüteten Gemeinschaft Ausdruck zu geben; vielleicht liegt auch eine Schüchternheit vor, die vor sich selbst und vor dem Angeredeten den Anspruch verdecken möchte, der in der Frage liegt, das Gefühl des Fragenden, daß er weiter geht als es ihm eigentlich zukommt oder zugestanden wird. Damit rühren wir schon an etwas, was in dem Heideggerschen *Man* zu liegen scheint. Der Sprechende weiß sich unter einem allgemeinen Gesetz oder wenigstens unter einer Regel der Beurteilung stehend. Er hat eine Vorstellung von dem, was *man darf* und *nicht darf*. Und darin hat das *Man* einen allgemeinen Sinn: es bezeichnet einen unbestimmten Umkreis von Menschen, dem sich der Sprechende zugehörig weiß.

Zusammenfassend können wir sagen: *Man* bedeutet:

1. eine bestimmte Gruppe oder einen unbestimmten Umkreis von Einzelnen, im äußersten Fall alle Menschen, von denen etwas als allgemeine Tatsache gilt oder die unter eine allgemeine Regel des Verhaltens gestellt sind;
2. den Einzelnen, sofern er unter dem allgemeinen Gesetz steht oder sich als solchen weiß.

Ist es von daher zu verstehen, daß der Einzelne sich vor seinem eigenen Selbst in das Man flüchtet und seine Verantwortung darauf abwälzt? Halten wir uns an Beispiele, wie sie Heidegger selbst gibt: Das *Man* schreibt vor, was *man* gelesen haben muß. Es steht hier in doppeltem Sinn: für den, der vorschreibt, und für den, der von der Vorschrift getroffen wird. Die dieses oder jenes Buch gelesen haben *müssen*, sind die Angehörigen einer bestimmten Gesellschaftsschicht innerhalb eines gewissen Kulturkreises: *wilde* Völkerschaften brauchen es nicht; unsere Bauern, soweit sie noch ihrem Stande gemäß leben und nicht auf Stadtbildung Anspruch erheben, brauchen es auch nicht; aber der *gebildete Europäer* muß es. Dabei gibt es noch allerhand Abstufungen: manches wird zugleich vom Professor, vom Studenten, von der Dame der Gesellschaft gefordert, anderes ist auf einen Fachkreis beschränkt. Wer bestimmt, was gelesen werden muß? Auch Angehörige derselben Schicht, aber keineswegs alle, die die Forderung für sich als verbindlich anerkennen, sondern eine kleine Auswahl von *Tonangebenden*. Es ist hier ähnlich wie in einem Staatswesen: es gibt eine *Obrigkeit* und *Untertanen* es ist nur nicht rechtlich festgelegt und überhaupt nicht genau bestimmt und abgegrenzt, wer zu den einen und wer zu den anderen gehört. Jedenfalls ist im einen wie im andern Sinn seinsmäßig das *Man* nichts außerhalb und neben den einzelnen Menschen Existierendes und kein eigentliches Selbst; es bezeichnet eine *Gemeinschaft* (in einem weiten Sinn des Wortes, in dem es jede Art von Gebilden bezeichnet, die aus einzelnen Menschen als ein sie umschließendes Ganzes erwachsen), sowie die ihr zugehörigen Glieder als solche. Die *Tonangebenden* gehören der weiteren Gemeinschaft an, bilden aber zugleich unter sich eine engere.

Was kann danach die Flucht in das *Man* bedeuten? Wer flieht? Wovor und wohin? Der Einzelne flieht – so hörten wir – vor seinem eigensten und eigentlichen Sein, das ein einsames und verantwortliches ist, in die Gemeinschaft, und er ladet seine Verantwortung auf die Gemeinschaft ab, auf die engere oder auf die weitere. Dabei kann von einer *Flucht*, genau genommen, erst gesprochen werden, wenn der Einzelne einmal zu seinem eigentlichen Sein und zum Bewußtsein seiner Verantwortung erwacht ist.

Das erste *Dasein*, in dem sich der Mensch – *geworfen* – befindet, ist ja nicht das einsame, sondern das gemeinschaftliche: das *Mitsein*. Seinsmäßig ist der Mensch gleich ursprünglich Einzelner und Gemeinschaftswesen, zeitlich aber beginnt sein bewußtes Einzelleben später als das gemeinschaftliche. Er tut mit und nach, was er andere tun sieht, und wird davon geleitet und getragen. Und das ist ganz in der Ordnung, so lange nichts anderes von ihm verlangt wird. Es bedarf eines Aufrufs zum eigensten und eigentlichsten Sein. Wenn dieser Ruf vernommen und verstanden wird und wenn ihm dann nicht Gehör gegeben wird, dann erst beginnt die Flucht vor dem eigenen Sein und vor der eigenen Verantwortung. Und erst dann wird das Mitsein zu einem *uneigentlichen* Sein; besser würde man vielleicht noch sagen: zu einem *unechten*. Das Mitsein als solches ist nicht unecht. Die Person ist ebensosehr zum Gliedsein wie zum Einzelsein berufen; aber um beides auf *ihre* ganz besondere Weise, *vom Innersten* her, sein zu können, muß sie erst einmal aus der Gefolgschaft heraustreten, in der sie zunächst lebt und leben muß. Ihr eigenstes Sein bedarf der Vorbereitung durch das Mitsein mit andern, wie es seinerseits für andere führend und fruchtbar sein soll.

Das muß übersehen werden, wenn man die *Entwicklung* nicht als wesentlichen Zug des menschlichen Seins annehmen will; und man *muß* von der Entwicklung absehen, wenn man dem Menschen ein von seinem Dasein unterschiedenes Wesen abspricht, dessen zeitliche Entfaltung sein Dasein ist.

Wird anerkannt, daß der Einzelne der tragenden Gemeinschaft bedarf – bis zum Erwachen seines eigensten Seins *schlechthin, in gewisser Hinsicht* (als der Glieder nämlich) immer – und daß zu einer Gemeinschaft *führende* Geister gehören, die ihre Lebensformen prägen und bestimmen, so geht es nicht mehr an, das *Man* als eine Verfallsform des Selbst und als gar nichts anderes zu fassen. Es bezeichnet keine Person im eigentlichen Sinn des Wortes, sondern eine Mehrheit von Personen, die in einer Gemeinschaft stehen und sich mit ihrem Dasein deren Formen einfügen.

Mit dem Erwachen des Einzelnen zu seinem Eigenleben beginnt seine Verantwortung. Man kann von einer Verantwortung der Gemeinschaft sprechen, die von der der Einzelnen unterschieden ist. Aber sie wird von den Gliedern der Gemeinschaft für sie getragen und zwar in verschiedenem Maße: es tragen alle daran, die dazu fähig, d.h. zum Eigenleben erwacht sind, aber die *Führer* vor allen anderen.

Nun zur Frage dessen, was „man gelesen haben muß". Es gibt gewiß in einer Gemeinschaft Menschen, die mehr als andere befähigt sind zu beurteilen, was zu echter Geistesbildung beitragen kann. Sie tragen dann in dieser Hinsicht eine erhöhte Verantwortung, und es ist durchaus angemessen, wenn sich die weniger Urteilsfähigen von ihnen leiten lassen. In der Berufung auf das *Man* liegt ein Rest von Verständnis dafür, daß jede Gemeinschaft einen Schatz ererbter Weisheit zu hüten hat, an den der Einzelne mit seinem kleinen Erfahrungsbereich und dem bescheidenen Umkreis eigener Einsicht nicht heranreicht und auf den er nicht ohne großen Schaden verzichten könnte. Der *Verfall* aber besteht darin, daß die *Tonangebenden* häufig durchaus nicht die berufenen Sachverständigen sind und daß sie ihr unberufenes Urteil in unverantwortlicher Weise lautwerden lassen; andererseits unterwirft sich die Masse in unverantwortlicher Weise dem Urteil Unberufener und läßt sich gängeln, wo ein selbständiges, selbstverantwortliches Verhalten gefordert ist. *Unverantwortlich* meint also hier nicht, daß die Menschen keine Verantwortung hätten, sondern daß sie davor die Augen schließen und sich darüber hinwegzutäuschen suchen.

Darin liegt wirklich eine Flucht vor dem eigenen und eigentlichen Dasein. Daß sie möglich ist, das ist im menschlichen Sein selbst – wir dürfen ruhig auch sagen: im Wesen des Menschen – begründet: darin, daß sein Leben eine Fülle möglicher Verhaltungsweisen umfaßt und daß seine Freiheit ihm gestattet, sich ihnen nach Wahl zu entziehen oder hinzugeben, seinen Standort hier oder da zu nehmen. Es ist aber auch begründet in der natürlichen Bindung der Menschen aneinander, in dem Trieb, *mitzumachen* und sich *Geltung* zu verschaffen: dem Trieb der *Starken*, andere in ihre Gefolgschaft zu zwingen, dem Trieb der *Schwachen*, sich anzupassen und sich ihren Platz zu sichern, indem sie es den andern *recht machen*. Darin kommt die Sorge um das eigene Seinkönnen zum Ausdruck, in der nach Heideggers Auffassung die *Existenz* ganz eigentlich besteht. Wie es sich damit verhält, das wird bald erörtert werden müssen. Aber zunächst bedarf die Frage des *Verfalls* noch weiterer Klärung.

Nicht das Leben in Gemeinschaft als solches und das Sichführenlassen als solches ist Verfall, sondern das unterscheidungslose Mitmachen auf Kosten des eigentlichen Lebens, zu dem man berufen ist, unter Überhörung des *Gewissensrufes*. Soweit das Dasein verfallen ist, ist es weder echtes Einzelleben noch echtes Gemeinschaftsleben. Es berührt nun sehr merkwürdig, wenn Heidegger erklärt, das verfallene Dasein dürfe nicht als Fall aus einem reineren und höheren Urstand aufgefaßt werden. Welchen Sinn hat es denn, von Verfall zu sprechen ohne Hinblick auf einen *Fall*? (Es entspricht genau dem *Geworfensein* ohne einen *Wurf.*) Auch die vorausgeschickte Begründung ist wenig beweiskräftig: *Weil* das verfallene Sein (es wird geradezu *Nicht-sein* genannt) die nächste Seinsart des Daseins sei, in der es sich zumeist halte, dürfte das Verfallensein nicht als Fall gedeutet werden. Wenn das durchschnittliche, alltägliche menschliche Sein als verfallenes gekennzeichnet ist, so ist das nur möglich in der Abhebung gegenüber einem eigentlichen Sein, von dem wir auch Kenntnis haben müssen. Und im Verhältnis zum verfallenen ist das eigentliche Sein das *seinsmäßig* ursprünglichere.

Es ist eine weitere Frage, wie das zeitliche Verhältnis aufzufassen ist. Die Sachlage ist bei Heidegger verdunkelt, weil er den Unterschied zwischen dem Durchbruch von einer früheren Entwicklungsstufe zum eigentlichen Sein und der Rückkehr von einem Entartungszustand nicht berücksichtigt. Von der Unvollkommenheit einer früheren Entwicklungsstufe ist der Aufstieg zu einem vollkommeneren Sein in der natürlichen Ordnung möglich. Aus einem entarteten Zustand aber kann kein vollkommener nach der natürlichen Ordnung hervorgehen. Jeder Verfall setzt einen Fall auch zeitlich voraus: nicht unbedingt im Dasein des Einzelnen, aber als geschichtliches Ereignis, unter dessen Auswirkungen er steht. Die besondere Art des Falls, wie wir sie aus der Offenbarung kennen, ist daraus nicht abzuleiten. Wir dürfen aber sagen, daß die kirchliche Lehre vom Sündenfall die Lösung des Rätsels ist, das sich aus Heideggers Darstellung des verfallenen Daseins ergibt.

Woher stammt nun die geforderte Kenntnis eines eigentlichen Seins? Einem jeden gibt die Stimme seines Gewissens davon Kunde. Sie ruft das Dasein aus seiner Verlorenheit in das verfallene Mit-sein zu seinem eigentlichen Sein zurück. Der Rufende soll nach Heideggers Deutung wiederum das Dasein sein. Wenn der Ruf so anmutet, als käme er *über* mich, nicht *von* mir, so wird das damit erklärt, daß das eigentliche Selbst dem im *Man* verlorenen das Fremdeste sei. Welches Zeugnis haben wir aber dafür, daß entgegen dem Anschein der Angerufene selbst zugleich der Rufende sei? Soviel ich sehe, kein anderes als die Grundeinstellung, von der das ganze Werk ausgeht und beherrscht ist: daß der *solus ipse* das vor allem andern ausgezeichnete Sein sei, das, wovon alle Antworten über das Sein zu erwarten seien, das Letzte, worauf zurückgegangen werden könne und was nichts anderes mehr hinter sich habe. Die unbefangene Untersuchung dieses *solus ipse* stößt aber immer wieder auf Verweisungen, die dafür zeugen, daß er nicht das Letzte ist: nicht das Letztbegründende und nicht das Letzterleuchtende.

Wir wollen auf die Frage des Gewissensrufes jetzt nicht weiter eingehen, sondern bei der Feststellung verweilen, daß es zwei Arten des Seins gibt: das verfallene und das eigentliche, und nun fragen, worin das eigentliche Sein besteht. Die Weise des Daseins, mit der es dem Gewissensruf entspricht, ist die *Entschlossenheit* als eine ausgezeichnete *Erschlossenheit* oder als *Sein in der Wahrheit*; dabei nimmt der Mensch sein eigentliches Sein auf sich, das ein *verstehendes Sein zum Ende*, ein *Vorlaufen in den Tod* ist.

Damit sind wir bei dem Wesenszug des *Daseins* angelangt, auf den Heidegger augenscheinlich das Hauptgewicht gelegt hat. Daß es sich selbst immer *vorweg* sei, daß es ihm in seinem Sein um sein Seinkönnen gehe (was der Name *Sorge* ausdrückt), daß unter den drei *Ekstasen* seiner Zeitlichkeit der Zukunft ein Vorrang zukomme, das alles sind nur vorbereitende Hinweise auf die Grundauffassung: daß menschliches Sein seine äußerste Möglichkeit im *Tode* habe und daß sein Erschlossensein, d.h. sein Verständnis des eigenen Seins, diese äußerste Möglichkeit von vornherein mitumfasse. Darum wird die Angst als seine Grundbefindlichkeit aufgefaßt. Eine Antwort auf die Frage, um die es uns geht: ob die Analyse des Daseins getreu sei, wird daher nicht ohne eine Nachprüfung dessen, was über den Tod gesagt ist, möglich sein.

Vor allem anderen müssen wir die Frage stellen: *Was ist der Tod?* Heidegger antwortet: *das Ende des Daseins*. Er fügt sofort hinzu, es solle damit über die Möglichkeit eines Lebens nach dem Tode keine Entscheidung gefällt sein. Die Analyse des Todes bleibe allerdings rein *diesseitig*: sie betrachte den Tod nur, sofern er als Seinsmöglichkeit des jeweiligen Daseins in dieses hereinstehe. Was nach dem Tode sei, könne mit Sinn und Recht erst gefragt werden, wenn das volle ontologische Wesen des Todes begriffen sei. An dieser Auseinandersetzung ist vieles befremdlich. Wenn es des Daseins letzter Sinn ist, *Sein zum Tode* zu sein, so müßte ja durch den Sinn des Todes der Sinn des Daseins erhellt werden. Wie ist das aber möglich, wenn sich vom Tod nichts anderes sagen läßt als daß er das Ende des Daseins sei? Ist dies nicht ein völlig ergebnisloser Kreislauf?

Ferner: bleibt wirklich die Möglichkeit eines Lebens nach dem Tode offen, wenn man ihn als Ende des Daseins deutet? Allerdings wird an dieser Stelle das Dasein in der Bedeutung: *In-der-Welt-sein* genommen. Man könnte also sagen: Es ist möglich, daß das *In-der-Welt-sein* des Menschen endet, ohne daß er damit in einem anderen Sinn aufhörte zu sein. Aber das wäre doch nicht im Sinn der voraufgehenden Analyse, die allerdings neben dem *In-der-Welt-sein* andere *Existentialien* hervorgehoben hat, z.B. das Verstehen, aber doch nicht als davon abtrennbar. Außerdem: Könnte etwas von dem, was als zum *Sein des Daseins* gehörig herausgestellt wurde, fortbestehen, während anderes aufhörte – und wie sollte sonst von *Fortleben* gesprochen werden? –, so dürfte nicht mehr von einem Enden des Daseins die Rede sein.

Schließlich: Könnte davon gesprochen werden, daß das ontologische Wesen des Todes begriffen sei, solange man es unentschieden ließe ob er Ende des *Daseins* sei – und darunter müßten wir, so wie Heidegger das Wort *Dasein* während der ganzen vorausgehenden Untersuchung gebraucht hat, nicht nur das Ende des irdischen Lebens verstehen, sondern das Ende des Menschen selbst – oder Übergang von einer Seinsweise zur anderen? Ist nicht dies vielmehr die für den Sinn des Todes entscheidende Frage und darum zugleich entscheidend für den Sinn des

Daseins? Sollte es sich herausstellen, daß aus der Analyse des Daseins keine Antwort auf die Frage zu gewinnen ist, so wäre eben damit gezeigt, daß die Analyse des Daseins nicht imstande ist, den Sinn des Todes aufzuklären, dann könnte sie aber nicht hinlänglichen Aufschluß über den Sinn des Daseins geben.

Tatsächlich geht Heidegger über die Frage, was der Tod sei, sehr schnell hinweg, beschäftigt sich dagegen ausführlich mit der Frage, wie er erfahrbar sei. Er behauptet, daß er nicht als Tod oder Sterben anderer erfahrbar sei, sondern nur als *Existential*, als zum eigenen Dasein gehörig. (Da auch das Sterben als *Enden des Daseins* bezeichnet wird, ist zwischen *Tod* und *Sterben* anscheinend kein scharfer Unterschied zu machen.) Wir wollen nun eigens diesen Fragen nachgehen:

1. Gibt es eine Erfahrung des eigenen Todes? (Heidegger sagt: Ja!)
2. Gibt es eine Erfahrung des Todes anderer? (Heidegger sagt: Nein!)
3. Wie stehen beide zu einander?

Nach Heideggers Deutung ist Sterben „die Seinsweise, in der das Dasein zu seinem Tode ist", und damit ist nicht das *Ableben* als Übergang vom Leben zum Totsein gemeint, sondern etwas zum Dasein als solchem Gehöriges, es während seiner ganzen Dauer Mitaufbauendes. Stoßen wir da nicht wieder auf eine Zweideutigkeit: Tod und Sterben einmal als Ende, dem das Dasein zusteuert, zugleich aber als dies Zusteuern selbst? Im ersten Sinn ist der Tod ein immer noch Ausstehendes, im zweiten ist das Dasein selbst ein beständiges Sterben. Beide Bedeutungen haben eine Berechtigung, aber wir müssen uns darüber klar sein, welche wir jeweils im Auge haben, wenn wir vom Tod oder vom Sterben sprechen.

Wir nehmen jetzt den Tod im Sinne dessen, was während des Daseins immer noch aussteht. Gibt es davon eine Erfahrung? Ganz gewiß gibt es sie, und zwar als Erfahrung am eigenen Leib; Sterben heißt, den Tod am eigenen Leib erfahren. Im ganz wörtlichen, unübertragbaren Sinn werden wir diese Erfahrung aber erst machen, wenn wir sterben. Indessen wird manches davon doch schon während des Lebens vorweggenommen. Was Heidegger *Sterben* nennt – das *Sein zum Tode* oder *Vorlaufen in den Tod* – legt davon Zeugnis ab. (Daß er dieser Vorwegnahme gegenüber das eigentliche Sterben gar nicht berücksichtigt, hängt zusammen mit seiner allgemeinen Überbewertung der Zukunft und Entwertung der Gegenwart. Damit wiederum steht in Zusammenhang, daß er das für alle Erfahrung grundlegende Phänomen der *Erfüllung* gänzlich unberücksichtigt läßt.) Es muß hier unterschieden werden zwischen der Angst als der Befindlichkeit, die dem Menschen sein *Sein zum Tode* enthüllt, und der *Entschlossenheit*, die es auf sich nimmt. In der Entschlossenheit ist die Angst zum Verständnis gelangt. Die Angst als solche versteht sich selbst nicht. Heidegger deutet sie zugleich als Angst *vor* dem eigenen Sein und als Angst *um* das eigene Sein. Bedeutet dabei *Sein* beidemal dasselbe? Oder richtiger: ist es dasselbe am Sein, *wovor* und *worum* man sich ängstigt? Das, wovor man sich ängstet, ist das Nicht-sein-können, das eben durch die Angst bezeugt wird: sie ist die Erfahrung der *Nichtigkeit unseres Seins*. Das, worum man sich ängstet, und zugleich das, worum es dem Menschen in seinem Sein geht, das ist das Sein als eine *Fülle, die man bewahren und nicht lassen möchte* – das, *wovon in Heideggers ganzer Daseinsanalyse nicht die Rede ist* und wodurch sie doch erst Grund und Boden gewinnen würde. Wenn Dasein einfach Nicht-sein wäre, dann wäre keine Angst *vor* dem Nicht-sein-können und *um* das Seinkönnen möglich. Beides ist möglich, weil menschliches Sein Anteil an einer Fülle ist, von der ständig etwas entgleitet und etwas gewonnen wird: Leben und Sterben zugleich. Demgegenüber bedeutet das eigentliche Sterben den Verlust der Fülle bis zur vollkommenen Entleerung und der Tod die Leere oder das Nichtsein selbst.

Es ist nun die Frage, ob aus der Angst das Verständnis für die Möglichkeit des eigenen Nichtseins und sogar die Einsicht in die Unausweichlichkeit des Todes erwachsen würde, wenn sie das Einzige wäre, wodurch wir etwas von unserem eigentlichen Sterben vorwegnehmen. Rein verstandesmäßig zu folgern ist aus der Nichtigkeit unseres Seins nur die Möglichkeit des Nichtseins, nicht die Notwendigkeit eines zu erwartenden Endes. Und in dem rein natürlichen und gesunden *Lebensgefühl*, dem vortheoretischen Seinsverständnis, das zum menschlichen Sein als solchem gehört, ist unbeschadet der Angst die Seinssicherheit so stark, daß man den Tod nicht glauben würde, wenn es keine anderen Bezeugungen gäbe. Es gibt aber solche Bezeugungen, und zwar so stark, daß die natürliche Seinssicherheit davor zunichte wird. Das sind zunächst eigene Zustände, die dem Sterben sehr nahe kommen: schwere Krankheit, besonders wenn sie einen plötzlichen oder allmählichen Verfall der Kräfte mit sich bringt, oder unmittelbar drohender gewaltsamer Tod. Hier setzt die wirkliche Erfahrung des Sterbens ein, wenn sie auch nicht zu Ende kommt, falls die Gefahr vorübergeht.

In der schweren Krankheit, die vor das Angesicht des Todes bringt, hört alles *Besorgen* auf: alle Dinge dieser Welt, um die man sonst gesorgt hat, werden unwichtig bis zum völligen Versinken. Das bedeutet zugleich ein Abgeschnittensein von allen Menschen, die noch in besorgender Geschäftigkeit befangen sind: man lebt nicht mehr in ihrer Welt. Es kann sich dafür, solange die Unausweichlichkeit des Todes noch nicht erkannt oder noch nicht anerkannt ist, eine andere Sorge einstellen: die ausschließliche Sorge für den eigenen Leib. Aber einmal hört auch das auf (allerdings ist es möglich, daß jemand darin befangen bleibt und sogar darin *vom Tod überrascht* wird), und dann steht als Letztes und allein Wichtiges nur noch die Frage: Sein oder Nichtsein? Das Sein, um das es jetzt geht, ist aber ganz gewiß nicht das *In-der-Welt-sein*. Das ist schon zu Ende, wenn man dem Tod wirklich ins Auge sieht. Er ist das Ende des leiblichen Lebens und alles dessen, was mit dem leiblichen Leben zusammenhängt. Darüber hinaus aber ist er ein großes dunkles Tor: Es muß durchschritten werden – aber was dann? Dieses *Was dann?* ist die eigentliche Frage des Todes, die im Sterben erfahren wird. Gibt es eine Antwort auf die Frage, ehe das Tor durchschritten ist?

Menschen, die dem Tode ins Auge gesehen haben und dann ins Leben zurückkehrten, sind eine Ausnahme. Die meisten werden vor die Tatsache des Todes gestellt durch das Sterben anderer. Heidegger behauptet, daß wir den Tod anderer nicht erfahren können, und gewiß erfahren wir ihn nicht so wie den eigenen Tod. Und doch ist Sterben und Tod anderer grundlegend für unser Wissen um beides und damit auch für unser Verständnis des eigenen Seins und des menschlichen Seins überhaupt. Wir würden nicht an das Ende unseres Lebens glauben, wir würden die Angst nicht verstehen, ja sie würde bei vielen niemals nackt zum Durchbruch kommen (d.h. ohne Verkleidung als Furcht vor diesem und jenem), wenn wir nicht beständig erfahren würden, daß andere sterben.

Als Kinder erfahren wir gewöhnlich den Tod zunächst als Nicht-mehr-in-der-Welt-sein. Menschen, die zu unserer näheren oder ferneren Umgebung gehört haben, verschwinden, und man sagt uns, daß sie tot seien. Solange wir nicht mehr erfahren als das, erwacht noch keine Angst und kein Grauen vor dem Tod. Auf dieser Grundlage kann das erwachsen, was Heidegger als *Man stirbt* bezeichnet: ein Wissen darum, daß alle Menschen eines Tages aus der Welt, in der wir leben, ausscheiden und daß auch für uns einmal dieser Tag kommen wird. Es ist eine Tatsache, an der wir nicht zweifeln. Aber wir haben auch keinen lebendigen Erfahrungsglauben daran; es ist kein Ereignis, das von einer lebendigen Erwartung umfaßt wird. Darum läßt es uns kalt, wir sind darum unbesorgt. Für die ersten Kinderjahre ist diese Sorglosigkeit natürlich und gesund. Wenn sie aber in reifen Jahren und vielleicht das ganze Leben hindurch festgehalten wird, so darf man sagen, daß das Leben nicht *eigentlich* gelebt wird. Denn zum vollen Menschenleben gehört ein Seinsverständnis, das vor den *letzten Dingen* nicht die Augen schließt. Schon ein nachdenkliches Kind wird sich bei der Tatsache des Verschwindens von Menschen seiner Umgebung nicht beruhigen, sondern wissen wollen, was *Totsein* bedeute; und die Erklärung, die man ihm gibt, wird zum Nachgrübeln über den Tod anregen. Vielleicht genügt schon das, um die Sorglosigkeit des *Man stirbt* zu erschüttern. Ganz sicher aber wird sie erschüttert durch den Anblick eines Toten. Schon die Teilnahme an Begräbnissen kann auf ein empfindsames Kind so wirken. Das Entblößen des Sarges, der erst mit Blumen bedeckt war, das Hinaustragen und das Hinabsenken ins Grab erweckt einen Schauer vor der Unerbittlichkeit des Abgeschiedenseins, vielleicht auch ein Grauen vor der Entseelung.

Wenn nicht eine religiöse Erziehung durch den Hinweis auf das ewige Leben dem Tod einen neuen Sinn gegeben hat, so fügt der Anblick von Toten zu der Deutung des Todes als

Nicht-mehr-in-der-Welt-sein wohl vor allem die des Entseeltseins hinzu, besonders wenn in der Auffassung des lebendigen Menschen die vitale Lebendigkeit im Verhältnis zum geistigen Ausdruck vorherrscht. Von dieser Betrachtung des Todes muß Heidegger absehen, weil sie ihn ja zwingen würde, Leib und Seele und ihr wechselseitiges Verhältnis zu berücksichtigen, was von vornherein ausgeschlossen wurde. Dem unbefangenen Menschen hat zu allen Zeiten die Erfahrung des Todes in dieser Form die Frage nach dem *Schicksal der Seele* aufgedrängt.

Sie muß erst recht geweckt werden, wenn man nicht nur den Toten sieht, sondern das *Sterben* miterlebt. Wer einmal Zeuge eines schweren Todeskampfes ist, dem wird wohl für immer die Harmlosigkeit des *Man stirbt* vergehen. Es ist das gewaltsame Auseinanderbrechen einer natürlichen Einheit. Und wenn der Kampf vorbei ist, dann ist der Mensch, der ihn geführt oder in dem er sich abgespielt hat, nicht mehr da. Was von ihm übrig ist, ist nicht mehr *er selbst*. Wo ist er selbst? Wo ist das, was ihn zu diesem lebendigen Menschen machte? Wenn wir darauf keine Antwort geben können, dann ist uns der volle Sinn des Todes nicht erschlossen. Der Glaube weiß eine Antwort. Aber gibt es im Bereich unserer Erfahrung etwas, was sie bestätigt? In der Tat gibt es so etwas. Heidegger sagt mit Recht, daß kein Mensch einem anderen den Tod abnehmen könne. Es gehört zum Dasein, und jeder Einzelne hat *seinen* Tod wie *sein* Dasein. So ist das, was man an verschiedenen Sterbebetten zu sehen bekommt, keineswegs gleich. Ich denke jetzt nicht daran, daß es hier ein harter Kampf ist und dort ein sanftes Einschlummern. Ich denke daran, daß mancher Tote nach dem Kampf wie ein Sieger daliegt: in majestätischer Ruhe und tiefem Frieden. So stark ist der Eindruck auf die Überlebenden, daß der Schmerz über den Verlust zurücktritt hinter der Größe des Geschehens. Könnte das bloße Aufhören des Lebens, der Übergang vom Sein zum Nicht-sein einen solchen Eindruck hervorbringen? Und ist es denkbar, daß der Geist, der dem Körper diesen Stempel aufgeprägt hat, nun nicht mehr sein sollte?

Es gibt aber ein Sterben, bei dem noch anderes geschieht: bei dem schon vor dem Eintreten des leiblichen Todes alle Spuren des Kampfes und Leidens verschwinden, wo der Sterbende, für alle Umstehenden sichtbar, von einem neuen Leben erglüht und verklärt wird, wo seine Augen in ein uns unzugängliches Licht hineinschauen, das seinen Abglanz noch auf dem entseelten Körper zurückläßt. Wer nie etwas von einem höheren Leben gehört oder den Glauben daran von sich geworfen hätte, müßte durch einen solchen Anblick darauf gestoßen werden, daß es so etwas geben müsse. Und es wird sich ihm der Sinn des Todes als eines Durchganges vom Leben in dieser Welt und in diesem Leib zu einem anderen Leben, von einer Seinsweise zu einer anderen Seinsweise erschließen. Dann ist aber auch das Dasein – als Sein zum Tode – nicht Sein zum Ende, sondern zu einem neuen Sein: freilich durch die Bitterkeit des Todes hindurch, durch das gewaltsame Abreißen des natürlichen Daseins hindurch.

Die Erwägung des Todes sollte uns zum Verständnis des *eigentlichen* Seins helfen, zu dem der Mensch aus dem alltäglichen Dasein zurückgerufen wird: es enthüllt sich als ein Sein, mit dem sich der Mensch selbst hineinstellt in die Hinordnung auf ein andersartiges Sein und sich herauslöst aus dem alltäglichen Sein, in dem er sich zunächst vorfindet. So stoßen wir innerhalb des Daseins selbst auf drei Weisen oder Stufen des Seins, die wir – vom Glauben her gesehen – als natürliches Leben, Gnadenleben, Glorienleben fassen könnten. Es ist klar: wenn man anstelle des Glorienlebens das Nicht-sein setzt, dann muß für das Gnadenleben das Sein zum Ende, das Vorlaufen in das Nicht-sein treten.

Es soll aber jetzt geprüft werden, ob sich innerhalb des Daseins selbst – und nicht erst von Sterben und Tod her – Hinweise auf ein *eigentliches* (und das heißt *volleres*, nicht *leereres*) Sein finden. Bei Heidegger selbst sind Ansätze dazu aufweisbar: Wendungen, aus denen deutlich zu entnehmen ist, daß unter dem eigentlichen Sein noch etwas anderes zu verstehen ist als das Vorlaufen in den Tod. Zur *Entschlossenheit* gehört das Verstehen des eigenen Seinkönnens, das es dem Menschen ermöglicht, sich selbst zu *entwerfen*, zugleich ein Verstehen der jeweiligen, nicht vorausberechenbaren *Situation* und dessen, was sie von ihm fordert. *Eigentlich* leben heißt die eigensten Möglichkeiten verwirklichen und den Forderungen des *Augenblicks*, der jeweils gegebenen Lebensbedingungen entsprechen. Wie sollen wir das aber anders verstehen als im Sinne der Verwirklichung eines *Wesens* oder einer *Eigenart*, die dem Menschen *mitgegeben* (d.h. *mit* der er ins Dasein geworfen ist), die aber zu ihrer Entfaltung seiner freien Mitwirkung bedarf und ihm dazu anvertraut ist? Was kann das Erfassen des *Augenblicks* und der *Situation* anderes bedeuten als das Verstehen einer *Ordnung* oder eines *Planes*, den der Mensch nicht selbst entworfen hat, in den er aber einbezogen ist und worin er seine Rolle zu übernehmen hat?

All das bedeutet *Bindung des Daseins an ein Sein, das nicht das seine*, sondern für das seine Grund und Ziel ist. Zugleich bedeutet es eine *Sprengung der Zeitlichkeit*: die *besorgende* Geschäftigkeit, die bei keiner Sache verweilt, sondern immer schon zu künftigen vorauseilt, wird dem *Augenblick* nicht gerecht. Darin kommt zum Ausdruck, daß jeder Augenblick eine Fülle bietet, die ausgeschöpft werden will. Vieles ist damit ausgesprochen. Einmal, daß *Augenblick* hier nicht im Sinne eines bloßen *Zeitpunktes* zu verstehen ist, eines Schnittes zwischen *Strecken* der Vergangenheit und Zukunft. Es bezeichnet die Berührung eines Zeitlichen mit etwas, was selbst nicht zeitlich ist, aber in seine Zeitlichkeit hineinreicht.

Heidegger spricht selbst von der Deutung der Zeit als *Abbild der Ewigkeit*, aber nur, um sie auszuschließen. Vom Standpunkt einer Zeitlehre aus, die keine Ewigkeit kennt und das Sein als solches für zeitlich erklärt, ist es aber unmöglich, die Bedeutung klarzumachen, die er dem Augenblick gibt. Es tritt etwas *im Augenblick* – und das heißt hier doch: in einem Zeitpunkt – an uns heran, was vielleicht kein anderer Augenblick uns wieder bieten wird. Es *ausschöpfen*, d.h. es ganz in das eigene Sein aufnehmen, dazu gehört einmal, daß wir uns dafür *öffnen* oder ihm *hingeben*. Es ist ferner nötig, daß wir nicht aufenthaltlos zu etwas anderem weitereilen, sondern dabei verweilen, bis wir es ausgeschöpft haben oder bis eine dringendere Forderung uns zum Verzicht nötigt. „Verweilen bis..." d.h. aber, daß wir, weil unser Sein zeitlich ist, zur Aneignung des Zeitlosen *Zeit brauchen*. Daß wir aber in unser Sein Zeitloses aufnehmen können, daß wir trotz der Flüchtigkeit unseres Seins etwas *bewahren* (was Heidegger *Gewesend-sein* nennt, ist ein Bewahren), das beweist, daß *unser Sein nicht schlechthin zeitlich* ist, daß es sich nicht in der Zeitlichkeit erschöpft.

Das Verhältnis zwischen der Zeitlichkeit unseres Seins und dem Zeitlosen, das es in sich aufnehmen und verwirklichen könnte – nach den Möglichkeiten, die in ihm beschlossen sind –, ist keine glatt aufgehende Rechnung. Unser irdisches Dasein langt nicht hin zur Verwirklichung aller unserer Möglichkeiten und zur Aufnahme alles dessen, was uns geboten wird. Die Entscheidung für eine Möglichkeit und das Fallenlassen anderer bezeichnet Heidegger als das Schuldigsein, das unvermeidlich ist und in das wir ganz bewußt einwilligen müssen, wenn wir *entschlossen* unser Dasein auf uns nehmen. Er unterläßt es, dieses in unserer Endlichkeit begründete Schuldigsein von dem vermeidlichen und darum sündhaften Versagen gegenüber einer Forderung zu unterscheiden. Es ist wohl auch eine allzu idealisierende Darstellung des *Entschlossenen*, wenn behauptet wird, daß er niemals *Zeit verliere* und immer *Zeit habe* für das, was der Augenblick von ihm verlange. Selbst der Heilige, der diesem Ideal am nächsten kommt, wird manchmal bedauern, daß ihm die nötige Zeit fehle, um allem entsprechen zu können, was von ihm verlangt wird; und er wird nicht immer imstande sein, unter verschiedenen zur Wahl stehenden Möglichkeiten die beste klar herausfinden zu können. Er wird Ruhe finden in dem Vertrauen, daß Gott den, der guten Willens ist, vor einem verhängnisvollen Fehlgriff bewahrt und seine unfreiwilligen Irrtümer zu gutem Ende lenkt. Aber gerade er ist überzeugt von seiner eigenen Fehlbarkeit und davon, daß Gott allein der unumschränkt *Erschlossene* ist.

Die Unzulänglichkeit unseres zeitlichen Seins zur vollen Entfaltung unseres Wesens, zur Ausschöpfung dessen, was uns zur Aufnahme in unser Sein geboten wird, und zu seinem *gesammelten* Besitz ist ein Hinweis darauf, daß das *eigentliche* Sein, dessen wir in der Zeitlichkeit fähig sind – das aus dem *Verfall* der durchschnittlichen Alltäglichkeit gelöste *entschlossene*, dem Gewissensruf gehorsame –, noch gar nicht unser letztlich-eigentliches Sein ist. Es ist in diesem Zusammenhang an ein Nietzsche-Wort zu erinnern: „Weh spricht: Vergeh! Doch alle Lust will Ewigkeit, will tiefe, tiefe Ewigkeit". *Lust* darf hier nicht in einem engen und niedrigen Sinn gefaßt werden. Es ist an die tiefe Befriedigung zu denken, die in der Erfüllung eines Sehnens erlebt wird. Heidegger will die *Sorge* nicht im Sinn einer Gemütsverfassung verstanden wissen und nicht „im Sinne einer weltanschaulich-ethischen Einschätzung des menschlichen Lebens", „sondern rein als Eigentümlichkeit des menschlichen Seins: daß es dem Menschen in seinem Sein um sein Sein geht". Aber es ist doch wohl kein Zufall, daß er den Namen *Sorge* dafür gewählt hat, daß andererseits in seinen Untersuchungen kein Raum ist für das, was dem menschlichen Sein Fülle gibt: Freude, Glück, Liebe. Das Dasein ist bei ihm entleert zu einem Laufen aus dem Nichts ins Nichts. Und doch ist es die Fülle, die erst recht verständlich macht, warum es dem Menschen „um sein Sein geht".

Dieses Sein *ist* nicht nur ein sich zeitlich streckendes und damit stets *sich selbst voraus*, der Mensch *verlangt* nach dem immer neuen Beschenktwerden mit dem Sein, um das ausschöpfen zu können, was der Augenblick ihm zugleich gibt und nimmt. Was ihm Fülle gibt, das will er nicht lassen, und er möchte ohne Ende und ohne Grenzen *sein*, um es ganz und ohne Ende zu besitzen. Freude ohne Ende, Glück ohne Schatten, Liebe ohne Grenzen, höchst gesteigertes Leben ohne Erschlaffen, kraftvollste Tat, die zugleich vollendete Ruhe und Gelöstheit von allen Spannungen ist – das ist *ewige Seligkeit*. Das ist *das Sein, um das es dem Menschen* in seinem Dasein *geht*. Er greift nach dem Glauben, der es ihm verheißt, weil diese Verheißung seinem tiefsten Wesen entspricht, weil sie ihm erst den Sinn seines Seins erschließt: er wird *im vollen Sinne sein*, wenn er im *Vollbesitz seines Wesens* ist; dazu gehört *Erschlossenheit* in doppeltem Sinn: als Übergang aller Möglichkeiten in die Wirklichkeit (die Seinsvollendung) und – im Heideggerschen Sinn – als uneingeschränktes Verständnis des eigenen Seins und Verständnis des gesamten Seins im äußersten Ausmaß, das durch die Grenzen des eigenen endlichen Seins abgesteckt ist; für beides ist erforderlich die *Sammlung* aus der zeitlichen Erstreckung in die Einheit, auf die offenbar Kierkegaard - Heidegger mit dem *Augenblick* abzielen: die Seins weise, in der der Unterschied von Augenblick und Dauer aufgehoben ist und das Endliche das ihm erreichbare Höchstmaß seines Anteils am Ewigen erreicht hat, ein Mittleres zwischen Zeit und Ewigkeit, das die christliche Philosophie als *Aion (aevum)* bezeichnet hat.

Darum gibt es keine gründlichere Verkehrung der Idee des Ewigen als in Heideggers Bemerkung: „Wenn die Ewigkeit *Gottes* sich philosophisch *konstruieren* ließe, dann dürfte sie nur als ursprünglichere und *unendliche* Zeitlichkeit verstanden werden". Dem Seienden, das in den Vollbesitz seines Seins gelangt ist, *geht* es nicht mehr *um* sein Sein. Und umgekehrt: in dem Maß, in dem es von der verkrampften Gespanntheit der Sorge um die eigene Existenz übergeht in die Gelassenheit und Gelöstheit der selbstvergessenen Hingabe an das ewige Sein, in eben dem Maß wird schon sein zeitliches Sein vom ewigen erfüllt. Sorge und Zeitlichkeit sind also keineswegs der letzte Sinn des menschlichen Seins, sondern – seinem eigenen Zeugnis nach – gerade das, was so weit als möglich überwunden werden muß, wenn es zur Erfüllung seines Seinssinns gelangen soll.

Es ist klar, daß dann die ganze Zeitlehre, wie sie in *Sein und Zeit* geboten wird, einer Abwandlung bedarf. Die Zeitlichkeit muß mit ihren drei *Ekstasen* und ihrer Erstreckung ihre Sinnesklärung erfahren als die Art, wie Endliches am Ewigen Anteil gewinnt. Die von Heidegger so stark unterstrichene Bedeutung der *Zukunft* ist in doppeltem Sinn verständlich zu machen: einmal so, wie Heidegger es tut – als die aus dem Verständnis der Flüchtigkeit und Nichtigkeit des eigenen Seins geborene Sorge um seine Erhaltung; darüber hinaus aber als *Abzielen auf eine noch ausstehende Erfüllung*, einen Übergang aus der Zerstreuung des zeitlichen Seins in die Sammlung des eigentlichen, einfachen, ewigkeiterfüllten Seins. Daneben muß der *Gegenwart* ihr Recht werden als der *Seinsweise der Erfüllung*, die uns – wie ein flüchtiges Aufblitzen des ewigen Lichtes – das Verständnis für die Seinsvollendung erschließt, und der *Vergangenheit* als der Seinsweise, die uns mitten in der Flüchtigkeit unseres Seins den Eindruck der *Beständigkeit* vermittelt.

Es wäre natürlich noch sehr viel zu Heideggers Seinsanalyse zu sagen. Aber wir sind weit genug, um die Frage zu beantworten, ob sie treffend sei: sie ist es in gewisser Hinsicht, indem sie etwas von der Grundverfassung menschlichen Seins aufdeckt und eine bestimmte Weise menschlichen Seins mit großer Schärfe zeichnet. Ich weiß für die Seinsweise, die er *Dasein* nennt und für das menschliche Sein schlechthin ausgibt, keinen besseren Ausdruck als *unerlöstes Sein*. Unerlöst ist sowohl das, was er als verfallendes, alltägliches Sein, wie das, was er für das eigentliche Sein hält. Das eine ist die Flucht vor dem eigentlichen Sein, das Ausweichen vor der Frage: Sein oder Nicht-sein. Das andere ist die Entscheidung für das Nichtsein und gegen das Sein, die Ablehnung des *wahren*, eigentlichen Seins. Damit ist ausgesprochen, daß *das menschliche Sein als solches verzeichnet ist*, trotzdem in seine letzten Tiefen hinabgeleuchtet wurde. Die Darstellung ist nicht nur lückenhaft, unvollständig – weil sie das Sein ohne Berücksichtigung des Wesens fassen will und weil sie sich an eine besondere Seinsweise hält –, sie ist eine Verfälschung auch dessen, woran sie sich hält, weil sie es aus dem Zusammenhang des Seins reißt, in den es gehört, und darum seinen wahren Sinn nicht erschließen kann. Das *alltägliche* Sein ist zweideutig dargestellt, weil es das Mißverständnis mindestens nahelegt, als sei Gemeinschaftsleben als solches *verfallen*, und *eigentliches* Sein gleichbedeutend mit einsamem Sein, während doch sowohl einsames als Gemeinschaftsleben ihre eigentliche und ihre Verfallsform haben. Und die Darstellung des *eigentlichen Seins* setzt an dessen Stelle seine Leugnung.

III. *Ist die Analyse des Daseins ausreichend als Grundlage, um die Frage nach dem Sinn des Seins angemessen zu stellen?*

Hedwig Conrad-Martius sagt von Heideggers Vorgehen, es sei, „wie wenn mit ungeheurer Wucht weisheitsvoller Umsicht und nicht nachlassender Zähigkeit eine durch lange Zeiträume ungeöffnete und fast nicht mehr öffenbare Tür aufgesprengt wird und gleich darauf wieder zugeschlagen, verriegelt und so stark verbarrikadiert, daß ein Wiederöffnen unmöglich scheint". Er habe mit seiner „in unnachahmlicher philosophischer Schärfe und Energie herausgearbeiteten Konzeption des menschlichen Ich den Schlüssel zu einer Seinslehre in Händen, die – alle subjektivierenden, relativierenden und idealisierenden Gespenster verscheuchend – mitten hinein und zurück in eine wahre kosmologische und gottgetragene Welt" führen konnte. Er setzt „das Sein zunächst und zuerst in seine vollen und ganzen Rechte ein", wenn auch nur an einer Stelle: am Ich. Er bestimmt das *Sein des Ich* dadurch, daß es sich *auf das Sein versteht*. Damit ist der Weg freigemacht, um – unbeirrt durch die *kritische* Frage, wie das erkennende Ich über sich selbst hinaus gelangen könne – dieses zum menschlichen Sein selbst gehörige Seinsverständnis auszuschöpfen und so nicht nur das eigene Sein, sondern auch das Sein der Welt und das alles geschöpfliche Sein begründende göttliche Sein zu fassen. Statt dessen wird das Ich auf sich selbst zurückgeworfen.

Heidegger begründet sein Ausgehen von der Analyse des Daseins damit, daß man nach dem Sinn des Seins nur ein Seiendes fragen könne, zu dessen Sinn ein Seinsverständnis gehöre. Und weil das *Dasein* nicht nur für sein eigenes Sein Verständnis habe, sondern auch für andersgeartetes, darum müsse man mit der Daseinsanalyse beginnen. Folgt aber nicht aus dem Begründungssatz gerade das Entgegengesetzte? Weil der Mensch nicht nur für sein eigenes Sein, sondern auch für andersartiges Verständnis hat, darum ist er nicht auf sein eigenes Sein als den einzig möglichen Weg zum Sinn des Seins angewiesen. Gewiß muß man das eigene Seinsverständnis befragen, und es empfiehlt sich, vom eigenen Sein auszugehen, weil damit das Seinsverständnis an seiner Wurzel bloßgelegt und kritische Bedenken von vornherein abgeschnitten werden können. Es besteht aber durchaus die Möglichkeit, vom dinglichen Sein oder vom ersten Sein auszugehen. Man wird von daher keinen hinlänglichen Aufschluß über das menschliche Sein erhalten, sondern nur Verweisungen darauf, denen man nachgehen muß; umgekehrt gibt uns auch das menschliche Sein nur Verweisungen auf andersgeartetes Sein, und wir müssen dieses selbst *befragen*, wenn wir es verstehen wollen. Freilich wird es nicht so *antworten*, wie ein Mensch antwortet. Ein Ding hat kein Seinsverständnis und kann nicht über sein Sein reden. Aber es *ist* und hat einen *Sinn*, der sich in seiner äußeren Erscheinung und durch sie *ausspricht*. Und diese Selbstoffenbarung gehört zum Sinn des dinglichen Seins.

Das kann Heidegger nicht zugeben, weil er keinen vom Verstehen unterschiedenen – wenn auch darauf bezogenen – Sinn anerkennt, sondern Sinn in Verstehen auflöst. (Davon wird noch

zu sprechen sein.) Daß man vom menschlichen Sein her nicht zum Verständnis anderer Seinsweisen gelangt, wenn man sie nicht selbst unvoreingenommen ins Auge faßt, das zeigt die völlige Dunkelheit, in der bei Heidegger der Sinn des Vorhandenseins und Zuhandenseins bleibt.
Es kommt freilich hinzu, daß das menschliche Sein gerade in dem verzeichnet ist, was es mit
dem dinglichen Sein teilt: durch die Streichung seiner Wesenhaftigkeit und Substantialität.

Es ist augenscheinlich, daß die ganze Untersuchung bei Heidegger schon von einer bestimmten vorgefaßten Meinung über das Sein getragen ist: nicht nur von jenem *vorontologischen Seinsverständnis*, das zum menschlichen Sein selbst gehört und ohne das keine Frage nach dem Sein
möglich ist. Auch nicht von jener echten Ontologie, wie sie Heidegger selbst verstanden haben
will: einer Forschung, die mit unbeengtem und ungetrübtem Blick das Sein ins Auge faßt, um
es selbst zum *Sprechen* zu bringen. Es ist von vornherein alles darauf angelegt, die Zeitlichkeit
des Seins zu beweisen. Darum wird überall ein Riegel vorgeschoben, wo sich ein Ausblick zum
Ewigen öffnet; darum darf es kein vom Dasein unterschiedenes *Wesen* geben, das sich im Dasein verwirklicht; darum keinen vom Verstehen unterschiedenen Sinn, der im Verstehen erfaßt
wird; darum keine vom menschlichen Erkennen unabhängigen *ewigen Wahrheiten* – durch all
das würde ja die Zeitlichkeit des Seins gesprengt, und das darf nicht sein, mögen auch Dasein,
Verstehen und *Entdecken* noch so sehr zu ihrer eigenen Klärung nach etwas von ihnen selbst
Unabhängigem, Zeitlosem verlangen, was durch sie und in ihnen in die Zeitlichkeit eingeht.

Wenn solche sich aufdrängenden Verweisungen abgedrosselt werden sollen, nimmt die Sprache eine eigentümliche, grimmig-verächtliche Färbung an: z.B. wenn die *ewigen Wahrheiten* als
„zu den längst noch nicht radikal ausgetriebenen Resten von christlicher Theologie innerhalb
der philosophischen Problematik" gehörig bezeichnet werden. Es bricht hier ein antichristli-
cher Affekt durch, der im allgemeinen beherrscht ist, vielleicht ein Kampf gegen das eigene,
keineswegs erstorbene christliche Sein. Er zeigt sich auch in der Art, wie die Philosophie des
Mittelalters behandelt wird: in kleinen Seitenbemerkungen, die es als überflüssig erscheinen
lassen, sich ernstlich mit ihr auseinanderzusetzen; als Irrweg, auf dem das rechte Fragen nach
dem Sinn des Seins verloren ging. Hätte es sich nicht gelohnt nachzuforschen, ob nicht in dem
Bemühen um die *analogia entis* die echte Frage nach dem Sinn des Seins lebe? Bei gründlicher
Erwägung wäre auch klar geworden, daß die Tradition *Sein* keineswegs im Sinne von *Vorhandensein* (d.i. dinglichem Beharren) meinte.

Es ist ferner sehr auffallend, wie bei der Erörterung des Wahrheitsbegriffs als Wahrheit im
Sinne der Tradition einfach die Urteilswahrheit hingestellt wird, obgleich der heilige Thomas
in der ersten *Quaestio de veritate* bei der Beantwortung der Frage. „Was ist Wahrheit?" einen vierfachen Sinn von Wahrheit unterscheidet und die Urteilswahrheit keineswegs als die ursprünglichste darstellt, wenn auch als die *erste* von uns aus gesehen. Wenn er mit Hilarius *das Wahre*
als das *sich offenbarende und erklärende Sein* bezeichnet, so erinnert das sogar sehr an Heideggers
Wahrheit als Entdecktheit. Und wo hat die Rede von der Wahrheit als *Existential* ein Recht, wenn
nicht bei der Ersten Wahrheit? Gott allein ist ohne Einschränkung *in der Wahrheit*, während
der menschliche Geist, wie Heidegger selbst betont, zugleich „in der Wahrheit und in der Unwahrheit" ist.

Die Kritiker von *Sein und Zeit* haben es meist als ihre Aufgabe angesehen, die Wurzeln dieser
Philosophie bei den führenden Geistern des letzten Jahrhunderts nachzuweisen (Kierkegaard,
Nietzsche, Karl Marx, Bergson, Dilthey, Simmel, Husserl, Scheler u.a.). Es scheint ihnen entgangen zu sein, wie stark das Ringen mit *Kant* bestimmend gewesen ist. (Das Kant-Buch hat es
offenbar gemacht.) Und kaum weniger bedeutsam ist der ständige Hinblick auf die ursprünglichen Fragestellungen der Griechen und deren Abwandlung in der späteren Philosophie. Es
würde sich lohnen, das Verhältnis Heideggers zu Aristoteles und zur Scholastik aus der Art,
wie er zitiert und deutet, einmal in einer eigenen Untersuchung gründlich nachzuprüfen. Das
kann hier nicht unsere Aufgabe sein.

Wenn wir das ganze Werk überblicken, dann behalten wir den Eindruck, daß der Versuch
gemacht werden sollte, das menschliche Sein als das letzt-begründende zu erweisen und alle
andern Seinsweisen darauf zurückzuführen, daß aber der ursprüngliche Ansatz am Ende fraglich

geworden ist. Es wird gut sein, Heideggers spätere Äußerungen zur Seinsfrage zu vergleichen, um zu prüfen, ob dieser Eindruck sich bestätigt.

KANT UND DAS PROBLEM DER METAPHYSIK

Dieses Buch will nach Heideggers eigener Angabe nicht bloß herausstellen, was Kant tatsächlich gesagt hat, sondern was er „hat sagen wollen". Damit soll aber zugleich gezeigt werden, daß *Sein und Zeit* eine *Wiederholung der Kritik der reinen Vernunft* sei, d.h. ein neuer Versuch einer Grundlegung der Metaphysik, durch den die „ursprünglichen, bislang verborgenen Möglichkeiten" des Kantischen erst erschlossen werden.

Es soll hier nicht untersucht werden, ob diese Auslegung, die „notwendig Gewalt brauchen" muß, Kant unverfälscht wiedergibt. Uns ist es allein darum zu tun, eine weitere Klärung der Frage zu finden, um die es in *Sein und Zeit* geht: der Frage nach dem Sinn des Seins. Die Frage, in die der I. Teil von *Sein und Zeit* ausklingt: „Führt ein Weg von der ursprünglichen Zeit zum Sinn des *Seins*? Offenbart sich die Zeit selbst als Horizont des Seins?" darf wohl als das eigentliche Thema das Kant-Buches bezeichnet werden. Die ganze Untersuchung ist darauf angelegt, eine bejahende Antwort auf diese Frage herausspringen zu lassen.

Die überlieferte Metaphysik, an die Kant anknüpft, hat die Frage nach dem *Seienden als solchem* verquickt mit der Frage nach dem *Seienden im Ganzen* und dem „vorzüglichsten Bezirk des Seiende ..., aus dem her sich das Seiende im Ganzen ... bestimmt". Die Frage nach dem Seienden als solchem ist die sachlich frühere. Um aber „die wesenhafte Bestimmtheit des Seienden durch das Sein begreifen zu können, muß das Sein als solches zuvor begriffen werden". „Soll die Frage: was heißt Sein? ihre Antwort finden", so muß geklärt werden, „*von woher* die Antwort ursprünglich überhaupt erwartet werden kann". So ist noch ursprünglicher als die Frage nach dem Seienden als solchem und dem Sein als solchem die Frage: „*Von wo aus ist dergleichen wie Sein ... überhaupt zu begreifen?*" (S. 215) So werden wir „zurückgetrieben zur Frage nach dem Wesen des Verstehens von Sein überhaupt". (S. 216)

Um die Möglichkeit einer Erkenntnis von Seiendem zu erweisen, muß die *Grundlegung der Metaphysik* „Aufhellung des Wesens eines Verhaltens zum Seienden" sein, „darin sich dieses an ihm selbst zeigt ..." Die *ontische Erkenntnis* (d.i. Erkenntnis von Seiendem) wird *ermöglicht durch die ontologische Erkenntnis*, d.i. ein *Verständnis der Seinsverfassung des Seienden*, das vor der Erfahrung liegt. Weil es zum Wesen der menschlichen Vernunft gehört, sich selbst zu überschreiten zum Seienden hin, und weil diese Grundverfassung des Menschengeistes *Transzendenz* genannt wird, ist die *Fundamentalontologie*, die die Grundlegung der Metaphysik leisten muß, *Transzendentalphilosophie*.

Damit wird die *Transzendenz* in den *Mittelpunkt der Untersuchung* gestellt: Weil die Metaphysik als Frage nach dem Sein in der *Natur des Menschen liegt*, muß die Grundlegung der Metaphysik eben das in der Seinsverfassung des Menschen enthüllen, was Grund seines Seinsverständnisses ist. Darum ist die Fundamentalontologie *Analytik des Daseins* und vorzüglich seiner Transzendenz. In der Transzendenz aber bekundet sich die *Endlichkeit des Menschen*. Sie ist das, was alle endliche Erkenntnis möglich macht: ein Sichzuwenden zu ..., das einen *Horizont bildet*, durch welchen (d.h. innerhalb dessen) das Gegenstehen eines Gegenstandes möglich wird. „Transzendenz macht einem endlichen Wesen das Seiende an ihm selbst zugänglich". „In der Transzendenz bekundet das Dasein sich selbst als des Seinsverständnisses bedürftig ... Sie ist die innerste, das Dasein tragende Endlichkeit".

Der Mensch ist „inmitten von Seiendem, so zwar, daß ihm ... das Seiende, das er nicht ist, und das Seiende, das er selbst ist, ... immer schon offenbar geworden ist". „*Angewiesen* auf das Seiende, das er nicht ist, ist er des Seienden, das er je selbst ist, im Grunde *nicht* mächtig". Mit seiner Existenz „geschieht ein *Einbruch* in das Ganze des Seienden dergestalt, daß jetzt erst das Seiende in je verschiedener Weite, nach verschiedenen Stufen der Klarheit, in verschiedenen Graden der Sicherheit, an ihm selbst, d.h. *als* Seiendes, offenbar wird. Dieser Vorzug ... inmitten des Seienden *an es als ein solches ausgeliefert und sich selbst als einem Seienden überantwortet zu sein*, birgt die Not, des Seinsverständnisses zu *bedürfen*, in sich". Der Mensch muß Seiendes *sein-lassen* können, und dazu muß er „das Begegnende daraufhin entworfen haben, daß es Seiendes ist". *Existenz* (d.h. die Seinsart des Menschen) „ist in sich *Endlichkeit* und *als diese nur möglich auf dem Grunde des* Seinsverständnisses. *Dergleichen wie Sein gibt es nur und muß es geben, wo Endlichkeit existent geworden ist"*.

Die ursprünglichste Handlung des endlichen Geistes ist das Bilden des Horizonts, in dem Seiendes begegnen kann. Sie ist *ergänzendes Darbieten*. Sie „erzeugt den Anblick des Jetzt als eines solchen", der zu jeder Anschauung von Gegenwärtigem gehört, und ebenso das Nicht-mehr-jetzt des Früher oder Damals, das mit dem Jetzt geeinigt wird und für jedes Behalten vorausgesetzt ist. Anschauung von Gegenwärtigem und Behalten von Gewesenem sind untrennbar eins: dazu gehört als Drittes die Auffassung des Gegenwärtigen und des Gewesenen als *desselben*: sie beruht auf einem *Rekognoszieren*, einem *erkundenden Vordringen*. Dieses „erkundet den Horizont von Vorhaltbarkeit überhaupt", es ist „das ursprüngliche *Bilden* dieses Vorhaften, d.h. der Zukunft".

So ist das, was als *Horizont des Seienden* gebildet wird, *die Zeit*. Das *Bilden des Horizonts* aber wird als die *ursprüngliche Zeit* in Anspruch genommen: „Die Zeit …ist so reine Anschauung, daß sie von sich aus den Anblick des Nacheinander vorbildet und diesen als solchen auf sich als das bildende Hinnehmen zu-hält. Diese reine Anschauung geht mit dem in ihr gebildeten Angeschauten *sich selbst an*…Die Zeit ist ihrem Wesen nach reine Affektion ihrer selbst". „Die Zeit ist …nicht eine wirkende Affektion, die ein vorhandenes Selbst trifft, sondern als reine Selbstaffektion bildet sie das Wesen von so etwas wie Sich-selbst-angehen. Sofern aber zum Wesen des endlichen Subjekts gehört, als ein Selbst angegangen werden zu können, bildet die Zeit als reine Selbstaffektion die Wesensstruktur der Subjektivität… Als reine Selbstaffektion bildet sie ursprünglich die endliche Selbstheit dergestalt, daß das selbst so etwas wie Selbstbewußtsein sein kann". „Die reine Selbstaffektion gibt *die transzendentale Urstruktur des endlichen Selbst* als eines solchen".

Das *Ich* ist, wie die Zeit selbst, nicht *in der Zeit*. Daraus folgt aber nicht, daß es nicht zeitlich ist, sondern „daß es *die Zeit selbst* und *nur als sie selbst* seinem eigensten Wesen nach möglich wird". Das *Stehen und Bleiben* des Ich will es *nicht* als *Substanz* kennzeichnen, sondern gehört wesenhaft zu dem Gegenstehen-lassen, das dieses Ich vollzieht. „Dieses *Stehend* und *Bleibend* sind *keine ontischen* Aussagen über die Unveränderung des Ich, sondern …*transzendentale* Bestimmungen…Das *stehende* Ich heißt so, weil es als *ich denke*, d.h. *ich stelle vor*, dergleichen wie Stand und Bestand sich vorhält. Als Ich bildet es das Korrelatum zur Beständigkeit überhaupt". Weil aber das reine Beschaffen des reinen Anblicks von Gegenwart das *Wesen der Zeit* ist, ist das *stehende und bleibende Ich* „das *Ich im ursprünglichen Bilden der Zeit*, d.i. als *ursprüngliche Zeit*". Das *volle Wesen der Zeit* umfaßt demnach ein Doppeltes: die *reine Selbstaffektion* und das, *was ihr entspringt* und gleichsam für sich allein in der gewöhnlichen *Zeitrechnung* erblickt wird.

Die ursprüngliche Zeit ist der letzte Grund, auf den das Seinsverständnis des Menschen zurückgeführt wird. Die Angewiesenheit auf das Seinsverständnis aber gründet in der *Endlichkeit* des Menschen. Darum wird die Frage nach der Endlichkeit als der *Grundverfassung des menschlichen Seins* zur Grundfrage der Grundlegung der Metaphysik. (Nur in *diesem* Sinn kann man die *Anthropologie* als *Zentrum der Philosophie* gelten lassen.)

So sieht es Heidegger als wesentliche Aufgabe der Fundamentalontologie an „zu zeigen, inwiefern das Problem der Endlichkeit im Menschen und die hierdurch vorgezeichneten Untersuchungen notwendig zur Bewältigung der Seinsfrage gehören, …es muß der Wesenszusammenhang zwischen dem Sein als solchem (nicht dem Seienden) und der Endlichkeit im Menschen ans Licht gebracht werden".

Dieser Wesenszusammenhang wird darin gesehen, daß die „Seinsverfassung jedes Seienden… nur im Verstehen zugänglich wird, sofern dies den Charakter des *Entwurfs* hat". Mit der *Transzendenz* (oder dem In-der-Welt-sein) *geschieht* der…*Entwurf* des Seienden überhaupt…" Dadurch, daß das *Dasein* des Seinsverständnisses bedarf, ist „*dafür gesorgt*, daß überhaupt so etwas wie Da-sein sein kann". Die *transzendentale Bedürftigkeit* „ist die innerste, das Dasein tragende Endlichkeit". Und *Sorge* ist der Name für die strukturale Einheit der in sich endlichen Transzendenz des Daseins".

Für die *Kritik der Sorge* und damit der gesamten Analytik des Daseins als Fundamentalontologie und Grundlegung der Metaphysik hat Heidegger selbst die Gesichtspunkte an die Hand gegeben: sie müsse „zeigen, daß die *Transzendenz* des Daseins und somit das Seinsverständnis *nicht* die innerste Endlichkeit im Menschen ist; sodann, daß die Begründung der Metaphysik *überhaupt nicht* diesen innersten Bezug zur Endlichkeit des Daseins hat, und schließlich, daß die Grundfrage der Grundlegung der Metaphysik *nicht* in dem Problem der inneren Möglichkeit des Seinsverständnisses beschlossen liegt".

Da diese drei Gesichtspunkte den Kern der Existenzphilosophie Heideggers treffen, wollen wir uns nun an ihre Prüfung heranwagen. Die erste Frage lautet also: *Ist die Transzendenz des Daseins und somit das Seinsverständnis die innerste Endlichkeit des Menschen?* Um sie beantworten zu können, müssen wir Klarheit darüber haben, was mit *Transzendenz, Seinsverständnis* und *Endlichkeit* gemeint ist.

Was *Transzendenz* besagen soll, ist ausführlich erörtert worden. Sie ist gleichbedeutend mit dem *In-der-Welt-sein* – oder richtiger wohl: grundlegend dafür; der Mensch befindet sich als Seiendes inmitten von Seiendem, und das Seiende, das er selbst ist, sowie das andere Seiende ist ihm offenbar, weil er in einem ursprünglichen Sich-zuwenden einen Horizont bildet, in dem Seiendes begegnen kann. Dieses *Horizont-bilden* ist als *Seinsverständnis*, und zwar als verstehendes Entwerfen der Seinsverfassung von Seiendem, zu denken. Transzendenz und Seinsverständnis fallen also zusammen.

Sie sollen aber auch mit *Endlichkeit* zusammenfallen. Was damit gemeint ist, läßt sich nicht leicht herausstellen. Es wird Verschiedenes ausgeschlossen, was *nicht* darunter verstanden werden soll:

Zum ersten soll die Endlichkeit des Menschen *nicht* als *Zeitlichkeit* bestimmt werden; sie bedeutet auch *nicht Unvollkommenheit*: die Unvollkommenheiten lassen das Wesen der Endlichkeit nicht sehen, sie sind vielleicht nur dessen *entfernte faktische Folgen.*

Zum zweiten soll sie schließlich *nicht* als *Geschaffensein* gedeutet werden: „Und wenn gar das Unmögliche möglich wäre, ein Geschaffensein des Menschen rational nachzuweisen, dann wäre durch die Kennzeichnung des Menschen als eines *ens creatum* nur wieder das *Faktum* seiner Endlichkeit erwiesen, aber nicht das *Wesen* derselben auf gewiesen, und dieses Wesen als *Grundverfassung des Seins* des Menschen bestimmt".

Wir sind mit der Tradition der Überzeugung, daß das „Unmögliche möglich ist", d.h. daß das Geschaffensein verstandesmäßig beweisbar ist – freilich nicht die besondere Art der Erschaffung, wie sie der biblische Schöpfungsbericht darstellt (mit Rücksicht auf diesen tatsächlichen geschichtlichen Vorgang sprechen wir ja vom *Geheimnis der Schöpfung*), sondern die Notwendigkeit, nicht *per se* und *a se,* sondern *ab alio* zu sein, die daraus folgt, daß der Mensch *etwas,* aber *nicht alles* ist. Ist aber nicht das gerade der *eigentliche Sinn der Endlichkeit?* Heidegger rührt daran, wenn er am Schluß die Frage auf wirft: „Läßt sich…die *Endlichkeit* im Dasein auch nur als *Problem* entwickeln ohne eine *vorausgesetzte Unendlichkeit?*" Er muß sofort die weiteren Fragen anschließen: „Welcher Art ist überhaupt dieses *Voraussetzen* im Dasein? Was bedeutet die so *gesetzte* Unendlichkeit?" Mit diesen Fragen faßt er eben das ins Auge, was als *vorontologisches Seinsverständnis* unseren Bemühungen um den Sinn des Seienden auf dem zurückgelegten Wege Ziel und Richtung gegeben hat: *Endlichkeit läßt sich nur fassen im Gegensatz zur Unendlichkeit, d.h. zur ewigen Fülle des Seins. Seinsverständnis eines endlichen Geistes ist als solches immer schon Durchbruch vom Endlichen zum Ewigen.*

Damit haben wir vorausgreifend schon mehr beantwortet als die zunächst zur Erörterung stehende Frage nach dem Verhältnis von Transzendenz und Endlichkeit. Es gilt nun erst den begonnenen Gedanken zu Ende zu führen. *Ens creatum* hat nicht nur die Bedeutung eines tatsächlichen Geschaffenen, sondern eines auf Grund seiner Endlichkeit wesenhaft durch das Unendliche Bedingten. Darin ist also der *Sinn von Endlichkeit* eingeschlossen: *etwas und nicht alles sein.* Dieser Sinn von Endlichkeit findet seine Erfüllung aber nicht nur im Menschen, sondern in jedem Seienden, das nicht Gott ist. *So gehören Endlichkeit als solche und Transzendenz nicht ohne weiteres zusammen.* Tranzendenz bedeutet das Durchbrechen der Endlichkeit, das einem *personalgeistigen* und *als solchem* erkennenden Wesen in und mit seinem Seinsverständnis gegeben ist. Heidegger spricht wohl einigemal von der *spezifischen* Endlichkeit des Menschen, aber ohne jemals zu erörtern, was er darunter verstanden haben will. Um sie zu erklären, mußte das zur Abhebung gebracht werden, was das Sein des Menschen von dem des nicht personal-geistigen Seienden sowie von dem der endlichen reinen Geister unterscheidet.

Wir kommen nun zur zweiten Frage: *Handelt es sich bei der Begründung der Metaphysik zuinnerst um die Endlichkeit des Daseins?* Heidegger hat den alten Sinn der *metaphysica generalis* als Lehre vom *Seienden als solchem* nicht aufgehoben, sondern nur betont, daß es dafür nötig sei, den Sinn des Seins zu klären. Darin stimmen wir mit ihm überein. Er ist dann noch einen Schritt weitergegangen und hat behauptet, daß man, um den Sinn des Seins zu verstehen, das Seinsverständnis des Menschen untersuchen müsse, und weil er den Grund der Möglichkeit des Seinsverständnisses in der Endlichkeit des Menschen fand, sah er die Aufgabe einer Grundlegung der Metaphysik in der Erörterung der Endlichkeit des Menschen. Dagegen sind von zwei Seiten her Bedenken zu erheben. *Es geht in der Metaphysik um den Sinn des Seins als solchem, nicht nur des menschlichen Seins.* Allerdings müssen wir das menschliche – d.h. unser eigenes – *Seinsverständnis nach dem Sinn des Seins befragen.* Das heißt aber: wir müssen es fragen, was es meint, wenn es vom Sein spricht. Und diese Frage ist nicht durch die andere zu ersetzen, wie so etwas wie Seinsverständnis *geschehe*. Wer die Frage nach dem im Seinsverständnis selbst liegenden Sinn des Seins überspringt und unbekümmert darum das *Seinsverständnis* des Menschen *entwirft*, bei dem ist Gefahr, daß er sich vom Sinn des Seins abschneidet; und soviel ich sehen kann, ist Heidegger dieser Gefahr erlegen. Davon wird noch zu sprechen sein.

Zunächst das zweite Bedenken: Wir sahen, daß zur Endlichkeit als solcher das Seinsverständnis nicht gehört, da es endliches Seiendes gibt, dem kein Seinsverständnis eigen ist. Das Seinsverständnis gehört zu dem, was personal-geistiges Sein von anderem Sein unterscheidet. Innerhalb seiner wäre das *menschliche* Seinsverständnis von dem anderer endlicher Geister und alles *endliche* Seinsverständnis vom *unendlichen* (göttlichen) zu unterscheiden. Was aber *Seinsverständnis überhaupt* ist, das läßt sich nicht herausstellen ohne Klärung dessen, was der *Sinn des Seins* ist. So ist und bleibt für uns die *Grundfrage einer Grundlegung der Metaphysik die Frage nach dem Sinn des Seins.* Welche Bedeutung das menschliche Seinsverständnis für den Sinn des Seins hat, das ist einmal wichtig für die Bewertung der Rolle, die die Endlichkeit des Menschen in der Grundlegung der Metaphysik zu spielen hat. Es fällt überdies zusammen mit der noch zu erörternden, dritten Frage: *ob die Grundfrage der Grundlegung der Metaphysik in dem Problem der inneren Möglichkeit des Seinsverständnisses beschlossen liege.*

Damit, daß wir die Frage nach dem Sinn des Seins als die Grundfrage bezeichnet haben, ist dies Problem noch nicht beseitigt. Beide hängen innerlichst zusammen: nach dem Sinn des Seins fragen, heißt voraussetzen, daß wir, die Fragenden, ein Seinsverständnis haben, daß es *möglich* ist. Dieses Seinsverständnis auf seine *innere Möglichkeit*, d.h. auf sein Wesen hin untersuchen, heißt voraussetzen, daß uns der Sinn des Seins zugänglich ist. Denn Verstehen heißt nichts anderes als Zugang zu einem Sein haben. Indessen ist es möglich, die Frage nach dem Sinn des Seins zu stellen, ohne zugleich zu fragen, wie das Seinsverständnis sich vollzieht, weil wir im Verstehen des Sinnes dem Sinn und nicht dem Verstehen zugewendet sind. Dagegen ist es nicht möglich, das Seinsverständnis zu untersuchen, ohne den Sinn des Seins mit hereinzuziehen. Denn losgelöst von dem ihm zugänglichen Sinn ist das Verstehen kein Verstehen mehr. Auf alle Fälle liegt also eine Verlagerung des *Grundes* vor, wenn man die Frage nach dem Seinsverständnis – und nicht die nach dem Sinn des Seins – als Grundfrage in Anspruch nimmt. Immerhin wäre es möglich, daß bei getreuer und ausreichender Untersuchung des Seins Verständnisses zugleich der Sinn des Seins geklärt würde. Ist das bei Heidegger der Fall?

Er sagt, der Mensch müsse Seiendes *sein-lassen* können und müsse dazu „das Begegnende daraufhin entworfen haben, daß es Seiendes ist". Ferner: „Dergleichen wie Sein gibt es nur und muß es geben, wo Endlichkeit existent geworden ist". Schließlich: „Das Sein des Seienden ist... überhaupt nur verstehbar..., wenn das Dasein im Grunde seines Wesens *sich in das Nichts hin-*

einhält". Um den letzten Satz verstehen zu können, müssen wir Aufschluß darüber suchen, was mit dem *Nichts* gemeint ist. An einer früheren Stelle wird das, was die reine Erkenntnis *erkennt* – der reine Horizont – als *ein Nichts* bezeichnet. Und es wird davon gesagt: „Nichts bedeutet: nicht ein Seiendes, aber gleichwohl *Etwas*..." Was in der reinen Anschauung angeschaut wird (Raum und Zeit), wird *ens imaginarium* genannt, und dieser Ausdruck wird erläutert, wie folgt: „Das *ens imaginarium* gehört zu den möglichen Formen des *Nichts*, d.h. dessen, was nicht ein Seiendes ist im Sinne des Vorhandenen".

Nach all diesen Erläuterungen ist unter dem Nichts nicht das *absolute Nichts* gemeint. Da aber von verschiedenen Formen des Nichts die Rede ist und diese nicht weiter erörtert werden, bleibt es unklar, was für ein *Etwas* jeweils gemeint ist. Wenn wir aber alle eben angeführten Stellen zusammennehmen und uns außerdem vergegenwärtigen, was über die *ursprüngliche Zeit* gesagt wurde, so bleibt kaum eine andere Deutung übrig, als daß mit dem *Nichts* hier die *Seinsverfassung* des Seienden gemeint ist, die vom, Menschen *verstehend entworfen* wird, d.h. das *Sein selbst*. Wenn das wirklich die Meinung ist – und alles weist darauf hin, im Kant-Buch noch unverhüllter als in *Sein und Zeit* –, so werden damit *Seiendes und Sein in einer den Sinn des Seins aufhebenden Weise auseinandergerissen*: wenn wir ein Ding als seiend bezeichnen (auch Heidegger läßt ja das dingliche Sein, das er *Vorhandensein* nennt, als eine Art des Seins gelten), so meinen wir, daß es *selbst ist*, daß es ein ihm eigenes von unserem Seinsverständnis unabhängiges Sein hat. Heidegger hat mit Recht betont, daß in *Was-sein* (Wesen, *essentia*), *Daß-sein* (Wirklichkeit, *existentia*) und *Wahr-sein Sein* überall etwas anderes bedeute und daß es nötig sei, den Grund dieser Spaltung des Seins und den Sinn des Seins als solchen zu klären. (Das ist ja die große Frage der *analogia entis*.) Jedenfalls meinen wir aber mit dem *Sein* überall etwas, was dem, was wesenhaft, wirklich oder wahr ist, selbst eigen ist und nicht etwas, worin es durch unser Seinsverständnis gleichsam eingefangen wird. Ja selbst unser eigenes Sein ist etwas, worauf wir *stoßen*.

Heidegger sucht dem gerechtzuwerden, indem er das menschliche Seinsverständnis ein *hinnehmendes Anschauen* nennt. Aber seine ganze Anstrengung ist darauf gerichtet, den *Entwurf* als solchen zu kennzeichnen. Die *Geworfenheit* (= Endlichkeit = Angewiesenheit auf anderes Seiendes) wird als Grundverfassung des menschlichen Seins hingestellt, aber sie erfährt nicht die Klärung, deren sie fähig ist und die erst den Sinn des Seins und des Seinsverständnisses erschließen kann. Heidegger hat die Überzeugung ausgesprochen, daß Kant vor dem Ergebnis seiner Kritik der reinen Vernunft zurückgewichen sei. Daran knüpft er die bemerkenswerte Frage: „...Liegt in unserem eigenen Bemühen...am Ende nicht auch ein verborgenes Ausweichen vor etwas, was wir – und zwar nicht zufällig – nicht mehr sehen?" Er hält es selbst für möglich, daß seine eigene Grundlegung der Metaphysik „vor dem Entscheidenden haltmacht".

Damit ist der Punkt getroffen, auf den wir zusteuerten. Heideggers Existentialphilosophie weicht aus und macht halt vor dem, was dem Sein seinen Sinn gibt und worauf alles Seinsverständnis abzielt: vor dem *Unendlichen*, ohne das nichts *Endliches* und das Endliche als solches nicht zu fassen ist. Daß es sich um ein Ausweichen und Haltmachen, nicht um ein bloßes Nicht-sehen handelt, geht daraus hervor, daß anfangs im Anschluß an Kant *endliche Erkenntnis* und entsprechend *Erscheinung* oder *Gegenstand* und *Seiendes an sich* einander gegenübergestellt wurden: „Der Titel *Erscheinung* meint das Seiende selbst als Gegenstand endlicher Erkenntnis. Genauer gesprochen: *nur für endliche Erkenntnis gibt es überhaupt so etwas wie Gegenstand. Nur sie ist an das schon Seiende ausgeliefert*". Das unendliche Erkennen dagegen „offenbart sich das Seiende im Entstehenlassen und hat es jederzeit *nur* als Entstehendes im Entstehenlassen, d.h. als *Ent-stand* offenbar...Es ist das Seiende als Seiendes *an sich*, d.h. nicht als Gegenstand". „Das Seiende *in der Erscheinung* ist dasselbe Seiende wie das Seiende an sich..." Aber als *Gegenstand* offenbart es sich „gemäß der Weise und Weite des Hinnehmenkönnens, über die eine endliche Erkenntnis verfügt"; und der endlichen Erkenntnis ist es eigen, daß sie „als *endliche* notwendig zugleich *verbirgt*..." In der Folge aber ist dieser Gegensatz fallengelassen. Es ist nur noch von der endlichen Erkenntnis die Rede und von dem Seienden, das sie *entgegenstehen läßt*. Damit ist aber das *Seiende an sich* durch den *Gegenstand* verdrängt, und der formale Bau, den die endliche Erkenntnis als solche für den *Gegenstand entwirft,* wird als das Sein selbst in Anspruch genommen.

Ist diese Verschiebung damit zu rechtfertigen, daß die menschliche Vernunft als eine endliche sich in die Grenzen des Endlichen einschränken und der *Anmaßung* entsagen müsse, vom *Seienden an sich* und von einer *unendlichen* Vernunft etwas erfassen und sagen zu wollen? Ist nicht vielmehr die Erkenntnis der eigenen Grenzen zugleich notwendig ein Durchbrechen dieser Grenzen? Sich selbst als *endlich* erkennen, heißt sich als *etwas und nicht alles* erkennen, damit wird aber das *Alles* ins Auge gefaßt, wenn auch nicht *begriffen,* d.h. von der menschlichen Erkenntnis umfaßt und bewältigt. Menschliches Seinsverständnis ist nur möglich als ein Durchbruch vom, endlichen zum ewigen Sein. Das endliche Sein als solches verlangt danach, vom Ewigen her begriffen zu werden. Weil aber der endliche Geist das ewige Sein nur eben aufleuchten sehen, aber nicht begreifen kann, darum bleibt für ihn auch das endliche Sein, auch sein eigenes Sein, ein unbegriffenes, ein *magis ignotum quam notum*: die ewige Verlegenheit, das ἀεὶ ἀπορού ιενον, das uns, als Ausgangspunkt der Metaphysik bei Aristoteles begegnete und in das Heideggers Grundlegung der Metaphysik ausklingt.

Wenn das Kant-Buch geschrieben wurde, um eine Antwort auf die Frage zu finden, in die *Sein und Zeit* ausklang: ob ein Weg von der ursprünglichen Zeit zum Sinn des Seins führe, ob die Zeit der Horizont des Seins sei, so hat es offenbar sein Ziel nicht erreicht. Die Zweideutigkeit der Zeit, die zugleich Anschauung und Angeschautes, *Entwerfen* und *Entworfenes* sein soll, und ebenso das Schillern dessen, was als *Horizont* bezeichnet wird, ist es gerade, was den Weg zum Sinn des Seins verbaut. Und wenn am Ende von *Sein und Zeit* der eingeschlagene Weg fraglich geworden war, so hat der Rückblick darauf im Kant-Buch ihn noch fraglicher gemacht. Und auch, was sonst noch im Druck erschienen ist, hat darin nichts geändert.

VOM WESEN DES GRUNDES

Wie das Kant-Buch, so sollen auch die beiden kleinen Schriften *Vom Wesen des Grundes* und *Was ist Metaphysik* offenbar das vorausgehende große Werk erläutern, Mißdeutungen, die es erfahren hat, zurückweisen und einige Punkte, die dunkel geblieben sind, klarer herausarbeiten, indem früher nur angedeutete Linien nachdrücklicher gezogen und weitergeführt werden. So wird in der Abhandlung vom Wesen des Grundes unter dem Namen *Transzendenz* das In-der-Welt-sein schärfer gefaßt. Transzendieren besagt danach, daß das Dasein stets alles Seiende, auch sich selbst, *übersteigt* in der Richtung auf *Welt*; d.h. nicht auf das All des Seienden, noch auf die Gesamtheit der Menschen, sondern auf ein *Sein im Ganzen*. Welt ist *wesenhaft daseinsbezogen* und Dasein „ist im Wesen seines Sein weltbildend".

Zur Klärung des Weltbegriffs wird hier der Sprachgebrauch der Heiligen Schrift (Paulusbriefe und Johannesevangelium), des hl. Augustinus und Thomas herangezogen in einer Weise, die den Eindruck erwecken kann, daß der augenscheinliche antichristliche Affekt von *Sein und Zeit* überwunden sei. Es wird auch in Anmerkungen versichert, daß „durch die ontologische Interpretation des Daseins als In-der-Welt-sein...weder positiv noch negativ über ein mögliches Sein zu Gott entschieden" sei und daß das Dasein nicht als das *eigentliche* Seiende überhaupt hingestellt werden sollte: „Ontologische Interpretation des Seins in und aus der Transzendenz des Daseins heißt aber doch nicht ontische Ableitung des nichtdaseinsmäßigen Seienden aus dem Seienden *qua* Dasein".

Was das Zweite anlangt, so haben in der Tat die Kritiker das *Vorhandensein* und *Zuhandensein* nicht in der Dunkelheit gelassen, in der es bei Heidegger blieb, sondern es in einer von ihm nicht beabsichtigten Weise festgelegt. Und bei ganz getreuer und genügend weitgehender Auslegung des wesenhaften *Sich-selbst-übersteigens* hätte auch eine Sicht des *Daseins* gewonnen werden können, die ein *Sein zu Gott* mindestens offen ließ. Aber tatsächlich ist die Auslegung weder in *Sein und Zeit* noch in dieser späteren Abhandlung in solcher Weise durchgeführt. Und die Deutung, die das *Sein* – im Kant-Buch noch offensichtlicher als in *Sein und Zeit* – erfahren hat, läßt keine Möglichkeit für ein vom Dasein unabhängiges Sein offen.

Wenn ferner *Transzendenz* als *Freiheit* gedeutet wird, kraft deren das Dasein Welt und eigene Möglichkeiten entwirft und im Anschluß an die Feststellung der *Endlichkeit des Daseins* (bezeugt durch die Beschränktheit seiner *wirklich* zu ergreifenden Möglichkeiten) die Frage aufgeworfen wird: „Und bekundet sich hierin gar das *endliche* Wesen von Freiheit überhaupt?" –, so ist mit dieser doch wohl rhetorisch gemeinten Frage wiederum vom Sein des Daseins auf *alles* personale Sein geschlossen und Gott geleugnet: jedenfalls der Gott der christlichen Glaubenslehre und auch der andern monotheistischen Religionen. Und daß „Dasein... *als freies* Seinkönnen unter das Seiende *geworfen* ist", daß es „nicht in der Macht dieser Freiheit selbst" steht, wenn es „der Möglichkeit nach ein Selbst und dieses faktisch je entsprechend seiner Freiheit ist...", diese Erkenntnis wird hier so wenig wie früher zum Ausgangspunkt, um zu einem nicht geworfenen Werfenden, zu einem unendlich Freien vorzudringen.

WAS IST METAPHYSIK?

Die Freiburger Antrittsvorlesung: *Was ist Metaphysik?* stellt in den Mittelpunkt der Erörterung das *Nichts*. Das ist für den Leser des Kant-Buches nicht verblüffend, wie es für unvorbereitete Hörer jenes Vortrags gewesen sein mag, weil ja dort bereits in der Untersuchung des Seinsverständnisses der *Horizont*, der dem *Dasein* das Seiende zugänglich macht, als *Nichts* in Anspruch genommen wurde. Da indessen der Sinn des Nichts noch recht dunkel blieb, lohnt es sich, den neuen Gedankengängen, die ihm gewidmet sind, nachzugehen.

Alle *Wissenschaft zielt* auf das *Seiende*. Der Einbruch in das Ganze des Seienden, der zur menschlichen Existenz gehört, bricht das Seiende in dem, was und wie es *ist*, auf und verhilft damit „in seiner Weise dem Seienden allererst zu ihm selbst". „Worauf der Weltbezug geht, ist *das Seiende selbst – und sonst nichts*". Und nun wird dieses anscheinend nur so leicht entschlüpfte „nichts" überraschend aufgegriffen: „*Wie steht es um dieses Nichts?*" Der Verstand kann darüber nicht entscheiden. Das *Nichts* läßt sich *nicht* als *Verneinung des Alls des Seienden* fassen, weil „das Nichts ursprünglicher ist als das Nicht und die Verneinung".

Das *Grundgeschehen unseres Daseins,* das uns das Seiende als Ganzes enthüllt, ist die *Befindlichkeit* oder das *Gestimmtsein*; z.B. die *eigentliche Langeweile* (wenn nicht dies oder jenes einen langweilt, sondern wenn „es einem langweilig ist"). Das Gestimmtsein, in dem der Mensch vor das *Nichts* gebracht wird, ist – wie wir schon wissen – die *Angst*: indem das *Seiende entgleitet* und *wir selbst uns entgleiten*, offenbart die Angst das Nichts. Es enthüllt sich in der Angst *nicht als Seiendes* und *nicht neben dem Seienden*: es „begegnet…*in eins mit* dem Seienden im Ganzen". Dieses wird *weder vernichtet noch verneint*, sondern es wird *hinfällig*. Das Nichts „zielt nicht auf sich, sondern ist wesenhaft *abweisend*. Die Abweisung von sich ist aber als solche das entgleitenlassende Verweisen auf das *versinkende* Seiende im Ganzen. Diese im Ganzen *abweisende Verweisung* auf das entgleitende Seiende im Ganzen, als welche das Nichts in der Angst das Dasein umdrängt, ist das Wesen des Nichts: die *Nichtung*. Sie ist weder eine Vernichtung des Seienden noch entspringt sie einer Verneinung. *Das Nichts selbst nichtet…*" Es offenbart das Seiende „in seiner vollen, bislang verborgenen *Befremdlichkeit* als das *schlechthin Andere* – gegenüber dem Nichts. In der hellen Nacht des Nichts der Angst ersteht erst die *ursprüngliche* Offenbarkeit des Seienden *als eines solchen*: daß es *Seiendes* ist – *und nicht Nichts* …Das Wesen des ursprünglich nichtenden Nichts liegt in dem: *es bringt das Dasein allererst vor das Seiende als ein solches*. „Das Nichts ist die Ermöglichung der Offenbarkeit des Seienden als eines solchen für das menschliche Dasein. Das Nichts gibt nicht erst den Gegenbegriff zum *Seienden* her, sondern gehört ursprünglich zum Wesen des *Seins selbst*. Im *Sein* des Seienden geschieht das Nichten des Nichts".

Zeugnis für die „ständige und ausgebreitete, obzwar verstellte Offenbarkeit des Nichts in unserem Dasein" ist die *Verneinung*. Sie spricht sich im *Nein*- sagen je über ein *Nicht* aus", vermag aber aus sich kein Nicht aufzubringen, weil sie „nur verneinen kann, wenn ihr ein *Verneinbares* vorgegeben ist". Das ist aber nur möglich, wenn „alles Denken als solches auf das *Nicht* schon *vorblickt* …Das Nicht entsteht nicht durch die Verneinung, sondern die Verneinung *gründet* sich auf das Nicht, das dem Nichten des Nichts entspringt". Die Verneinung ist auch nicht das einzige nichtende Verhalten; auf das Nicht gründet sich auch das Entgegenhandeln, Verabscheuen, Versagen, Verbieten, Entbehren. „Die Durchdrungenheit des Daseins vom nichtenden Verhalten bezeugt die ständige und freilich verdunkelte Offenbarkeit des Nichts…" Die meist niedergehaltene Angst, die es offenbart, tritt am sichersten hervor im *verwegenen Dasein*. „Dieses aber geschieht nur aus dem, *wofür es sich verschwendet*, um so die *letzte Größe* des Daseins zu bewahren". Die Angst Verwegener ist nicht der Freude oder dem behaglichen Vergnügen des beruhigten Daseins gegenüberzustellen. „Sie steht…im geheimen *Bunde* mit der Heiterkeit und Milde der schaffenden Sehnsucht".

„Das Hineingehaltensein des Daseins in das Nichts…macht den Menschen zum *Platzhalter* des Nichts. So *endlich* sind wir, daß wir gerade nicht durch eigenen Beschluß und Willen uns ursprünglich vor das Nichts zu bringen vermögen…Die Hineingehaltenheit des Daseins in das Nichts auf dem Grunde der verborgenen Angst ist das Übersteigen des Seienden im Ganzen: die

Transzendenz...Metaphysik ist das *Hinausfragen* über das Seiende, um es *als ein solches* und *im Ganzen* für das Begreifen zurückzuerhalten". *Die Frage nach dem Nichts umspannt das Ganze der Metaphysik*: denn „Sein und Nichts gehören zusammen..., weil das *Sein* selbst im Wesen *endlich* ist und sich nur in der Transzendenz des in das *Nichts* hinausgehaltenen Daseins offenbart".

Die *antike Metaphysik* verstand in dem Satz *ex nihilo nihil fit* unter dem *Nichts* den ungestalteten Stoff und ließ als seiend nur das Gebilde gelten. Die *christliche Dogmatik* leugnet den Satz, sie behauptet statt dessen: *ex nihilo fit – ens creatum* und versteht unter *nihil* die Abwesenheit von außergöttlichem Seienden. „Die Frage nach dem Sein und Nichts als solchen unterbleiben beide. Daher bekümmert auch garnicht die Schwierigkeit, daß, wenn Gott aus dem Nichts schafft, gerade er sich *zum* Nichts muß verhalten können. Wenn aber Gott Gott ist, kann *er* das Nichts nicht kennen, wenn anders das *Absolute* alle Nichtigkeit von sich ausschließt".

Durch Heideggers Deutung erhält der Satz „einen anderen, das *Seinsproblem selbst* treffenden Sinn und lautet: *ex nihilo omne ens qua ens fit*. Im Nicht des Daseins kommt erst das Seiende im Ganzen seinen eigensten Möglichkeiten nach, d.h. in endlicher Weise zu sich selbst". Alles Fragen nach dem Seienden beruht auf dem Nichts: „Einzig weil das Nichts im Grunde des Daseins offenbar ist, kann die volle Befremdlichkeit des Seienden über uns kommen". *Die Metaphysik* „ist *das Grundgeschehen im* und *als Dasein selbst*". Sie geschieht „durch einen eigentümlichen *Einsatz* der eigenen Existenz in die Grundmöglichkeit des Daseins im Ganzen. Für diesen Einsatz ist entscheidend: *einmal* das Raumgeben für das Seiende im Ganzen; sodann das Sichloslassen in das Nichts... *und am Ende* das Ausschwingenlassen dieses Schwebens, aufdaß es ständig zurückschwinge in die *Grundfrage* der Metaphysik, die das *Nichts* selbst erzwingt: *Warum ist überhaupt Seiendes und nicht vielmehr Nichts?*"

Es ist klar: der Vortrag, der für ein nicht fachlich geschultes Publikum berechnet war und eher aufreizen als belehren wollte, verzichtet auf die Strenge der wissenschaftlichen Abhandlung. Er läßt Schlaglichter aufblitzen, er gibt keine ruhige Klarheit. So ist es schwer, ihm etwas Greifbares zu entnehmen. Die Redeweise klingt stellenweise geradezu mythologisch: es wird von dem Nichts fast gesprochen wie von einer Person, der einmal zu ihrem immer unterdrückten Recht verholfen werden mußte. Man wird erinnert an das „Nichts, das Nichts, das einstmals Alles war". Aber es wäre wenig fruchtbar, sich gerade an diese dunklen Wendungen zu halten.

Vielleicht kommen wir am ehesten zu einer Klärung, wenn wir an die verschiedenen Deutungen des Satzes *ex nihilo nihil fit* anknüpfen. Hat die antike Metaphysik wirklich unter dem Nichts, aus dem nichts wird, den ungestalteten Stoff verstanden? Dann hätte sie den Satz nicht aufstellen können, denn nach ihrer Auffassung wurde ja alles *Gebildete* aus dem ungeformten Stoff *gebildet*. Sie unterscheidet von dem schlechthin Nichtseienden (οὐκ ὄν) das Nichtseiende, das doch in gewisser Weise – nämlich der Möglichkeit nach – ist (μή ὄν). Und dieses ist der Stoff, aus dem alles im eigentlichen Sinn Seiende geformt wird. Das, woraus nichts werden kann, hat auch kein mögliches Sein, es ist das *absolute Nichts*.

In welchem Sinn ist nun der Satz zu verstehen: *ex nihilo fit – ens creatum?* Auch hier ist unter *nihil* nicht der formbare Stoff verstanden. Die Schöpfungslehre leugnet ja das Vorhandensein eines Stoffes vor der Schöpfung. Nach Heidegger meint die Dogmatik mit dem Nichts die Abwesenheit alles außergöttlichen Seienden. Wir wollen dahingestellt sein lassen, ob damit der Sinn des *Nichts* erschöpft ist. Jedenfalls kann aus einem so verstandenen Nichts nicht im selben Sinn etwas werden wie *aus* einem vorhandenen Stoff. Es wird ihm nichts *entnommen*. *Schöpfung* besagt vielmehr, daß alles, was das Geschöpf ist, und auch sein Sein dem Schöpfer entstammt. Der Satz kann also nur so verstanden werden, daß der Schöpfer im Erschaffen durch kein anderes Seiendes bedingt ist, daß es überhaupt nichts Seiendes gibt als den Schöpfer und die Schöpfung. Wie steht es nun mit der Schwierigkeit, daß Gott sich zum Nichts verhalten müsse, um aus dem Nichts zu schaffen? Es darf zugestanden werden, daß Gott das Nichts kennen müsse, um *etwas* zu schaffen. Aber dieses Kennen bedeutet keine Nichtigkeit im absoluten Sinn, weil alles Kennen als solches, auch das des Nichts, etwas Positives ist. Gott kennt das Nichts als den Gegensatz seiner selbst, d.h. als den *Gegensatz des Seins selbst*. Und diese *Idee des*

Nichts ist für die Schöpfung vorausgesetzt, weil alles *Endliche* „etwas und nicht alles" ist, ein Sinn, dessen Sein Nichtsein einschließt.

Stimmt es dann, wenn Heidegger behauptet, daß die christliche Dogmatik weder nach dem Sein noch nach dem Nichts fragt? Es stimmt, sofern die Dogmatik als solche überhaupt nicht *fragt*, sondern *lehrt*. Das besagt aber nicht, daß sie sich um Sein und Nichts nicht kümmere. Sie spricht vom Sein, indem sie von Gott spricht. Und sie spricht vom Nichts in vielen Zusammenhängen, z.B. indem sie von der Schöpfung spricht und unter dem Geschaffenen ein Seiendes versteht, dessen Sein ein Nichtsein einschließt. Darum darf man wohl sagen, daß „Sein und Nichts" zusammengehören; aber nicht, „weil das *Sein* im Wesen *endlich* wäre, sondern weil das Nichts der Gegensatz des Seins im ursprünglichsten und eigentlichsten Sinn ist und weil alles Endliche zwischen diesem eigentlichsten Sein und dem Nichts steht. Weil wir „so endlich sind..., daß wir... nicht durch eigenen Beschluß und Willen uns ursprünglich vor das Nichts zu bringen vermögen", bedeutet das Offenbarwerden des Nichts in unserem eigenen Sein zugleich den Durchbruch von diesem unserem endlichen, nichtigen Sein zum unendlichen, reinen, ewigen Sein.

Und so wandelt sich die Frage: „*Warum ist überhaupt Seiendes und nicht vielmehr Nichts?*", die Frage, in der sich das Sein des Menschen selbst ausspricht, in die *Frage nach dem ewigen Grunde des endlichen Seins.*

Die Ontische Struktur der Person und ihre Erkenntnistheoretische Problematik

I

Das *natürlich-naive seelische Leben* ist ein ständiges Wechselspiel von *Impressionen* und *Reaktionen*. Die Seele empfängt Eindrücke von außen, von der Welt, in der das Subjekt dieses Lebens steht und die es als Objekt mit dem Geiste entgegennimmt; sie wird durch diese Eindrücke in Bewegung gesetzt, und es werden dadurch Stellungnahmen zur Welt in ihr ausgelöst: Schreck oder Staunen, Bewunderung oder Verachtung, Liebe oder Haß, Furcht oder Hoffnung, Freude oder Trauer usw. Auch *Wollen und Handeln*. Wir faßten alles dies unter dem Titel *Reaktionen* zusammen, und bei den letzten Beispielen – dem Wollen und Handeln – pflegt man speziell von *Aktivität* zu sprechen. Mit einem gewissen Recht, denn in allen Stellungnahmen ist die Seele in Bewegung, in Aktion, und beim Wollen und Handeln bleibt diese Bewegung nicht in ihr selbst beschlossen, sondern schlägt nach außen zurück, greift gestaltend in die äußere Welt ein.

Von einem tieferen Standort aber ist man berechtigt, dieses ganze Getriebe der natürlichen Stellungnahmen als ein *passives* zu bezeichnen. Zugleich auch als ein *unfreies*. Denn es mangelt all diesen Bewegungen die Inszenierung von einem letzten inneren Zentrum her.

Das seelische Subjekt ist von außen her in sie hineingerissen und hat sich dabei nicht selbst in der Hand. Dieses beides aber – sich selbst in der Hand haben und seine Bewegungen selbst inszenieren – charakterisiert Aktivität und Freiheit in einem prägnanten Sinne. Die passive Aktivität, die Reaktion als Grundform, kennzeichnet die *tierische* Stufe des Seelenlebens. Damit ist nicht ausgeschlossen, daß gewisse Stellungnahmen, die in diese Grundform einzugehen vermögen, innerhalb des tierischen Seelenlebens prinzipiell unrealisierbar sind.

Dem natürlich-naiven Seelenleben stellen wir eines von wesentlich anderer Struktur gegenüber, das wir (mit einem noch zu klärenden Ausdruck) das *befreite* nennen wollen. Das Leben der Seele, die nicht von außen getrieben, sondern *von oben geleitet* wird. Das *von oben* ist zugleich ein *von innen*. Denn in das Reich der Höhe erhoben werden, bedeutet für die Seele ganz in sich hineingesetzt werden. Und umgekehrt: sie kann nicht bei sich selbst festen Fuß fassen, ohne über sich selbst – eben in das Reich der Höhe – erhoben zu werden. Indem sie in sich selbst hineingezogen und damit in der Höhe verankert wird, wird sie zugleich *umfriedet*, den Eindrücken der Welt und dem wehrlosen Preisgegebensein entzogen. Eben das bezeichneten wir als *befreit*.

Das befreite seelische Subjekt nimmt ebenso wie das natürlich- naive die Welt mit dem Geiste entgegen. Es empfängt auch in seiner Seele Eindrücke von der Welt. Aber die Seele wird nicht durch diese Eindrücke unmittelbar bewegt. Sie nimmt sie von eben jenem Zentrum her entgegen, mit dem sie in der Höhe verankert ist; ihre Stellungnahmen gehen von diesem Zentrum aus und werden ihr von oben vorgeschrieben. Das ist der seelische Habitus der *Kinder Gottes*. Ihre Freiheit, die *Freiheit eines Christenmenschen*, ist nicht die Freiheit, von der wir zuvor sprachen. Sie ist Befreitheit von der Welt. Die Art des Stellungnehmens, die ihr entspricht, ist wiederum eine *passive Aktivität*, freilich von anderer Art als die im *Reich der Natur*. Das Getriebe des natürlichen Seelenlebens rührt nicht an das Zentrum, das der Ort der Freiheit und die Ursprungsstelle der Aktivität ist. Die geleitete Seele horcht mit eben diesem Zentrum nach oben, empfängt hier die Weisungen von oben und läßt sich von hier aus *gehorsam* durch sie bewegen. Die Aktivität ist an ihrer Ursprungsstelle unterbunden, von der Freiheit wird am Ort der Freiheit kein Gebrauch gemacht.

Darin liegt mehr als eine Schwierigkeit verborgen. *Die Aktivität ist unterbunden* – ist nicht das Unterbinden selbst eine Aktion? *Von der Freiheit wird kein Gebrauch gemacht* – ist nicht der Verzicht auf die Freiheit selbst ein freier Akt? Wenn dem so wäre, läge nicht darin beschlossen, daß das befreite Seelenleben Freiheit voraussetzt? Man müßte frei sein, um befreit sein zu können. Man müßte sich in der Hand haben, um sich loslassen zu können. Man könnte nicht naiv im *Reich der Gnade*, d.i. von der Höhe her, leben.

Dies letzte soll zuerst geprüft werden. Gibt es ein ursprüngliches Aufgehobensein im Reich der Gnade, das dem naiv-natürlichen Leben in der Welt entspricht? So müßte das Leben des integren Menschen, des Menschen vor dem Fall, gedacht werden. So auch das Leben der Engel, der Geister, die Gott dienen. Gottes Wille geht zentral durch sie hindurch und wirkt sich unmittelbar in ihren Aktionen aus. Sie sind unterworfen, ohne sich zu unterwerfen. Ihr Gehorsam setzt keinen Verzicht, keinen Gebrauch der Freiheit voraus. Keinen *Gebrauch* der Freiheit, wohl aber die Freiheit selbst. Zum Gehorsam gehört die *Möglichkeit* des Ungehorsams, auch wenn faktisch niemals Wahl und Widerstand stattfindet. Gottes Diener können nur freie Geister sein. Blinde Werkzeuge können nach Gesetzen, die ihnen sein Wille vorschreibt, ihren Gang gehen, aber sein Wille kann nicht durch sie lebendig hindurchwirken. So ist das Befreitsein nur für freie Wesen möglich. Es kann aber dennoch naiv sein, d.h. es muß nicht notwendig erst durch einen freien Akt errungen werden.

Das wird aber erforderlich, sobald es sich um ein Wesen handelt, das im Reich der Natur verstrickt, dem naiv-natürlichen Leben ausgeliefert war. Der Übergang aus dem Reich der Natur ins Reich der Gnade muß von dem Subjekt, das aus dem einen ins andere hinübergenommen werden soll, frei vollzogen werden, er kann nicht ohne sein Zutun geschehen oder geleistet werden. Zwischen das Reich der Natur und das der Gnade schiebt sich das Reich der Freiheit. Das Zentrum der Aktivität, das von dem natürlich-naiven Leben nicht erreicht wird, das den Angriffspunkt für die Verankerung in der Höhe bildet, steht an sich und als solches außerhalb beider Reiche. Das freie Subjekt – die *Person* – ist als solches gänzlich ins Leere ausgesetzt. Es hat sich selbst und kann sich selbst nach allen Richtungen bewegen und ist doch mit eben dieser absoluten Freiheit absolut in sich selbst fixiert und zur Bewegungslosigkeit verurteilt. Denn das Selbst, das es hat, ist ein völlig leeres und gewinnt alle Fülle von dem Reich, dem es sich kraft seiner Freiheit hingibt.

Von einem *Reich* der Freiheit zu sprechen, ist darum eigentlich nicht möglich, denn dieses Reich hat keine Dimensionen, es ist auf einen Punkt zusammengezogen. Die Person, *nur* als freies Subjekt genommen, ist keiner seelischen Bewegung fähig, alles seelische Leben spielt sich in einem Reich ab, das Weite hat, und die Seele bedarf des Anschlusses an ein solches Reich, um sich darin entfalten zu können. Das freie Subjekt muß also, um mit seiner Freiheit etwas anfangen zu können, sie – jedenfalls teilweise – aufgeben; um Seele und Leben zu gewinnen, muß es sich an ein Reich binden. Was es von seiner Freiheit opfert und was es davon bewahrt, wofür es das Geopferte hingibt und welchen Gebrauch es von dem Bewahrten macht, das entscheidet über das Schicksal der Person.

Zunächst ist es klar, daß die Person sich dem Reich der Natur nicht entziehen kann, ohne sich einem andern Reich zu verschreiben. Das Sich-auf-sich-selbst-zurückziehen kann nie heißen: sich ganz und allein auf sich selbst stellen, wie es möglich scheinen mag, solange man die Leerheit des lediglich freien Subjekts nicht durchschaut hat. Solange es in keinem andern Reich Fuß faßt, muß es zum Teil ans Reich der Natur gebunden bleiben. Das ist der Fall beim Übergang vom natürlich-naiven zum *selbstherrlichen* Leben. Das natürlich-naive Seelenleben – das von tierischer Struktur – ist unzentriert. Der Durchbruch zur personalen Struktur kennzeichnet sich durch die Gewinnung des Zentralpunktes, des Standortes, in dem sich das seelische Subjekt als Person frei aufrichten kann. Material wird dem Seelenleben durch diese Strukturveränderung nichts zugeführt. Der prinzipielle Unterschied gegenüber dem tierischen Stadium besteht darin, daß die Person die seelischen Eindrücke von jener Zentralstelle her entgegennehmen kann – *kann*, nicht *muß* – und die Reaktionen auf die empfangenen Eindrücke von daher vollziehen. Die Stellungnahmen, die auf der tierischen Stufe durch die Eindrücke ohne weiteres ausgelöst werden, können von der Person *angenommen* oder *abgelehnt* werden, sie kann sich ihnen frei hingeben oder sich ihnen entziehen. Und es werden auf dieser Stufe *freie Akte* möglich, deren das Tier nicht fähig ist. Diese Akte, die sich prinzipiell nur auf dem Grunde von Stellungnahmen vollziehen lassen, verdanken ihren materialen Gehalt eben diesem Fundament, auf dem sie sich erheben. Sie, die das eigentliche Leben des freien Subjektes als solchen darstellen, haben dieselbe Leere und Ergänzungsbedürftigkeit durch eine von andersher zu beziehende Fülle wie dieses Subjekt selbst.

Die aktiven Aktionen der selbstherrlichen Person sind also materialiter keine anderen als die passiven der seelischen Sphäre, zu deren Herrn sie sich macht. Sie *verfügt* über diese Sphäre, aber eben nur über sie. Was in diesem Bereich möglich ist, damit kann sie nach ihrem Belieben schalten und walten. Ihre Leistung besteht in der Auswahl, die sie unter den vorhandenen Möglichkeiten trifft. Sie kann gewisse seelische Regungen unterdrücken, gelegentlich oder *systematisch*, und andere unterstreichen und *pflegen* und auf diesem Wege an der Bildung ihres *Charakters* arbeiten. Das ist die *Selbstherrlichkeit* und *Selbsterziehung*, deren sie fähig ist. *Selbstüberwindung*, d.i. radikale Umgestaltung des natürlichen Selbst und Erfüllung mit einem neuen seelischen Gehalt, ist für die selbstherrliche Person prinzipiell unmöglich.

Das *freie Belieben*, mit dem sie über ihre natürliche seelische Sphäre verfügt, birgt noch Probleme in sich. Sie kann unter den vorhandenen Möglichkeiten *ganz nach Belieben* wählen. Diese Wahl kann schlechthin willkürlich erfolgen, oder es kann nach einem Prinzip ausgewählt werden. Im ersten Fall ist noch zu analysieren, was wir unter dieser Willkür zu verstehen haben. Im zweiten müssen wir fragen, woher denn die Person das Prinzip der Auswahl nimmt. Schrankenlose Willkür würde bedeuten, daß die Person *ohne jeden Grund* so oder so entschiede. Sie kann sich dem natürlichen seelischen Getriebe einfach überlassen, es in Bausch und Bogen *annehmen*. Das wäre der minimale Gebrauch, den sie von ihrer Freiheit machen kann, aber zugleich der am wenigsten gefährliche. Denn in dem natürlichen Seelenleben herrscht eine verborgene Vernunft, es untersteht Gesetzen, die nur seinem Subjekt verborgen sind, denen es – als naives – blind gehorcht. Sagt sich die Person von dem natürlichen Gang des Seelenlebens los, greift sie bald nach dem, bald nach jenem ohne eine Richtschnur, die ihr jeweils die Entscheidung an die Hand gibt, so sinkt sie *unter die tierische Stufe* herab, ihr Seelenleben wird ein chaotisches. Sie, die kraft ihrer Freiheit zu *sehender* Vernunftbetätigung befähigt ist, verfällt durch den Mißbrauch dieser Freiheit der radikalen Vernunftlosigkeit.

Demgegenüber erscheint das Seelenleben der Person, die nach festen Prinzipien zwischen den natürlichen Möglichkeiten wählt, wiederum als ein Kosmos. Und zwar als ein solcher, dessen Gesetze nicht mehr blind befolgt, sondern frei gewählt und sehend erfüllt werden. Es ist dazu nicht erforderlich, daß die Person ihre natürliche seelische Sphäre – materialiter – überschreitet (wessen sie als selbstherrliche gar nicht fähig wäre). Erforderlich ist nur, daß sie von ihrer Freiheit Gebrauch macht, um *sich selbst* – d.h. die Struktur ihres Seelenlebens und die darin herrschenden Gesetze – *zu erkennen*.

Erkenntnis im strengen Sinn (oder genauer gesprochen: die Verstandestätigkeit, die zu ihr hinführt) ist echte Aktivität und als solche nur für ein freies Subjekt möglich. Ein naives kann in weitestem Ausmaß Kenntnis nehmen und wissen, aber nicht erkennen. Wie alle freien Akte sind die Verstandesoperationen völlig leer und verdanken ihren Gehalt den Unterlagen, auf die sie prinzipiell angewiesen sind (das sind in diesem Fall letzten Endes Kenntnisnahmen). Die Person ist also vermöge ihrer Freiheit befähigt, ihr eigenes Seelenleben erkenntnismäßig zu durchdringen und die Gesetze, denen es gehorcht, aufzufinden. Es kann ferner zwischen ihnen eine Auswahl treffen und gewisse designieren, denen es fortan ausschließlich gehorchen will. Das ist darum möglich, weil die Vernunftgesetze – im Gegensatz zu Naturgesetzen – nicht *necessitieren*, sondern *motivieren* und nur im Rahmen eines Seelenlebens, dessen Subjekt nicht im Besitz der Freiheit ist oder von ihr keinen Gebrauch macht, wie Naturgesetze fungieren.

Das erkenntnismäßig durchleuchtete und geleitete personale Seelenleben scheint über das tierische erhoben – eben dadurch, daß es sich im Licht der Erkenntnis abspielt. Dieses Licht darf aber nicht überschätzt werden. Neben der wahren Erkenntnis steht als mögliches Ergebnis der freien Verstandesoperationen der *Irrtum*. Der erkennende Verstand kann fehlgreifen und die Person, die ihm folgt, irreleiten; die Prinzipien, die sie für ihr Seelenleben ergreift, täuschen dann nur den Anschein der Vernunft vor, und dieses Seelenleben selbst wird ein zwar geordnetes und erleuchtetes, aber *unvernünftiges*, und als solches hinter dem tierischen zurückstehendes.

Der Gefahr, der Vernunftlosigkeit anheimzufallen, bleibt die Person ständig ausgeliefert, die auf ihrer Freiheit stehen und ihr eigener Herr sein will. Ihr Seelenleben ist das spezifisch *ungeborgene*.

Will sie ihre Seele bergen und erst recht eigentlich gewinnen, so muß sie an ein anderes Reich Anschluß finden, als das der Natur ist. Im Reich der Natur besitzt die Seele sich nicht. Das Tier wird umhergetrieben und hat bei sich keine Stätte. Was um es ist, dem bleibt es ständig ausgeliefert, das ergreift in stetem Wechsel von ihm Besitz und nötigt es, aus sich herauszugehen. Es hat keine Möglichkeit, sich dagegen abzuschließen, seine Seele ist keine Burg, in der es sich verschanzen kann. Die Person, die sich im Reich der Natur aufrichtet, hat die Möglichkeit, sich gegen das, was von außen auf sie eindringt, abzuschließen. Aber so lange sie dagegen kein anderes Bollwerk hat als ihre Freiheit, kann sie es nur, indem sie sich fortschreitend selbst entleert und sich, indem sie sich völlig freimacht, völlig aufzehrt. Erst in einem neuen Reich kann ihre Seele neue Fülle gewinnen und damit erst ihr eigenes Haus werden.

Für die Erfüllung mit neuem Gehalt gibt es verschiedene Möglichkeiten. Die Person kann sich einem der Natur gegenüber transzendenten Geist verschreiben, der ihr neue, von den natürlichen unterschiedene Kräfte verleiht und sie eventuell instand setzt, mittels dieser Kräfte im Reiche der Natur zu herrschen. Zweierlei ist dann zu untersuchen: das neue Verhältnis zum Reich der Natur und das Verhältnis der Person zu dem Geist, dem sie sich verschrieben hat. Durch diese Verbindung hat sie einen Standort außerhalb der Natur gewonnen, der – im Gegensatz zur puren Freiheit – wahrhafter Standort ist. Hier kann sie Fuß fassen, von hier aus kann sie die Eindrücke, die ihr von der Natur kommen, entgegennehmen und ihnen mit Reaktionen antworten, die nun nicht mehr den im Reiche der Natur beschlossenen Möglichkeiten entnommen zu sein brauchen. Von der Natur ist sie damit wahrhaft frei geworden. Daß sie zugleich auch *befreit* ist in der früher geschilderten Weise und daß sie *bei sich selbst* ist, das ist noch nicht gesagt. Es hängt von dem Geist ab, dem sie sich verschrieben hat, und davon, was dieses *Verschreiben* besagt.

Zunächst ist *Geist* ein doppeldeutiges Wort und *muß* hier in doppeltem Sinne gebraucht werden. Es bezeichnet einmal eine geistige *Person* und zum andern eine geistige *Sphäre*. Die Beziehungen, in denen eine geistige Person zu einer geistigen Sphäre stehen kann, sind doppelter Art: zum ersten strömt jede geistige Sphäre von einer Person (eventuell von einer Mehrzahl von Personen) aus und hat notwendig darin ihr Zentrum; zum zweiten kann eine Person in einer geistigen Sphäre, die nicht ihr selbst entströmt, aufgehoben sein. Was wir das Reich der Höhe oder der Gnade nannten, ist die geistige Sphäre, die Gott entströmt. Die Engel sind Personen, die darin, und zwar *von Natur aus*, aufgehoben sind.

Sich einem Geist verschreiben hat demnach auch einen doppelten Sinn. Es heißt, sich in eine geistige Sphäre hineinbegeben und davon erfüllen lassen. Und es heißt damit zugleich, sich der Person, die das Zentrum dieser Sphäre ist, unterwerfen. Das kann eventuell mittelbar geschehen, indem man sich einer Person unterwirft, die bereits in jener Sphäre aufgehoben, die aber nicht ihr Zentrum ist. So kann man mit dem Geist der Höhe erfüllt werden, d.i. ans Reich der Gnade Anschluß gewinnen, wenn man einem Heiligen nachfolgt, ohne noch sich direkt und unmittelbar Gott unterworfen zu haben.

Die Unterwerfung unter den Geist des neuen Reiches kann von dem, der dort Anschluß sucht, als Unterwerfung im strengen Sinne vollzogen sein: er stellt sich kraft eines freien Aktes in den Dienst jener Sphäre und ihres Herrn. Sie kann auch in anderer Form vor sich gehen, so in dem Fall, den wir als Beispiel wählten: daß ein Mensch außerhalb der Natur Fuß zu fassen sucht, um die Natur zu beherrschen. Wo die Sage uns von solchen Fällen berichtet – Prospero, Faust – scheint es gerade umgekehrt zu liegen. Diese Menschen scheinen, statt sich selbst zu unterwerfen, Geister in ihren Dienst zu zwingen, die der Naturbeherrschung fähig sind. Aber das ist nur Schein. Der Mensch kann mit Geistern, die außerhalb der Natur stehen, nur in Verbindung treten, indem er sich – *implicite* – ihrer Sphäre verschreibt und von deren Geist erfüllt wird. Es ist nur möglich, daß ihm das durch das Gehaben jener Geister verborgen bleibt. Der Herr der Sphäre, in die er aufgenommen wird, kann ihm im *Einzelfalle* zu Willen sein – etwa indem er *für ihn* den Kräften der Natur gebietet – und dabei unversehens ihn mit seinem Geist erfüllen. Oder er kann selbst im Verborgenen bleiben und dienstbare Geister seines Reiches verschicken, die er beauftragt, dem Menschen zu dienen. Der Mensch wähnt dann, daß sie ihm unterworfen sind, während sie in Wahrheit ihrem Herrn gehorchen und damit zugleich ihn diesem Herrn dienstbar machen.

Wenn der Mensch in dieser Weise in einem Reich außerhalb der Natur Fuß faßt, dann gewinnt er nicht seine Seele und kommt nicht zu sich selbst. Dem Geist, der ihn so in sein Reich zieht, kommt es gerade darauf an, sich seiner Seele zu bemächtigen und sie mit *seinem* Geiste zu erfüllen. Er läßt ihr für ihr eigenes Leben keinen Raum. Sie ist jetzt noch weit mehr in Knechtschaft als im Naturstadium. Der naive Mensch ist nur insofern unfrei, als er ständig äußeren Eindrücken ausgeliefert ist und sein Leben sich in Reaktionen verzehrt. Aber es sind doch *seine* Reaktionen. Der von einem bösen Geist *Besessene* dagegen reagiert nicht mehr in seiner Weise, er ist sich selbst entfremdet; in seiner Seele herrscht jener Geist und wirkt aus ihr heraus. In ein Reich kommen, dessen Herr die Seelen begehrt, um sie zu beherrschen, heißt darum auch nicht zur Ruhe kommen. Die Seele wird ja hier ständig aus sich herausgetrieben, es wird ihr keine Stätte gegönnt.

Wie es möglich ist, daß man einem solchen Reiche verfällt, dafür war unser Beispiel charakteristisch gewählt. Wer außerhalb der Natur einen Standort sucht, um sie beherrschen zu können, der bleibt ihr immer noch zugewendet. Er sucht sich selbst, aber nur in dem Sinne des *freien* Selbst. Er will einen Stützpunkt für seine Aktivität. Seine *Seele* zu umfrieden und sich in ihr zu bergen, daran ist ihm nichts gelegen. Darum kann er für sie keine Stätte finden. Weil er Herrschaft sucht, muß er tiefer in Knechtschaft geraten.

Sich selbst und ihren Frieden kann die Seele nur in einem Reiche finden, dessen Herr sie nicht um seinetwillen, sondern um ihretwillen sucht. Wir nennen es um eben dieser nichts begehrenden, sondern sich überströmenden und verschenkenden Fülle willen das Reich der Gnade. Und weil darin aufgenommen erhoben werden heißt, das Reich der Höhe. Beides ist mit den Augen dessen gesehen, der es von unten her und in der Beziehung zu sich betrachtet. Wollen wir ihm einen Namen geben, der es rein in sich, seinem internen Wesen nach bezeichnet, so müssen wir sagen: das Reich des Lichts. Wenn die Gnade in die Seele einströmt, dann wird sie von dem erfüllt, was ihr selbst ganz angemessen und allein angemessen ist. Diese Fülle stellt sie still. Was fortan von außen heranstürmt, kann nicht – wie im Naturzustande – hemmungslos in sie einströmen. Es wird wohl aufgenommen, aber ihm wird geantwortet aus der Fülle der Seele heraus.

Ist es möglich, in dieses Geheimnis noch weiter einzudringen? Wir versuchen es, indem wir fragen, wie es überhaupt zu verstehen ist, daß eine Person, die dem Reich der Natur angehört, mit einem andern Reich – und speziell mit dem der Gnade – in Verbindung treten kann.

Innerhalb der Natur steht alles, was eine Seele hat, miteinander, und in entsprechend modifizierter Weise auch mit allem Unbeseelten, in einer ursprünglichen Verbindung. Jedes seelische Wesen ist als solches allem, was in der Einheit der Natur mit ihm verbunden ist, preisgegeben in der Art, daß es von ihm Eindrücke empfängt und auf die Eindrücke reagiert nach Gesetzen, die wir als im Dunkeln waltende Vernunftgesetze charakterisierten. Handelt es sich um ein Wesen ohne personale Freiheit, dann ist es den Eindrücken und dem Reagieren *wehrlos* preisgegeben und in den Zusammenhang der Natur völlig hineingebannt ohne Möglichkeit, sich daraus zu lösen und darüber hinauszugehen. Handelt es sich um eine Person, die nicht nur Seele, sondern freie Geistigkeit besitzt wie im Reiche der Natur der Mensch, so hat sie die Möglichkeit, sich Eindrücken zu entziehen und Reaktionen zu unterbinden. Dem entspricht als *positive* Leistung, daß der Geist nicht stumpf betroffen wird von Eindrücken, sondern – in seiner ursprünglichen Haltung – *offensteht* für eine Welt, die sich ihm sichtbar darbietet. Der Geist steht als solcher im Licht.

Kein freies und geistiges Wesen aber ist im Reiche der Natur völlig beschlossen. Die Freiheit, sich dem natürlichen Spiel der Reaktionen zu entziehen, gibt ihm einen Standort außerhalb der Natur oder richtiger: legt davon Zeugnis ab. Und die Offenheit des Geistes ist *prinzipiell* eine universale. Alles, was sichtbar ist, kann von ihm gesehen werden. Alles, was Gegenstand ist, kann vor ihm stehen. Faktisch freilich hat nicht jeder individuelle Geist ein unbeschränktes Blickfeld. Die Gebundenheit an eine Naturgrundlage, auf der er sich erhebt, bedeutet zugleich eine Bannung seines Blicks auf das Reich, in das er hineingestellt ist. Aber dieser Bann ist kein unlösbarer. Es besteht für das freie Wesen die Möglichkeit, sich ihm zu entziehen und über seine natürliche Sphäre hinauszusehen.

Das kann freilich nur geschehen, wenn ihm aus der Sphäre, die es neu gewinnen soll, etwas entgegenkommt. Seine Freiheit reicht so weit, den Blick auf fremde Sphären hinzuwenden oder vor ihnen zu schließen. Aber nur, soweit sie sich ihm von sich aus *darbieten*. Erobern, was sich ihm nicht geben will, kann es nicht. Der Mensch kann die Gnade nur ergreifen, sofern die Gnade ihn ergreift. Er kann dem Bösen nur verfallen, wenn er vom Bösen versucht wird. Als pures Naturwesen steht er jenseits von Gut und Böse. Beide Möglichkeiten bestehen für ihn nur, sofern er die Natur transzendiert.

Es ist die Frage, ob es *nur* seine Freiheit ist, die ihn außerhalb der Natur stellt. Wenn die ursprüngliche Offenheit des Geistes durch seine Bindung an ein Naturwesen in Grenzen eingehegt wird und nur das, womit er als Naturwesen verbunden ist, sich ihm *ohne weiteres* darbietet – muß nicht dann eine der natürlichen entsprechende Bindung an die Sphären bestehen, zu denen er nur durchbrechen soll? Oder bedeutet jene Bindung nur, daß die Natur vor ihn hingebreitet liegt, ohne daß er sich um sie und sie um ihn zu bemühen braucht?

Andere Sphären könnten – eben dank der universalen Offenheit des Geistes – ebenfalls an ihn heran, aber nur bei einem aktiven Bemühen von beiden Seiten. Die Natur *bedarf* eines solchen Bemühens nicht, und sie wäre dazu gar nicht *fähig*, denn sie ist keine geistige Sphäre und entströmt nicht einem personalen Zentrum, von dem allein eine Aktivität ausgehen kann. Die zweite Möglichkeit erscheint plausibel. Aber doch nur, soweit es sich um ein *geistiges* Erobern neuer Sphären, um ein Kenntnisnehmen davon handelt. Nicht aber, sofern dabei zugleich eine Aufnahme der Seele in ein fremdes Reich stattfinden soll. Solange der Mensch die fremde Sphäre nur mit dem Geiste entgegennimmt, kann er ihr seelisch ebenso entzogen bleiben, wie er von der Natur Kenntnis und Erkenntnis gewinnen kann, während er sich ihr seelisch verschließt. Das Sichtbarwerden für den Geist ist nicht gleichbedeutend mit dem Einströmen in die Seele. Der Geist kann sehen und die Seele leer bleiben. Solange aber der Geist des neuen Reiches nicht die Seele erfüllt, hat sie auch in ihm noch keinen Standort. Und wie dieses Einströmen möglich ist, die Frage ist noch unbeantwortet.

Das Böse könnte an den Menschen nicht heran, wenn es nicht in ihm eine ursprüngliche Stätte hätte. Er ergreift es mit Freiheit, wenn er der Versuchung erliegt. Aber dieses Ergreifen, das kein pures geistiges Erfassen ist, sondern seelische Hingabe, ist nur möglich, wenn das, was ergriffen wird, zuvor schon in die Seele Eingang gefunden hat. In die Seele aber findet nur Eingang, was ihr gemäß ist. Sie steht nicht allem und jedem offen wie der Geist. Danach sieht es nun wieder so aus, als ob sie den verschiedenen Reichen, in denen sie Fuß fassen kann, in gleicher Weise angehörte. Es erscheint unverständlich, warum sie im einen mehr als im andern Zuhause sein soll, und auch, warum es – im Gegensatz zum Reich der Natur – eines besonderen Durchbruchs dahin bedarf. Wenn sie allen gleich ursprünglich angehört, warum kann sie dann nicht von überall gleichmäßig zu Reaktionen bewegt werden? Zunächst: allen *ursprünglich* angehören heißt nicht, allen *in gleicher Weise* angehören. Was in der Natur steht, steht in ihr doch allein. Die Verbundenheit mit allem, was zur Natur gehört, besagt für die Seele nur, daß sie davon in äußerem Anstoß erschüttert werden kann. Einströmen kann von daher nichts in sie. Und wenn sie selber ganz Natur ist, und das heißt, dumpf in sich verschlossen, kann überhaupt nichts in sie einströmen. Wir sahen, daß sie trotzdem nicht bei sich ist, weil ihr Leben im Reagieren auf äußere *Anstöße* vergeht. Sie kommt nicht dazu, frei auszuleben, was in ihr selbst lebt.

Erst die geistig wache Seele ist so geöffnet, daß sie etwas in sich aufnehmen kann. Und was in sie einströmen kann, ist wiederum nur Geist. Nur in geistigen Sphären kann die Seele wahrhaft eingebettet sein, nicht in der Natur. Allerdings haben wir von *Natur* bisher nicht nur in diesem Sinne gesprochen. Wenn von *natürlichen Reaktionen* die Rede war, so sollten diese nicht bloß auf das dumpfe Seelenleben eingeschränkt sein, sondern es war zugleich auf etwas abgezielt, was sich auch im geistigen Leben findet. Zwischen Eindrücken und Reaktionen bestehen Zusammenhänge, die wir als *Vernunftgesetzlichkeit* bezeichnen. Diese Vernunft, so sahen wir, waltet teils im Dunkeln, teils tritt sie offen zutage und wird von dem Subjekt der Eindrücke und Reaktionen selbst durchschaut. Die Vernunftgesetze greifen an dem Gehalt der Eindrücke und Reaktionen an, ganz unabhängig von dem Subjekt, in dessen geistigem Leben sie realisiert werden. Es ist kein *besonderer Geist*, keine eigentümlich qualifizierte geistige Sphäre erforderlich, damit sie ihre Herrschaft entfalten können. Sofern geistiges Leben sich in der Form der Motivation abspielt, d.h. in der Form der vernunftmäßig geforderten *Antwort* auf Eindrücke, untersteht das geistige Subjekt ohne weiteres den Vernunftgesetzen, ebenso selbstverständlich wie alles Naturgeschehen den Naturgesetzen gehorcht. Und um dieser selbstverständlichen Einordnung willen können wir hier von einem zweiten Reich der Natur oder prägnanter von einem Reich der *natürlichen Vernunft* sprechen. Daß zwischen der Natur im eigentlichen Sinn und dieser *geistigen Natur* ein radikaler Unterschied bestehen bleibt, braucht kaum betont zu werden. Es geht aus Früherem zur Genüge hervor.

Zu freier Geistigkeit erwachend, findet sich das Subjekt im Reiche der natürlichen Vernunft. Dieses Erwachen selbst ist noch nicht als Sache seiner Freiheit anzusehen, und ebensowenig die Zugehörigkeit zu diesem Reiche und die Tendenz, nach seinen Gesetzen sich zu verhalten. Wohl aber gibt es eine Freiheit dieser Tendenz und allen einzelnen konkreten Vernunftgesetzen gegenüber. Das Subjekt *kann* immer auch anders als es ihnen entspricht. Je mehr es sich dessen bewußt wird und davon Gebrauch macht, desto weniger ist es im Reiche der Vernunft *aufgehoben*. Ja, ein wahres Aufgehobensein gibt es hier ebenso wenig wie in der Natur im spezifischen Sinne. Gerade das, was zum Eintritt in dieses Reich gehört – die freie Geistigkeit – sondert zugleich aus ihm aus und stellt das Subjekt auf sich selbst. Das Reich der Vernunft ist keine geistige Sphäre, die von einem personalen Zentrum ausströmt und dadurch spezifisch qualifiziert ist. Nur in solchen Sphären kann die Seele wahrhaft aufgehoben sein, und zu ihnen muß mittels der Freiheit durchgebrochen werden. Dieser Durchbruch ist ein freier Akt, in dem die Seele den Geist der Sphäre, die sich ihrer bemächtigen will, bejaht und sich ihm hingibt, so daß er von ihr Besitz ergreifen und sie in seinem Reiche Wohnung nehmen kann.

Es steht also nur noch in Frage, warum die Seele einer geistigen Sphäre wahrhafter angehören kann als der andern. Wir sagten, das Böse müßte in der Seele eine ursprüngliche Stätte haben, um in sie Eingang finden zu können. Dann ist es also keine fremde Macht, die von ihr Besitz ergreift, wie es uns früher schien? Die Versuchung tritt ihr nicht von außen entgegen, sondern sie findet sie in ihrem Innern vor, nur noch der Legitimation durch einen freien Akt bedürftig. An Christus tritt der Versucher von außen heran. Aber er findet bei ihm kein Eingangstor. Christus *gerät nicht in Versuchung* und braucht sich ihrer nicht zu erwehren. Er faßt sie nur auf und gibt die gebührende Antwort. Damit macht er die Versuchung als solche kenntlich und zeigt, wie man sich dagegen verhalten soll". Der Mensch aus sich heraus vermag weder die Versuchung, die in ihm wirksam ist, zu durchschauen noch ihr zu widerstehen. Bei dem, der nicht *durch den Glauben gerecht* ist, ist es so zu sagen ein *Zufall*, wenn er nicht sündigt, sondern die Versuchung ablehnt. Es ist dann nicht das Sündenquales, was er ablehnt, sondern – wofern es sich überhaupt um eine *begründete* Ablehnung, eine vernünftig motivierte handelt –*das, was* sündig ist, den Träger dieser Qualität, um eines ihm von anderswoher wirklich oder vermeintlich anhaftenden Unwerts willen. Der Tatbestand der Versuchung ist offenbar nur in einer Seele zu realisieren, in der *Gutes* und *Böses* zuhause sind. Wer ganz von Gott erfüllt ist, an den kann die Versuchung nicht heran. Wer ganz vom Bösen erfüllt ist, bei dem gibt es keine Basis für eine Entscheidung dagegen. Die freie Ablehnung des einen bedarf immer des andern, um sich darauf zu stützen.

Wenn also das Böse in der Seele zuhause sein muß, damit sie zum Bösen versucht werden könne – wie ist es möglich, daß sie nicht auch in ihm zuhause ist? Zunächst, es ist ein anderes: der Versuchung einen Angriffspunkt bieten, in Versuchung sein und der Versuchung erlegen sein. Erst wenn das Letzte geschehen ist, steht die Seele wirklich im Zeichen des Bösen, hat sie sich seinem Reiche verschrieben, so daß der Geist des Bösen in ihr Einzug halten kann. Wir sagten, daß nun dieser Geist aus ihr herauswirke und nicht mehr sie selbst nach ihrer natürlichen Weise auf Eindrücke, die sie empfängt, reagiere. *Natürlicherweise* entsprechen gewissen Eindrücken bestimmte ihnen nach Vernunftsgesetzen zugeordnete Reaktionen. Es gibt etwas, was liebens *wert* ist, und etwas, was Haß *verdient*. Was liebenswert ist, lieben, was hassenswert ist, hassen, das kann jeder von Natur aus. Es gibt ferner von Natur aus individuelle Verschiedenheiten im Lieben und Hassen und in der Geneigtheit dazu. Aber Liebenswertes hassen, das ist nicht *natürlich*, sondern spezifisch teuflisch, und das kann nur *der Böse* selbst oder einer, der vom Bösen besessen ist. Seine Reaktionen sind weder aus der natürlichen Vernunft zu verstehen noch aus der Individualität, sondern einzig und allein aus dem Geiste des Bösen heraus. Der Haß ist die spezifische Reaktion des Bösen oder richtiger der spezifische geistige Akt, in dem das Böse sich selbst seinem materialen Wesen nach ausstrahlen kann und notwendigerweise ausstrahlen muß. Das Böse ist ein verzehrendes Feuer. Wenn es bei sich selbst bliebe, müßte es sich selbst aufzehren. Darum muß es, ewig unruhig von sich fortstrebend, nach einem Herrschaftsbereich suchen, in dem es sich festsetzen kann, und alles, was von ihm ergriffen wird, wird von der ihm eigenen Unruhe erfaßt und aus sich herausgetrieben. Darum ist die Seele, wenn sie sich dem Reich des Bösen verschrieben hat, nicht bei sich selbst und also auch in diesem Reich nicht zuhause.

Wir wenden uns nun dem Verhältnis der Seele zum Reich der Gnade zu. Auch die Gnade muß, um von der Seele frei ergriffen werden zu können, bereits in der Seele wirksam sein und muß, um wirksam sein zu können, schon eine Stätte darin vorfinden. Und wie der Geist des Bösen, so bewirkt auch der Geist des Lichts, der *heilige* Geist, in der Seele, von der er Besitz ergreift, eine Abwandlung ihrer natürlichen Reaktionen. Es gibt Reaktionen, die durch ihn ausgeschlossen sind, auch wo sie nach natürlicher Vernunft angebracht wären: Haß, Rachgier u.dgl. Und es gibt geistige Akte und seelische Zuständlichkeiten, die die spezifischen Formen seines aktuellen Lebens sind: Liebe, Erbarmung, Vergebung, Seligkeit, Frieden. Sie treten auch da auf, wo nach natürlicher Vernunft keine Motive dafür vorliegen. Darum ist der *Friede Gottes über alle Vernunft*. Und darum muß das Reich Gottes allen, die draußen stehen, eine *Torheit* sein. Der Geist des Lichts ist seinem Wesen nach überströmende Fülle, vollkommenster, niemals sich vermindernder Reichtum. Nicht weil er es bei sich nicht aushalten kann, strahlt er aus – indem er ausstrahlt, bleibt er doch bei sich und bewahrt sich selbst. Und was von ihm erfüllt wird, das wird in ihm verwahrt und er wird darin verwahrt. Die Seele, die ihn aufnimmt, wird von ihm erfüllt und behält ihn bei sich, auch wenn sie ihn ausstrahlt, ja, je mehr sie ihn ausstrahlt, desto mehr bleibt er bei ihr. So kann sie in ihm eine wahrhafte Stätte finden. Wie steht es aber mit ihrer Individualität? Wird sie nicht vernichtet, wenn die natürlichen Reaktionen unterbunden werden, und wird es ihr nicht unmöglich gemacht, sich selbst auszuleben, wenn der neue Geist in der Seele Einzug hält und die Herrschaft ergreift? Darauf deuten auch die Worte vom Tod, durch den das Leben gewonnen wird, vom Haß gegen die eigene Seele u.dgl.

In der Tat ist es zweifellos, daß die Seele bei der *Wiedergeburt aus dem Geiste* eine radikale Wandlung erfährt. Das Leben, in dem sie sich und ihre Eigenart sonst auslebte, wird ihr abgeschnitten. Zunächst entschwindet, je mehr die Gnade sich in ihr verbreitet, fortschreitend aus ihr, was dem Geist des Bösen einen Angriffspunkt bot und was doch auch ihr selbst zugehörte. Und es schwindet die Bindung an die natürliche Vernunft und die Reaktionsweise, die sie vorschreibt. Dennoch wird das, was wir *Individualität* nannten, das Eigenste der Seele, nicht ausgelöscht. Diese Individualität ist ja keine Disposition zu bestimmten Reaktionen, keine psychische Fähigkeit, die sich zurückbildet, wenn sie sich nicht in aktuellen psychischen Zuständlichkeiten ausleben kann. Sie steht *hinter* allen natürlichen *Anlagen*, Dispositionen, Reaktionen. Sie drückt ihnen, wo sie vorhanden sind, ihren Stempel auf, ist aber selbst von ihnen unabhängig und verschwindet nicht mit ihnen.

Der ganze *Charakter* einer Person, d.h. die Gesamtheit der von ihrer seelischen Individualität spezifisch gefärbten natürlichen Dispositionen kann zerstört, die Seele kann von dieser Naturgrundlage, aus und mit der sie sich erhob, losgerissen werden und doch ihre Individualität bewahren. Diese Individualität ist *intangibilis*. Was in die Seele eingeht und aus ihr herausgeht, das wird von ihr durchtränkt. Auch die Gnade wird von jeder Seele in *ihrer* Weise aufgenommen. Ihre Individualität wird von dem Geist des Lichts nicht ausgetrieben, sondern vermählt sich ihm und erfährt dadurch wahrhaft eine *neue Geburt*. Denn die Seele lebt sich in ihrer Eigenart nur ganz und rein aus, sofern sie bei sich bleibt. Bei allem Reagieren lebt sie nicht nur sich selbst aus, sondern ist zugleich den Gesetzen unterworfen, denen diese Reaktionen als solche und unabhängig von dem Subjekt, das sie jeweils realisiert, unterstehen. Nur wenn sie von allem Äußeren abgelöst und in Ruhe ist, lebt sie rein ihr eigenes Leben. In Ruhe und von Außen abgelöst aber – das haben wir immer wieder gesehen – kann sie nur sein, wenn sie ins Reich der Höhe erhoben wird. So erhält sie durch die Gnade sich selbst zum Geschenk.

II

Daß es ein *Geschenk* ist, das gehört wesentlich dazu. *Wer seine Seele bewahren will, der wird sie verlieren.* Also die Seele kann nur zu sich selbst kommen, wenn es ihr gerade nicht um sich selbst zu tun ist. Wie ist das zu verstehen? Denkbar ist es wohl, daß ein Mensch der Welt überdrüssig wird und zu sich selbst zu kommen sucht, bevor die Gnade ihn ergriffen hat. Er kann versuchen, sich selbst zu finden, indem er sich von der Welt freimacht, d.h. die natürlichen Reaktionen unterbindet. Das Ergebnis dieser rein negativen Tätigkeit wird nun ein negatives sein. Er entleert sich, indem er sich gegen die Erfüllung von außen absperrt, die Abtötung führt zum Tode. Das Eigentümliche des seelischen Lebens ist, daß es der Seele zuströmen muß. Und gerade je mehr es ihr eigenes, innerstes Leben ist, desto weniger ist sie imstande, es sich zu verschaffen.

Ein anderer Versuch, sich selbst zu bewahren, ist der, seine Eigenart der Welt entgegenzustellen. Nicht sich den Eindrücken und Reaktionen zu entziehen, sondern unterstrichen auf *eine* Weise zu reagieren. „Mag es böse, mag es unvernünftig sein, – *ich* verhalte mich so, wie es *mir* gemäß ist". In der Tat kann man von jeder Individualität sagen, daß sie das Zentrum einer eigenen geistigen Sphäre sei und daß diese Sphäre ihre eigene *Vernunft* habe. Ob es möglich ist, sich ganz auf diese Sphäre zurückzuziehen, und – wenn es möglich ist – was damit erreicht werden kann, das sind neue Fragen.

Zunächst ist es schon sehr schwierig zu unterscheiden, was wirklich Reaktion aus der Individualität heraus ist und was nur gewohnheitsmäßiges Reagieren, das zumeist bestimmt ist durch den Geist der Umgebung, in die hinein und aus der heraus der Mensch geboren wird. Häufig genug ist er gerade da, wo er ganz frei und ganz aus sich selbst zu sein meint, durchaus abhängig und durchaus nach andern und von außen gebildet. Aber nehmen wir an, daß diese Täuschung vermieden wird, daß echte Reaktion aus der Individualität heraus vorliegt. Die Reaktion als solche kann, wie wir sehen, nicht schlechthin individuelles Leben sein. Man kann sich der vernunftgemäß geforderten Reaktion entziehen und damit einem speziellen Vernunftgesetz, aber man kann doch immer nur eine *mögliche* Reaktion wählen, d.h. eine in das Reich der Vernunft gehörige und ihren Gesetzen unterstehende, und nicht aus der Individualität heraus eine nur ihr eigene Reaktion erzeugen. Es bleibt die Gebundenheit an den Eindruck, wie immer man auf ihn reagieren mag. Es bleibt die Richtung nach außen. Das Ergebnis ist, daß die Seele sich in Reaktionen verzehrt, die wohl das Gepräge ihrer Individualität tragen, aber nicht in ihrer Individualität ruhen.

Es bleibt noch ein dritter Weg: daß der Mensch die Gnade zu gewinnen sucht, *um* im Reich der Gnade sich selbst zu finden. Es gehört zu dieser Situation, daß er noch nicht innerlich von der (vorbereitenden) Gnade berührt ist, sondern nur *weiß*, daß hier und nur hier Ruhe und Geborgenheit zu finden ist. Es besteht nun das eigentümliche Gesetz, daß der Blick auf die eigene Seele den Weg zur Gnade und damit zu sich selbst versperrt. Nur wer rückhaltlos der Gnade zugekehrt ist, kann ihrer teilhaftig werden. Das erscheint sehr merkwürdig, weil es doch die Sorge um ihr *Heil* zu sein pflegt, die die Seele nach der Gnade trachten läßt. Wie kann sie zugleich um sich Sorge tragen und sich von sich abkehren? Freilich ist das nicht möglich, solange die *Sorge* wirklich *Sorge* ist. Aber es liegt in dem Worte manches verborgen. Die *Sorge um* setzt die Beschäftigung mit dem Gegenstande voraus, um den man sich sorgt. *Diese* Sorge pflegt es nicht zu sein, die zum Heile führt. Sie hält die Sache bei sich selbst fest. Davon zu scheiden ist etwas, was man wohl auch mit *Sorge* bezeichnet, was aber keineswegs Sorge *um* ist und wozu keine Hinwendung zu dem, was einen besorgt macht, gehört: die *Angst*, von der jede ungeborgene Seele erfüllt ist. Sie kann noch sehr verschiedene Formen annehmen, aber in allen ihren Formen ist für sie charakteristisch: sie ist nicht Angst vor etwas, was ihr bestimmt vor Augen stünde. Sie heftet sich wohl bald an dies, bald an jenes, aber das, woran sie sich heftet, ist nicht das, was sie eigentlich meint. Und sie treibt die Seele von sich selbst weg, hält sie nicht bei sich fest wie die Sorge. Wohl ist es der Zustand der Seele, der die Angst in ihr hervorruft. Aber das braucht nicht in der Form der expliziten Motivation zu geschehen. Die Angst braucht der Seele nicht aus der Beschäftigung mit sich selbst zu erwachsen, und ihr Zustand braucht gar nicht – gegenständlich – erfaßt zu sein. Dagegen gehört es zur Angst, daß er *gespürt* wird. Und je deutlicher er gespürt wird, desto klarer ist auch die Angst als Angst bewußt.

Der Zustand der Seele, der die Angst hervorruft und sich in ihr ausspricht, ist die *Sünde* (*peccatum originis* und *peccatum actuale*). Solange die Angst, die wir hier immer im Auge haben – die *metaphysische* Angst – noch mit der Angst vor etwas verwechselt wird, verstrickt sie die Seele in ein peripheres Leben: in Tätigkeiten, um dem zu entgehen, wovor man Angst hat, oder in eine Hingabe an die äußere Welt, um durch Emotionen, die von da kommen, die Angst zu übertäuben, und entfernt sie von sich selbst. Das Zweite, das Sich-betäuben, ist auch dann noch möglich, wenn die metaphysische Angst als solche und ihr Zusammenhang mit der Sünde bereits durchschaut ist. Allerdings nur, wenn es ein bloß rationales *Wissen* darum ist und kein inneres *Spüren*. Denn sobald die Seele die Angst und die Sündhaftigkeit wirklich spürt, kann sie nicht mehr davon loskommen, wenn sie es auch noch so gern möchte und sich mit aller Gier in das periphere Leben stürzt. Sie bleibt dann an sich festgebunden trotz allem, woran sie sich hingeben mag. Das Rückwärtig-gebundensein, das der Abwendung von sich selbst nicht widerspricht, ist überhaupt charakteristisch für die Angst.

Das, was mit Sicherheit die Sündhaftigkeit spürbar macht und die Angst erweckt, ist die Berührung der *Gnade* und der Anblick der *Heiligkeit*. Beides gehört zusammen. Wer nicht von der Gnade innerlich berührt ist, der sieht die Heiligkeit nicht, auch wo er ihr begegnet. Sobald aber die Gnade in ihm Licht erstrahlen läßt, auch noch bevor er sich ihr erschlossen hat, werden ihm die Augen aufgetan, und das Heilige wird für ihn sichtbar. Zeitlich kann beides zusammenfallen: er kann angesichts des Heiligen von der Gnade berührt werden. Es kann aber auch sein, daß die Gnade in ihm beginnt, ohne daß er gerade einem Heiligen begegnet.

Wir sprechen noch immer von der *vorbereitenden* Gnade, die für das freie Ergreifen ihrer und das Eingehen in ihr Reich vorausgesetzt ist. Ihr gegenüber ist ein verschiedenes freies Verhalten möglich. Die Seele kann vor ihr die Augen schließen, weil ja ihr Anblick das Gefühl der eigenen Sündhaftigkeit und die Angst erweckt und steigert, und ihr und sich selbst zu entfliehen suchen. Dann bleibt sie, wie gesagt, an sich festgebunden, und unter allen aktuellen Emotionen wächst die Angst. Sie kann auch der Gnade in die Augen sehen, ihr standhalten und sich doch dagegen verschließen. Das ist die Haltung des Verstockten. Er will die Angst durch Trotz vertreiben und bohrt sich dabei immer tiefer in sie hinein. Und es gibt eine letzte Möglichkeit: sich der Gnade rückhaltlos in die Arme zu werfen. Das ist die entschlossenste Abkehr der Seele von sich selbst, das unbedingteste Sichloslassen. Aber um sich so loslassen zu können, muß sie sich so fest ergreifen, sich vom innersten Zentrum her so ganz umfassen, daß sie sich nicht mehr verlieren kann. Die Selbsthingabe ist die freieste Tat der Freiheit. Wer sich so gänzlich unbekümmert um sich selbst – um seine Freiheit und um seine Individualität – der Gnade überantwortet, der geht ebenso – ganz frei und ganz er selbst – in sie ein. Und davon hebt sich die Unmöglichkeit ab, den Weg zu finden, solange man noch auf sich selbst hinsieht. Die Angst kann den Sünder in die Arme der Gnade treiben. Die Angst, die von hinten treibt. Aber indem er sich ganz dahin wendet, wird er die Angst los, denn die Gnade nimmt Sünde und Angst von ihm.

Wir sprachen von dem möglichen freien Verhalten der Sünde gegenüber. Gibt es aber auch ein Verhalten der Gnade gegenüber, ohne daß sie vorbereitend wirksam ist? Kann die Freiheit der Gnade zuvorkommen? Vorausgesetzt ist dafür ein Wissen um die Gnade und ihre Wirkungen. Und das kann in der Tat jemand besitzen, der noch nicht innerlich von ihr berührt wurde. Und er kann sich auf den Weg machen, um die Gnade zu suchen, die von sich aus nicht zu ihm kam. Den Akt der Hingabe kann er noch nicht vollziehen. Der ist nur auf Grund der vorbereitenden Gnade möglich. Aber sich von sich selbst lossagen und sich der Gnade zukehren, das kann er. Wenn ihn dann die Gnade anrührt, so bedarf es keines ausdrücklichen Aktes der Hingabe mehr: sie strömt dann in die ihr schon zuvor geöffnete Seele ungehemmt ein und nimmt sie ohne weiteres in Besitz. (Wer auf diesem Wege der Gnade teilhaftig wird – wie *Luther* –, dessen Blick kann sich sehr begreiflicherweise die Mitwirkung der Freiheit ganz entziehen.) Zuvor aber lebt er ganz in der Angst. Er entflieht nicht nach der Peripherie, sondern hält standhaft bei sich selbst aus, in seiner Seele gesammelt, wenn es darin auch öde und trostlos ist. Er kann in konzentrierter Erwartung nur ruhig dessen harren, was kommen soll. Er kann ihm auch entgegengehen: durch Beschäftigung mit Gegenständen, die ihm als heilig bekannt sind, wenn auch der Geist der Höhe, der sie erfüllt, ihm noch nicht fühlbar und darum die Heiligkeit ihm nicht sichtbar ist, hoffend, daß irgendwann der Funke in ihn einspringt und in ihm zündet, der ihm die Augen öffnet und ihm den Eintritt in das Reich des Lichts ermöglicht. Einer Wüstenwanderung gleicht dieser Weg. Wann sie zum Ziele führt, das steht dahin. Ein ganzes Menschenleben kann davon erfüllt sein.

Auch die Hingabe an die vorbereitende Gnade ist nicht notwendig ein einziger Akt und das Werk eines Augenblicks. Vielmehr bedarf auch der Mensch, in dem die Gnade wirkt und der sich ihr zuwendet, faktisch eines lebenslangen Kampfes, um sich fortschreitend von der natürlichen Welt und von sich selbst loszulösen. Die absolute Freiheit und das restlose Eingehen ins Reich der Gnade sind auf beiden Wegen das Ziel, das doch weder auf dem einen noch auf dem andern im irdischen Leben vollkommen erreicht wird. Es wird nur in der unvollkommenen Annäherung sichtbar als das, worauf es ankommt. Außerdem sind beide Wege in Wirklichkeit nicht so getrennt, wie wir sie in der theoretischen Betrachtung trennen können und müssen. Auch der Heilige kennt Zeiten der inneren *Trockenheit*, in denen er in den Wüsten ausharren muß, – ja gerade er *kennt* sie, weil sie sich ihm abheben von den Zeiten, in denen ihn das Licht der Gnade überströmt und das Feuer des Geistes ihn durchglüht.

Wir suchten zu verstehen, welchen Anteil die Freiheit am Werk der Erlösung hat. Dazu reicht es nicht aus, wenn man die Freiheit allein ins Auge faßt. Man muß ebenso prüfen, was die Gnade vermag und ob es auch für sie eine absolute Grenze gibt. Das sahen wir schon: die Gnade muß zum Menschen kommen. Von sich aus kann er bestenfalls bis ans Tor kommen, aber niemals sich den Eintritt erzwingen. Und weiter: sie kann zu ihm kommen, ohne daß er sie sucht, ohne daß er sie will. Die Frage ist, ob sie ihr Werk ohne Mitwirkung seiner Freiheit vollenden kann. Es schien uns, daß die Frage verneint werden muß. Das ist ein schwerwiegendes Wort. Denn offenbar liegt darin, daß Gottes Freiheit, die wir Allmacht nennen, an der menschlichen Freiheit eine Grenze findet.

Die Gnade ist der Geist Gottes, der sich zur Seele des Menschen herabsenkt. Sie kann darin keine Stätte finden, wenn sie nicht frei darin aufgenommen wird. Das ist eine harte Wahrheit. Sie besagt – außer der erwähnten Schranke der göttlichen Allmacht – die prinzipielle Möglichkeit eines Sichausschließens von der Erlösung und dem Reiche der Gnade. Sie besagt *nicht* eine Grenze der göttlichen Barmherzigkeit. Denn wenn wir uns auch nicht dem Faktum verschließen können, daß für Unzählige der zeitliche Tod kommt, ohne daß sie der Ewigkeit einmal ins Auge gesehen haben und das Heil für sie zum Problem geworden ist; daß weiterhin viele sich zeitlebens um das Heil bemühen, ohne der Gnade teihaftig zu werden – so wissen wir doch nicht, ob nicht für alle diese an einem jenseitigen Ort die entscheidende Stunde kommt, und der Glaube kann uns sagen, daß es so ist.

Die allerbarmende Liebe also kann sich zu jedem herabneigen. Wir glauben, daß sie es tut. Und nun sollte es Seelen geben, die sich ihr dauernd verschließen? Als prinzipielle Möglichkeit ist das nicht abzulehnen. *Faktisch* kann es unendlich unwahrscheinlich werden. Eben durch das, was die vorbereitende Gnade in der Seele zu wirken vermag. Sie kann nur eben anklopfen, und es gibt Seelen, die sich ihr schon auf diesen leisen Ruf hin öffnen. Andere lassen ihn unbeachtet. Dann kann sie sich in die Seelen einschleichen und sich mehr und mehr darin ausbreiten. Je größer der Raum ist, den sie so *illegitimer Weise* einnimmt, desto unwahrscheinlicher wird es, daß die Seele sich ihr verschließt. Sie sieht nun die Welt schon in dem Lichte der Gnade. Sie erblickt das Heilige, wo es ihr begegnet und fühlt sich davon angezogen. Sie bemerkt ebenso das Unheilige und wird davon abgestoßen, und alles andere verblaßt gegenüber diesen Qualitäten. Dem entspricht in ihrem Innern eine Tendenz, sich im Sinne der Gnade, der ihr eigenen *Vernunft* gemäß und nicht mehr der natürlichen oder etwa der des Bösen zu verhalten. Folgt sie diesem innern Drange, so unterwirft sie sich damit implicite der Herrschaft der Gnade. Es ist möglich, daß sie das nicht tut. Es bedarf dann einer eigenen gegen den Einfluß der Gnade gerichteten Aktivität. Und diese Leistung der Freiheit bedeutet eine größere Anspannung, je mehr sich die vorbereitende Gnade in der Seele ausgebreitet hat. Diese Abwehrtätigkeit stützt sich – wie alle freien Akte – auf ein andersgeartetes Fundament, etwa auf natürliche Impulse, die neben denen der Gnade noch in der Seele wirksam sind.

Je mehr Boden die Gnade dem, was vor ihr die Seele erfüllte, abgewinnt, desto mehr entzieht sie den gegen sie gerichteten Akten. Und für dieses Verdrängen gibt es keine prinzipiellen Grenzen. Wenn alle dem Geist des Lichts entgegenstehenden Impulse aus der Seele verdrängt sind, dann ist eine freie Entscheidung gegen ihn unendlich unwahrscheinlich geworden. Darum rechtfertigt der Glaube an die Schrankenlosigkeit der göttlichen Liebe und Gnade auch die Hoffnung auf eine Universalität der Erlösung, obgleich durch die prinzipiell offenbleibende Möglichkeit des Widerstands gegen die Gnade auch die Möglichkeit einer ewigen Verdammnis bestehen bleibt.

So betrachtet heben sich auch die früher bezeichneten Schranken der göttlichen Allmacht wieder auf. Sie bestehen nur, solange man allein göttliche und menschliche Freiheit einander gegenüberstellt und die Sphäre außer acht läßt, die das Fundament der menschlichen Freiheit bildet. Die menschliche Freiheit kann von der göttlichen nicht gebrochen und nicht ausgeschaltet, wohl aber gleichsam überlistet werden. Das Herabsteigen der Gnade zur menschlichen Seele ist freie Tat der göttlichen Liebe. Und für ihre Ausbreitung gibt es keine Grenzen. Welche Wege sie für ihre Wirksamkeit wählt, warum sie um die eine Seele wirbt und die andere um sich werben läßt, ob und wie und wann sie auch da tätig ist, wo unsere Augen keine Wirkungen bemerken, das alles sind Fragen, die sich der rationalen Durchdringung entziehen. Es gibt für uns nur eine Erkenntnis der prinzipiellen Möglichkeiten und auf Grund der prinzipiellen Möglichkeiten ein Verständnis der Fakten, die uns zugänglich sind.

III

Bisher handelte es sich ausschließlich darum, die Mitwirkung der einzelnen zu erlösenden Menschen am Werke der Erlösung zu bestimmen. Die gewonnenen Einsichten können uns aber noch Weiteres verständlich machen; nämlich die Möglichkeit einer *Mittlerschaft* und die Formen, die dafür in Betracht kommen. Es besteht die Möglichkeit, daß die Gnade nicht *unmittelbar* an den Menschen herantritt, sondern den Durchgang durch endliche Personen wählt. Und es gibt in der Struktur der endlichen Person verschiedene Ansatzpunkte, die für die Mittlertätigkeit in Betracht kommen. Anders gewendet: ein Mensch kann auf verschiedene Weise dem Heil anderer Menschen dienen.

Der Mittler erscheint am auffallendsten als *Instrument* der göttlichen Gnade, wenn das Licht, das in ihm aufgegangen ist, aus ihm hervorstrahlt und andere auf den Weg des Heils führt. Die Werke der Liebe, die er – vom Geist erfüllt – vollbringt, seine ganze vom Geist bestimmte Lebenshaltung und Lebensführung lenken, ohne daß er es will, die Blicke auf sich. Seine Heiligkeit wird offenbar, freilich nur für die, deren Augen schon aufgetan sind, und lockt sie zur Nachfolge an. Und wer ihm nachfolgt, der unterwirft sich damit dem Geist des Lichts, auch wenn er noch nicht zu dessen personalem Urheber vorgedrungen ist. Auf dem Wege der Nachfolge selbst muß er dann schließlich auch zu Gott geführt werden, weil das Zentrale am Leben seines Vorbilds – das, woraus alles andere fließt – die stete Hinwendung zum Quell des Lichts ist.

Diese Form der Mittlerschaft vollzieht sich ohne jede Mitwirkung der Freiheit von Seiten des Mittlers. Sobald seine Freiheit im Spiel ist, kompliziert sich die Sachlage. Von vornherein werden wir sagen, daß der freien Mittlertätigkeit nach zwei Seiten hin absolute Grenzen gesetzt sind: durch die Freiheit des Menschen, dessen Heil in Frage steht, und durch die göttliche Freiheit. Man kann niemanden zu seinem Heil zwingen, und man kann auch für niemanden die Gnade herbeizwingen. Und doch schafft das Zusammenwirken von Gnade und Freiheit so eigentümliche Verhältnisse, daß man versucht ist, von einer absoluten Macht des Mittlers zu sprechen.

Wir betrachten zunächst das mögliche freie Verhalten des Mittlers dem gegenüber, um dessen Heil es ihm zu tun ist. Er kann versuchen, ihn zu bestimmen, daß er sich der Gnade zuwendet. Die freien Akte, die hier in Betracht kommen, sind vornehmlich Akte der Mitteilung über den Heilsweg und alles, was damit zusammenhängt: direkte Mitteilungen oder Nachweis der Quellen, aus denen das *Wissen* um das, was nottut, zu gewinnen ist. Neben diese *belehrende* Tätigkeit, die voraussetzt, daß das Wissen um das Heil das Verlangen danach hervorrufen wird und das Verlangen die freie Entscheidung, kann ein Appell an andere Motive treten; z.B. Bitten, die sich auf die natürliche Liebe des zu Gewinnenden zu dem Mittler stützen, oder Drohungen, die auf seine Furcht rechnen u.s.w. Überall handelt es sich dabei um Versuche, mit Hilfe des keiner Willkür unterworfenen Lebens der Seele die freie Aktivität in der Richtung auf das angestrebte Ziel in Bewegung zu bringen. Auch wo sich die Aktivität des Mittlers unmittelbar an die des andern wendet – die Zuwendung zum Heil als freie Tat der Liebe erbittend oder als Akt des Gehorsams fordernd –, ist die Mitwirkung jener Unterschicht vorausgesetzt.

Gelingt es dem Mittler, sich auf diese Weise den fremden Willen geneigt zu machen, so hat er einen unmittelbaren Konnex zwischen der heilsbedürftigen Seele und der Gnade hergestellt, und damit ist sein Mittleramt erledigt, wenigstens soweit seine Aktivität sich direkt an der fremden Seele betätigen kann. Es bleibt ihm noch ein anderer Weg, und dieser zweite ist der einzige, sofern es ihm nicht gelingt, den fremden Willen auf seine Seite zu ziehen. Ich meine den Appell an die Gnade selbst, das Bemühen, die göttliche Liebestätigkeit als Bundesgenossen zu werben. Die Aktivität, die hier zu entfalten ist, ist die des *Gebets*. Der Gläubige kann sich im Gebet an Gott wenden und von ihm erflehen, daß er seine Gnade einem andern zuteilwerden läßt. Und Gott kann einer Seele zuliebe, die er bei sich aufgenommen hat, eine andere zu sich heranziehen. Auf welchen Wegen, das sahen wir früher. Daß die göttliche Freiheit sich in der

Gebetserhörung dem Willen seiner Auserwählten gleichsam unterwirft, das ist die wunderbarste Tatsache des religiösen Lebens. Warum es so ist, das geht über alles Begreifen.

Die Möglichkeit dieser Mittlerschaft vor Gott hat weitgehende Konsequenzen. Sie ist es, die das Heil zu einer gemeinsamen Angelegenheit aller Menschen macht. Jeder ist für sein eigenes Heil *verantwortlich*, sofern es durch Mitwirkung seiner Freiheit und nicht ohne sie erwirkt werden kann. Und jeder ist zugleich für das Heil aller andern verantwortlich, sofern er die Möglichkeit hat, durch sein Gebet für jeden andern die Gnade zu erflehen. Durch sein Gebet, das seine *freie Tat* ist. Denn in der Sphäre der Freiheit ist die Verantwortung verankert. Für die natürliche Beschaffenheit seiner Seele ist der Mensch nicht verantwortlich. Sie kann mit einem Makel behaftet, sie kann negativ-wertig, *verworfen* sein. Aber das ist nicht ihre *Schuld*. Denn Schuld ist etwas, was nur durch freie Akte in der Welt erzeugt werden kann. Wenn durch die freie Tat einer Person ein negativ-wertiger Sachverhalt in der Welt realisiert worden ist, dann ist eben damit eine Schuld entstanden. Die Schuld verlangt nach Strafe, und die Strafe ist ihrem materialen Gehalt nach ein *Leid*, das über den Schuldigen verhängt wird. Verantwortlichkeit bezeichnet die Fähigkeit, Urheber einer Schuld und damit Objekt der ihr gebührenden Strafe zu sein. Sie ist mit der Freiheit ohne weiteres gegeben.

Das positive Gegenbild von Schuld und Strafe sind Verdienst und Lohn. Auch das Verdienst wird durch einen freien Akt, die Realisierung eines positiv-wertigen Sachverhalts, in die Welt gesetzt, und der Lohn, der ihm gebührt, ist seinem materialen Gehalt nach ein *Glück*, das dem zuteil wird, der sich das Verdienst erworben hat. Die Verantwortlichkeit ist auf die mögliche Urheberschaft von Verdiensten auszudehnen. So wenig für *schlechte Anlagen* dem Menschen eine Schuld zuzusprechen ist, so wenig sind *gute Gaben* sein Verdienst. Er ist weder für das eine noch für das andere verantwortlich. Und ebensowenig für das, was die Gnade ohne sein Zutun in seiner Seele wirkt. Dagegen ist er verantwortlich für alles, was man gegen schlechte Anlagen *tun* kann, und für die Erlangung des Heils, soweit sie im Bereich seiner Freiheit liegt. Jeder Akt, durch den er der Gnade entgegenwirkt, und jede Unterlassung von Akten, die zur Erlangung des Heils notwendig oder möglich sind, kommt auf sein Schuldkonto. Und ebenso alles, wodurch er dem Heil anderer entgegenwirkt, und alles was er für das Heil anderer zu tun unterläßt.

Es ist höchst merkwürdig, wie gerade das, was den Menschen ganz isoliert und ganz auf sich selbst stellt – und das tut die Freiheit –, ihn zugleich unlösbar an alle andern kettet und eine wahre Schicksalsgemeinschaft begründet. Er ist für sein Heil verantwortlich, weil es nicht ohne seine Mitwirkung zu gewinnen ist, und kein anderer kann ihm diese Verantwortung abnehmen. Und zugleich ist er für das Heil aller andern verantwortlich und alle andern für das seine, und auch die Verantwortung kann er keinem andern abnehmen und kein anderer ihm.

Es ist im strengen Sinne des Wortes nicht richtig, von einer *gemeinschaftlichen Verantwortung* zu sprechen. Denn freie Akte sind etwas, was jede Person für sich vollziehen muß und nicht in der Weise mit andern gemeinschaftlich vollziehen kann wie z.B. Stellungnahmen. Und so trägt auch jeder seine Verantwortung, die für sich und die für alle andern, ganz allein. Und doch ist diese *wechselseitige Verantwortung* im höchsten Maße *gemeinschaftbildend*, mehr als alle Erlebnisse, die im echten Sinne gemeinschaftliche sein können. Auf ihr beruht die *Kirche*.

Innerhalb der bestehenden Kirche gibt es Gemeinschaftserlebnisse verschiedenster Art: Andacht, Begeisterung, Werke der Barmherzigkeit usw., aber nicht ihnen verdankt die Kirche ihr Bestehen. Sondern dadurch, daß der einzelne vor Gott steht, vermöge des Gegeneinander und Zueinander von göttlicher und menschlicher Freiheit, ist ihm die Kraft gegeben, für alle da zu stehen, und dieses *Einer für alle und alle für einen* macht die Kirche aus. Daß sie sich auf Grund dieses absoluten Aneinandergewiesenseins zu aktuellen Lebensgemeinschaften zusammenfinden, ist sekundär. Je mehr einer von der göttlichen Liebe erfüllt ist, desto mehr ist er geeignet, die für jeden prinzipiell mögliche Stellvertretung faktisch zu leisten. Denn der freie Akt des Gebets ist echt und wirkungskräftig nur, soweit er auf Liebe gegründet ist, auf Liebe zu Gott, wenn es sich lediglich um den Verkehr der einzelnen Seele mit Gott handelt; im Falle der Fürbitte für einen andern aber außerdem auf der Liebe zu diesem andern, d.h. auf der Liebe des Nächsten in Gott, mit der das Streben nach seinem Heil notwendig verbunden ist. Wo diese lebendige, zur Aktivität treibende Liebe fehlt, da ist der freie Akt nicht faktisch ausgeschlossen, aber er ist dann nur ein Schattenbild des echten heilkräftigen Gebets.

Christus, in dem allein die ganze Fülle der göttlichen Liebe eine leibhaftige Stätte gefunden hat, ist darum faktisch der einzige Stellvertreter *aller* vor Gott und das wahre *Haupt der Gemeinde*, das die *eine* Kirche zusammenhält. Alle andern sind Glieder der Kirche je nachdem, was ihnen an Geist und Gaben zuteilgeworden ist, und gehalten zu leisten, wessen sie vermöge des ihnen verliehenen Pfundes fähig sind. Gerade um der Unvollkommenheit dieser Glieder willen ist keines von ihnen versichert, daß es der helfenden Liebestätigkeit eines andern entraten kann oder die andern der seinen. Und von eben dieser Unvollkommenheit aus versteht es sich, daß neben der universellen Stellvertretung des einen für alle spezielle geistliche Patronatsverhältnisse Sinn haben. Es kann der einzelne innerhalb der einen Kirche speziell die Stellvertretung derer übernehmen, die seine *Nächsten* sind in aktueller Lebensgemeinschaft oder die sich seiner Fürbitte besonders empfohlen haben und die aus dem einen oder andern Grunde seine Liebe wirksamer umfaßt.

In diesen Patronatsverhältnissen spielt außer der allgemeinen Fürbitte um die göttliche Gnade das Verhältnis von Schuld und Strafe, Verdienst und Lohn eine Rolle. An dem Urheber einer Schuld muß die Strafe vollzogen werden, durch die die Schuld *wettgemacht* werden kann. Der Schuldige steht vor Gott, als dem Richter, dem der Vollzug der Strafe ursprünglich zusteht, seiner Strafe gewärtig. Nun besteht bei jedem freien Akt die prinzipielle Möglichkeit, daß ihn *anstelle* der Person, der der Vollzug ursprünglich zusteht, eine andere *in Vertretung* vollzieht. Die Möglichkeit einer Vertretung kann bei dem Schuld-Strafe-Verhältnis an verschiedenen Stellen realisiert sein. Einmal kann der Strafvollzug von dem ursprünglichen Richter einem andern übertragen werden. Darauf brauchen wir hier nicht einzugehen. Die andere personale Stelle, die für eine Vertretung in Betracht kommt, ist die des Schuldigen. Um zu verstehen, daß auch an seine Stelle ein anderer treten kann, müssen wir uns klarmachen, welche Aktivität im *Straferleiden* als solchem liegt.

Wir sahen, daß die Strafe ihrem materialen Gehalt nach in einem Leid besteht; das dem Schuldigen zugefügt wird. Das Leiden allein ist kein freier Akt und demnach zur Vertretung offenbar nicht geeignet. Wohl ist es das *Er*-leiden der Strafe als solcher. Auch das kann noch verschiedenes bedeuten. Ich kann ein Leid, das mich trifft, im Leiden als Strafe für eine begangene Schuld auffassen. Dieses mit dem Leiden verbundene Durchschauen seines Sinnes ist kein freier Akt, dessen Vollzug ich einem andern übertragen kann. Es gibt sodann ein Verhalten dem zugefügten Leid gegenüber: ein Sich-auflehnen dagegen oder ein Es-auf-sich-nehmen, es *willig erleiden*, in unserm Falle *als Strafe* willig erleiden. Dieses Verhalten ist frei, und bei ihm ist eine Vertretung möglich. Damit dies Vertretungsverhältnis Zustandekommen kann, muß der Vertreter die Vertretung in einem freien Akt übernehmen. Er muß sich bereit erklären, die Strafe für den andern zu erleiden. Aber das genügt nicht. Der Richter muß die Stellvertretung genehmigen.

Es ist die Frage, ob auch die Mitwirkung des Schuldigen erforderlich ist. Möglich ist sie jedenfalls. Er kann seine Zustimmung geben. Es kann auch die Initiative bei ihm liegen: wenn erst auf seine Bitte hin der andere die Vertretung übernimmt. In dieser Bitte ist dann die Zustimmung impliziert, und sie brauchte, auch wenn sie prinzipiell zum Zustandekommen einer Vertretung erforderlich wäre, nicht noch nach der Übernahme seitens des andern ausdrücklich ausgesprochen zu werden. Indessen ist diese Zustimmung prinzipiell nicht notwendig. Wenn der Richter bereit ist, den Vertreter als solchen anzunehmen und über ihn die Strafe verhängt hat, so ist die Schuld durchstrichen und der Schuldige ihrer ledig, auch wenn er selbst mit diesem Verfahren nicht einverstanden ist. Er mag sich weiter schuldig fühlen, aus diesem Gefühl heraus freiwillig Leid auf sich nehmen und damit Buße tun – mit seiner Bestrafung hat das nichts zu tun, und er kann sie nicht mehr für sich *einfordern*.

Das Gleiche gilt auch für den Vertreter. Es ist möglich, daß er sich, wie wir es bisher annahmen, selbst zum stellvertretenden Erleiden der Strafe anbietet, mit oder ohne Einverständnis des Schuldigen. Es kann aber auch sein, daß der Richter ihn von sich aus als Vertreter erwählt und ihn anstelle des Schuldigen leiden läßt, ohne sein Anerbieten oder auch nur seine Zustimmung abzuwarten. Gott *kann* die Sünden der Väter heimsuchen an den Kindern, d.h. die Prinzipien des reinen Rechts haben nichts dawider. Notwendig gehört nur dazu, daß dem Vertreter der Sinn des Leids als über ihn als Stellvertreter verhängter Strafe prinzipiell zugänglich ist. Daß es faktisch zu dieser Einsicht kommt, ist nicht erforderlich. Dem Leidenden kann es rätselhaft bleiben, warum ihn dieses Leid getroffen hat, ja er braucht die Frage nach dem Warum nicht einmal zu stellen. Der einzige, dessen Mitwirkung nicht auszuschalten ist, wenn die Vertretung zustandekommen soll, ist der Richter.

Es ist die Frage, ob das aus dem reinen Rechtsverhältnis der Vertretung allein zu verstehen ist, oder ob es an der speziellen Stellung des Richters liegt. Wenn sonst jemand mit einer Vertretung betraut werden, d.h. das Recht und die Pflicht übertragen erhalten soll, im Namen eines andern Subjekt bzw. Objekt von freien Akten zu sein, dann bedarf es dazu eines freien Übereinkommens zwischen den Betroffenen. Die Vertretung kann von einem Dritten – selbst wiederum *im Namen* des zu Vertretenden – nur dann übertragen werden, wenn der Betreffende keiner freien Akte fähig, also etwa unmündig ist. (Die Vormundschaft wird nicht von dem Mündel erteilt.) Der Vertreter kann nicht in derselben Weise ausgeschaltet werden, weil er notwendig eine freier Akte fähige Person sein muß. Nimmt er die Vertretung nicht an, so kommt sie nicht zustande. Und ebenso ist es rechtlich unmöglich, daß jemand die Erfüllung eines Anspruchs von einem andern, als der die Verpflichtung auf sich genommen hat, einfordert und ihn so von sich aus als Vertreter erwählt. Die eigentümlichen Verhältnisse, die wir bei der Vertretung im Falle der Strafe vorfinden, müssen also in Besonderheiten dieses Falls ihren Grund haben.

Diese Besonderheit besteht darin, daß beim Strafen eine Aktivität *notwendig* nur auf Seiten des Richters vorliegt. Für die andern Beteiligten besteht nur die Möglichkeit eines aktiven Anteils und dieser Möglichkeit entsprechend auch ein aktiver Anteil am Zustandekommen des Vertretungsverhältnisses. Dem Richter allein steht die Strafe zu, und es ist zugleich in sein Belieben gestellt, sie zu unterlassen oder abzuändern, z.B. auch an einem andern als dem Schuldigen zu vollziehen. Man kann das eine oder das andere von ihm erflehen, aber niemand hat es rechtlich von ihm zu fordern. Alles dies ist nur von dem göttlichen Richter gesagt. Einen irdischen Richter, auf den es sich ohne weiteres übertragen ließe, gibt es nicht. Soweit es sich um eine *reine* Schuld handelt (nicht nur um eine, die nur auf Grund eines positiven Rechtes Schuld ist), ist jeder irdische Richter – seinem *Sinne* nach, wenn auch nicht immer bewußtermaßen – Stellvertreter des höchsten Richters, dem allein das Strafen ursprünglich zusteht. In welchem Ausmaß und in welchen Formen ihm das Recht zu strafen eingeräumt wird, das ist nicht seine Sache, sondern die des ursprünglichen Richters. Im Falle einer positiv-rechtlichen *Schuld* ist der ursprünglich zuständige Richter der für das betreffende positive Recht verantwortliche Staat. Er selbst und in der Folge die von ihm eingesetzten stellvertretenden Richter stehen in ihrem (subjektiven) Recht zu strafen unter dem von eben diesem Staat gesetzten positiven Recht.

Die dargelegten formalen Verhältnisse bleiben mit gewissen Vorzeichenänderungen bestehen, wenn wir für *Schuld* und *Strafe*, Verdienst und Lohn einsetzen. *Wie ich mich erbieten kann, für einen Schuldigen die Strafe zu erleiden, seine Schuld gleichsam auf mich zu nehmen, so kann ich meine Verdienste einem andern einräumen und zu erlangen suchen, daß ihm der den Verdiensten gebührende Lohn zuteil werde. Ich kann fernerhin jemanden, der im Besitz von Verdiensten ist, dazu bringen, daß er mir etwas von seinen Verdiensten einräumt. Und wiederum ist es möglich, daß der höchste Richter von sich aus mich belohnt für etwas, was ein anderer getan hat oder einen anderen an meiner Stelle.*

Diese Verhältnisse nun spielen hinein in die Zusammenhänge der allgemeinen Stellvertretung vor Gott, die uns beschäftigte. Durch Gott *wohlgefällige* Werke erwirkt man sich Verdienste, denen als *Lohn* die Gnade gebührt. Der Heilige, der aus der Fülle der Liebe heraus *gute Werke* getan und sich einen *Schatz im Himmel* gesammelt hat, kann aus seinem Überfluß andern mitteilen, d.h. auf Grund seiner Verdienste die Gnade für sie erflehen, und es ist sinnvoll, ihn darum anzugehen. Auf der andern Seite gebührt jedem, der vor Gott gesündigt, eine Schuld gegen Gott auf sich geladen hat, als Strafe *Gottes Zorn*, die Entziehung seiner Gnade. Es ist schon Gnade, wenn er statt dessen anderes Leid schickt, auf dessen Grunde man ihn immer wieder finden kann. Wie man seine Verdienste einem andern aufopfern, für ihn vor dem Thron des Richters niederlegen kann, so ist es auch möglich, die Schuld eines andern auf sich zu nehmen, d.h. sich als den anzubieten, den die Strafe treffen soll.

Es ist dabei zu beachten: verdienstvoll ist nur, was nicht um des Lohnes willen geschieht. Man kann mit Gott keine *Geschäfte machen*, weder für sich, noch für einen andern. Gott wohlgefällig kann Gott nur sein, was um seinetwillen geschieht. Und *was* ihm wohlgefällig ist, darüber ist er allein Richter, nicht der, der es tut. Niemand kann sich also vor Gott auf Verdienste berufen, die er sich erworben hat, weil er niemals wissen kann, ob er welche hat. (Für den Heiligen ist es gerade charakteristisch, daß er seine Verdienste nicht sieht.)

Wenn vorhin davon die Rede war, daß man auf Grund seiner Verdienste die Gnade für einen andern erflehen könnte, so darf das nicht dahin gedeutet werden, als könnte man auf seine Verdienste hinweisen und den Lohn dafür einfordern. Es bedeutet nur, daß die *objektiv* vorhandenen Verdienste des Heiligen seine Fürbitte besonders wirksam machen. Ein Hinweis auf eigene Verdienste kann immer nur hypothetisch sein. Und alles dies weist uns darauf hin, daß nicht etwa der Heilige allein, der Zeichen und Wunder getan hat, berufen und ermächtigt ist, Stellvertreter vor Gott zu sein. Auch der Ärmste und von der Sündenlast Niedergebeugte kann und darf vor den Herrn hintreten und für einen andern beten. Einmal, weil der Herr nicht nur *gerecht*, sondern auch *barmherzig* ist. Und dann, weil es ja kein Gott wohlgefälligeres Werk geben kann als ein gläubiges Gebet.

Eben hier liegt der Schlüssel zum Verständnis der Möglichkeit einer Stellvertretung in Schuld und Verdienst. Wenn man nur auf die rein rechtlichen Verhältnisse hinsieht, so bleibt man zunächst betroffen vor dem Faktum stehen, daß sie hier ein Anwendungsgebiet haben. Bedenkt man dagegen, daß jeder die Möglichkeit hat, durch sein Gebet dem andern die Gnade zu erwirken, so erscheint er mitverantwortlich für jeden, der noch nicht im Stande der Gnade ist, und mitschuldig an jeder Schuld, die ein anderer auf sich ladet. Indem er sich zum stellvertretenden Leiden anbietet, sucht er nur gutzumachen, was er zuvor durch sein Versäumnis dem andern gegenüber verschuldet hat. Und der Herr erweist ihm eine Gnade, wenn er ihn zum stellvertretenden Leiden zuläßt und ihm damit die Möglichkeit gibt, etwas gutzumachen. So füllen sich die formalen Rechtsverhältnisse mit einem tiefen religiösen Sinn.

Noch eine ganz neue Verantwortlichkeit des Menschen schließt sich uns von hier aus auf. Wir sprachen früher einmal davon, daß nur für ein freies Wesen der Durchbruch aus der Natur zur Gnade möglich sei. Was unfrei geschaffen ist, das vermag nicht von sich aus das Heil zu suchen und an seiner Erlösung mitzuwirken. Daß es der Erlösung nicht bedarf, ist damit keineswegs gesagt. *Das bange Seufzen der Kreatur harret auf die Offenbarung der Kinder Gottes.* Die dumpf in sich verschlossene und dabei doch ewig unruhig aus sich selbst herausgetriebene Seele des Tiers verlangt nach Geborgenheit, wie sie nur die Gnade geben kann. Aber es kann weder verstehen, was ihm fehlt, noch vermag der dumpfe Drang in ihm zum zielgerichteten Streben und zur befreienden Tat zu werden. Die Rettung muß ihm ganz von außen kommen. Sie kann ihm nur kommen von einem Wesen, das von sich aus einen Zugang zu seiner Seele findet und zu dem er seinerseits eine gewisse Brücke des Verständnisses hat. Der Mensch ist berufen, der Heiland aller Kreatur zu sein. Er kann es, soweit er selbst erlöst ist. Der Heilige versteht die Sprache der Tiere, er versteht sich ihnen verständlich zu machen, und der *Bruder Wolf* unterwirft sich ihm in Gehorsam.

Was erschließt dem Menschen die Seele des Tieres? Er selbst ist von Natur aus ein Tier und in der Einheit der Natur mit allem Geschaffenen verbunden. Der Gesetzlichkeit, die das Spiel der Eindrücke und Reaktionen beherrscht, ist er mitunterworfen. Er kann *spüren*, was in der Seele des Tieres lebt, in derselben Weise wie auch das Tier spürt, was in der Seele des Menschen ist. Er vernimmt das *bange Seufzen der Kreatur* und spürt die dumpfe Angst, die daraus spricht. Zu helfen aber ist er nicht als ein Stück Natur befähigt, sondern als *Kind Gottes*, das über die Natur erhoben ist. Frei aufgerichtet vermag er die Angst als Angst zu erkennen, die im Tier nur im Dunkel lebt. Und soweit er von göttlicher Liebe erfüllt ist, vermag er die angsterfüllte tierische Seele liebend zu umfassen. Sie aber findet in der Anlehnung an den beruhigten Menschen selbst Ruhe.

Ob der freie, aber noch nicht aufgehobene Mensch kraft natürlicher Liebe schon Ähnliches vermag? Offenbar gibt es keine natürliche Verbundenheit mit der Tierwelt wie natürliche Bande zwischen den Menschen, ein wechselseitig sich zueinander Hingezogen-fühlen und eine Art natürlicher *Geborgenheit* im Schutze gewisser Menschen. Aber diese natürliche Geborgenheit ist doch nur eine natürliche Basis für die echte und wahre, so wie die natürliche Liebe eine natürliche Basis für die Liebe in Gott. Im Schutze des ungeborgenen Menschen kann nichts wahrhaft geborgen sein. Aber es kann der *berufene* Schützer in ihm schon gespürt werden, noch ehe er faktisch dazu befähigt ist. Es handelt sich hier wieder um eines jener speziellen Patronatsverhältnisse, die durch die begrenzte Liebesfähigkeit endlicher Personen erforderlich sind und durch ihre natürlichen Anlagen und Lebensbedingungen vorbereitet werden. Sie bedingen *besondere* Verantwortungen innerhalb der universellen Verantwortlichkeit.

Die Verantwortung für die Erlösung der Tierwelt ist keine *Mitverantwortung* wie die für den Mitmenschen. Es besteht hier nicht die prinzipielle Möglichkeit eines unvermittelten Zugangs zur Gnade, und so hängt das Schicksal der unfreien Geschöpfe ganz von der Mittlertätigkeit des Menschen ab.

Es ist die Frage, ob sich diese Verantwortung auch auf die unbeseelte Kreatur ausdehnt. Aus den bisher aufgedeckten Zusammenhängen ist das nicht ersichtlich. Von der metaphysischen Angst ist alles Unbeseelte als solches frei. Wenn eine *Erlösung* bei ihm möglich und dann auch notwendig sein soll, so kann sie nicht denselben Sinn haben wie bei den seelischen Wesen. In den unbeseelten Kreaturen wirkt sich ein ursprünglich darein gelegter Sinn in reiner Gestalt aus: in den belebten durch eine Gestaltung von innen nach außen, in den unbelebten durch eine rein äußere Entfaltung, eine Ausbreitung im Räume und Erfüllung des Raumes.

Die Auswirkung des Schöpfungsgedankens in dieser Welt geht nicht rein und ungehindert vor sich, die Kreaturen sind in ihrer Entfaltung beständig Hemmnissen und Störungen ausgesetzt und sind ihnen gegenüber wehrlos. Gewisse Hilfsmittel sind in die ihnen eigentümliche Struktur gelegt. Es gibt *widerstandfähige* Substanzen, die einen Anprall aushalten oder ihm ausweichen können. Aber wie der *Charakter* eines Menschen seine Beschränktheit zeigt und jeder *Tugend* ein *Fehler* wie ihr Schatten zugehört, so bedeutet auch die eigentümliche Qualifikation materieller Substanzen eine Einschränkung auf bestimmte Wirkungsmöglichkeiten. Gerade die Eigentümlichkeit ihrer Struktur, die sie vor *gewissen* Angriffen sichert, gibt sie anderen preis. (Was nicht ausschließt, daß die eine Substanz, als Ganzes genommen, widerstandsfähiger ist als die andere.) Und überdies: die immanente Widerstandsfähigkeit sichert sie im allgemeinen nur gegen Vernichtung – auch das nur in gewissen Grenzen –, nicht aber gegen eine Abdrängung von ihrer ursprünglichen Seinsrichtung. Gefahren zu vermeiden oder ihnen *von sich aus* zu begegnen, das ist ihnen nicht gegeben, denn dazu bedarf es – mindestens – der Fähigkeit, zu *spüren* und von einem seelischen Inneren her, frei oder triebhaft, zu agieren.

Die unbeseelte Kreatur also vermag nicht *sich* zu bewahren, sondern muß bewahrt *werden*, sie kann nicht aktiv an ihrem Schöpfungsgedanken festhalten, dessen ungehemmte Verkörperung muß ihr von außen sichergestellt werden. Es muß ein *Herr* über die Schöpfung gesetzt sein, ein freies und vernunftbegabtes Wesen. Das Tier kann durch die blinden Reaktionen, deren es fähig ist, wohl *sich* bewahren, aber nichts anderes. Es bedarf einer Einsicht in die Zusammenhänge der Natur über den Umkreis des eigenen Lebens hinaus und einer Voraussicht möglichen Geschehens, um regelnd eingreifen zu können. Es ist nicht im einzelnen Falle notwendig, daß dieses Durchschauen und Vorausschauen die Form rationaler Erkenntnis annimmt. Es gibt ein rationales Erfassen der Zusammenhänge, das als Grundlage für das helfende Eingreifen genügt, und alles rationale Begreifen baut sich darauf auf. Aber die Möglichkeit, ins Licht der Erkenntnis erhoben zu werden, gehört dazu. Und für einen endlichen Geist, der größere Zusammenhänge nicht zu überschauen, sondern nur durch begriffliche Fixierung sich zu eigen machen kann, ist der Weg der Erkenntnis der gegebene.

Die Wirkungszusammenhänge in der Natur fortschreitend rational zu begreifen und damit eine Grundlage zu schaffen für eine Vorausbestimmung künftiger Geschehensmöglichkeiten und ein regelndes Eingreifen, das ist die ursprüngliche Aufgabe der Naturwissenschaft. Die auf die Erkenntnis begründete Beherrschung der Natur ermöglicht es dem Menschen, die Kreaturen bei dem ihnen eingeschriebenen Seinssinne festzuhalten. Die moderne Technik, soweit sie ihre Aufgabe darin sieht, die Natur dem Menschen zu unterwerfen und in den Dienst seiner natürlichen Begierden zu stellen, unbekümmert um den Schöpfungsgedanken und eventuell im schroffsten Gegensatz dazu, stellt den radikalen Abfall von dem ihr ursprünglich vorgezeichneten Dienst dar. Für alles, was in der Natur nicht so ist, wie es sein sollte, ist der Mensch verantwortlich, ihre Entfernung vom Schöpfungsplane ist seine Schuld.

Einsichtig zu machen ist hierbei wieder, daß der Mensch seiner Struktur nach *fähig* ist, eine solche Verantwortung zu tragen. Ob die Schöpfung tatsächlich seiner Obhut und ihr allein anvertraut ist oder ob der Schöpfer selbst noch seine Hand darüber hält und eventuell andere Geister mit einem regelnden Eingreifen betraut hat, das alles sind Faktizitätsfragen, die nicht rational zu ergründen sind.

IV

Was bisher über die Gnade gesagt war, betraf allein innerseelische Wirkungen. Der Mensch war lediglich als geistig-seelisches Wesen genommen, das mit Geist und Seele dem Licht zustreben und in dessen Seele das Licht wahrhaft eingehen kann. Der Leib blieb ganz unberücksichtigt. Dabei darf man nicht stehenbleiben. Daß die menschliche Seele eingesenkt ist in einen körperlichen Leib und rückwärts daran festgebunden, das ist kein gleichgültiges Faktum. Die Möglichkeit ist nicht von der Hand zu weisen und muß geprüft werden, daß hier ein neuer Ansatzpunkt für Gnadenwirkungen und auch für eigene Heilstätigkeit ist. Dabei wird bestehen bleiben, daß die Seele allein im eigentlichen Sinne Wohnstätte des Lichts sein kann, und es wird sich nur darum handeln, ob es vermöge ihrer Gebundenheit an den Leib und der Einflüsse, die von daher kommen, einen neuen Zugang zu ihr gibt. Sich über die Art dieser Gebundenheit und die möglichen Einflüsse klarzuwerden, ist darum die nächste Aufgabe.

Der Leib ist als solcher charakterisiert und von dem puren materiellen Körper, der ihn mitkonstituiert, dadurch abgehoben, daß alle seine Zustände und alles, was ihm widerfährt, gespürt wird oder doch gespürt werden kann. Alles Leibliche hat eine *Innenseite*, wo Leib ist, da ist auch ein inneres Leben. Er ist nicht etwa ein *Körper, der empfindet*, sondern *gehört* als Leib notwendig einem Subjekt zu, das mittels seiner empfindet, dessen äußere Gestaltung er darstellt und das mittels seiner in die äußere Welt gestellt ist und gestaltend einzugreifen vermag, das seine Zustände spürt. Wo kein inneres Leben vorliegt, da ist auch kein Leib, was immer sonst die betreffende Entität mit dem Leibe gemeinsam haben mag. Was die dem Leibe notwendig zugehörige *Innerlichkeit* näher besagt, das lassen wir zunächst unerörtert. Wir stellen nur fest, daß es sich um kein körperliches Innen handelt. Denn soweit der Leib Körper ist, ist er bis in sein Innerstes äußere Gestaltung jenes Innen.

Das Spüren der leiblichen Zustände und Vorgänge hat verschiedene Formen, und dem entsprechen verschiedene Grundhaltungen des Subjekts zu und in seinem Leibe. Man kann Empfindungen an bestimmten oder minder scharf umrissenen Stellen des Leibes haben: Schmerz, Druck oder dgl. Dieses *Haben* kann ein pures An-der-Peripherie-seines-Seins-betroffen werden sein. Darüber hinaus kann sich ein geistiger Blick auf die Empfindungen richten und sie zum Gegenstande machen. Das ist der Fall, wenn man rein menschlich feststellt, daß man da oder dort einen Schmerz hat und eventuell weiter nachforscht, *wo er herkommt* und was dagegen zu tun ist. Es ist auch der Fall, wenn man an dem Schmerz (intentional) *leidet*.

Der Blick kann sich ferner mittels der Empfindungen auf den Leib selbst richten, denn es ist ihre Funktion (phänomenologisch verstanden), den Leib als solchen zur Gegebenheit zu bringen. Der Leib ist in dieser Einstellung ein Gegenstand, auf den man hinsieht, so wie es auch beim Hinblicken auf die Empfindungen der gegenständliche Hintergrund ist, von dem sie sich abheben. Wird man dagegen von und in den Empfindungen betroffen, ohne den geistigen Blick darauf zu richten oder hindurchgehen zu lassen, dann *lebt* man *im Leibe*. Das Subjekt steht ihm nicht gegenüber, sondern ist in ihm versunken, es ist primär leibliches Subjekt, Subjekt der leiblichen Zustände.

Für ein Subjekt ohne seelisch-geistiges Leben ist dieses Versunkensein im Leibe das einzig *Mögliche*; es kann ihm nicht gegenübertreten, und es hat keine tiefere Innerlichkeit, in die es sich zurückziehen könnte. Sein Innenleben beschränkt sich auf das Spüren seiner Leibzustände. Für ein Subjekt dagegen, das Seele und Geist hat, stellt das Spüren der Leibzustände die äußerste Peripherie seines Innenlebens dar; je tiefer es in sich selbst hinabsteigt, desto mehr rückt der Leib von ihm ab. Und umgekehrt: um tiefer in sich selbst hinabsteigen zu können, muß es sich von seinem Leibe so weit als möglich lösen und darf nicht in ihm leben. *So weit als möglich* – die völlige Ablösung stellt den Grenzfall dar. Wenn wir ihn realisiert denken, dann ist das Subjekt unempfindlich geworden gegen alles, was mit dem Leibe geschieht, und hat die Möglichkeit erlangt, ihn zu verlassen. Zwischen diesen beiden Polen, dem völligen Preisgegebensein an den Leib und dem völligen Befreitsein, sind die mannigfachsten Zwischenstufen möglich. Eine Person kann vorzugsweise in geistigen Akten leben und doch an ihrer Peripherie die leiblichen Zustände spüren. Es ist nun zu konstatieren, daß die verschiedenen Schichten des Innenlebens, die peripheren und die zentralen, nicht reinlich getrennt nebeneinander bestehen, sondern daß es eine wechselseitige Beeinflussung gibt. Ein gedanklicher Prozeß und das Betroffenwerden von einem Schmerz können nicht nebeneinander sein, ohne daß der eine Spuren des andern auf zuweisen hätte (sie sind nur eventuell so geringfügig, daß sie sich der Betrachtung entziehen). Entweder lenkt der Schmerz den geistigen Blick auf sich und von dem gedanklichen Thema – ganz oder teilweise – ab. Oder er stört den geistigen Prozeß, indem er ihm die zu seiner Erhaltung nötigen Kräfte mehr oder minder entzieht. Was das für Kräfte sind, davon ist an anderer Stelle ausführlich die Rede gewesen.

Alles innere Leben wird gespeist aus einer Quelle, die wir als *Lebenskraft* bezeichneten. Alles was wir zunächst ohne nähere Begründung unter dem Titel *Innerlichkeit* zusammenfaßten und was sich bereits als sehr mannigfaltig erwies, ist eben durch die Gebundenheit an eine solche Quelle in sich geeint und nach außen abgegrenzt. Wir nennen eine solche in sich geschlossene Monade eine *Psyche* und unterscheiden von ihr die als das Innerste der gesamten Innerlichkeit charakterisierte *Seele*. Durch die Lebenskraft, die alles psychische Geschehen speist, steht alles, was *im Innern* vor sich geht, miteinander in Verbindung. Die Bedeutung des Leibes für die Psyche ist aber noch eine andere als die, daß die *psychische Seite* der leiblichen Zustände etwas von den psychischen Kräften absorbiert. Erst wenn wir die Psyche gefaßt haben, können wir begreifen, was die *Einbettung* des *Innern* in den Leib, das Verwachsensein damit für einen Sinn hat.

Die Lebenskraft verbraucht sich im psychischen Geschehen. Sie müßte fortschreitend – wenn auch nicht in gleichmäßigem Tempo – abnehmen, wenn sie nicht von irgendwoher Zufuhr erhielte und sich daraus erneuerte. Das Auf und Ab der Lebensgefühle, die uns über den jeweiligen Stand der Lebenskraft Aufschluß geben, bekundet uns, daß es neben dem Verbrauch einen Zustrom gibt. Und es gibt Phänomene, die uns auf den Leib als eine der Kraftstationen, aus denen die Psyche ihre Zufuhr bezieht, hinweisen. Die leibliche Frische, die wir im gesamten Leibe spüren (eine *Gemeinempfindung* nennen sie die Psychologen) und die uns von seinem *Wohlbefinden* Kunde gibt, greift auf das Psychische über und bedingt eine Steigerung des gesamten Innenlebens, wofern nicht anderes ihr im Wege steht. Mittels der Lebenskraft erscheint die Psyche recht eigentlich eingesenkt in die Leiblichkeit. Hier ist das Eingangstor für alle Einflüsse hinüber und herüber. Hier auch der Punkt, von dem aus die möglichen Wege zur Befreiung vom Leibe zu finden sind.

Zunächst erscheint es unsinnig, eine solche Befreiung anzustreben, wenn der Leib der Psyche zur Erneuerung ihrer Kräfte nötig ist. Aber einmal ist die Erneuerung der Kräfte nicht *nur* vom Leibe her möglich (was noch näher zu erörtern ist). Und ferner ist die Bindung an den Leib, wie sie im peripherischen Leben vorliegt, keineswegs gleichbedeutend mit einer rationellen Ausnützung seiner Kräfte im Dienste der Psyche. Im Gegenteil, je mehr Raum dem Leibe gegönnt wird, je tiefer das Subjekt in ihm versinkt und in dem Spüren seiner Zustände aufgeht, desto mehr Kräfte verbraucht er für sich selbst und die Psyche schrumpft ein zu einem Annex des Leibes (ein Spezialfall, aus dem der *Epiphänomenalismus* fälschlich ein Prinzip gemacht hat). Der Leib wird aber dann nicht etwa mehr *er selbst*, wenn es ihm gestattet wird, so zu wuchern, sondern er fällt zugleich von sich selbst ab. Er wird mehr und mehr *amorphe Masse*. Denn Gestalt hat er nur, soweit er von innen gestaltet und getragen wird.

Wie weit die Kräfte des Leibes nach innen gelenkt werden, das hängt von dem Subjekt ab, aber nicht von ihm allein. Mitbestimmend ist die rein *körperliche Konstitution*. Nur gewisse Stoffe sind überhaupt tauglich, zum Aufbau eines Leibes zu dienen und als Leib von einem Inneren getragen und gestaltet zu werden. Innerhalb dieser allgemeinen materiellen Basis für psychophysische Entitäten gibt es nun mannigfache Unterschiede. Von der stofflichen Struktur, die ihre *natürliche* materielle Basis ist, hängt es ab, wie sich eine solche Entität zunächst rein *organisch* gliedert, und ferner, welche Kräfte sie für ein inneres Leben bereitzustellen vermag. Sie ist auf ein mehr oder minder weit- und tiefgehendes Innenleben *angelegt*.

Sache der Person ist es, was sie mit diesem natürlichen Fundament ihres Seins, dem sie in weitem Ausmaß frei gegenübersteht, anfängt. An verschiedenen Punkten kann ihre Aktivität ansetzen und durch Fehlgriffe oder Unterlassungen ein Abirren von dem vorgezeichneten Wege verschulden. Die ursprüngliche materielle Konstitution des Leibes muß durch Zufuhr von Aufbaustoffen erhalten werden, wenn seine organischen Funktionen sowie die spezifisch leiblichen – Kraftstation, äußere Gestaltung und handliches Instrument des inneren Lebens zu sein – intakt bleiben sollen. Das Tier erfüllt in blindem Triebe das Gesetz, unter dem es steht. Vom *Instinkt* geleitet findet es, wessen es bedarf. Wo Störungen auftreten, sind sie Folge von natürlichen Mißbildungen oder äußerer Durchbrechungen des *normalen* Lebensganges, niemals eigene Schuld. Der Mensch, dem sein Leib in die Hand gegeben ist, trägt auch die Verantwortung dafür. Wird der Körper vernachlässigt oder falsch behandelt, so zeigen sich Störungen der leiblichen Funktionen, und es besteht zum mindesten die Gefahr, daß in der Folge auch das innere Leben gestört wird. Denn – von anderen Faktoren abgesehen – gilt der Satz, daß die Person um so freier von ihrem Leibe ist, je normaler er funktioniert. Er drängt sich immer erst in den Vordergrund, wenn irgendetwas an ihm nicht in Ordnung ist. Dann besteht die Gefahr, daß er das Subjekt in sich hineinzieht, dann lenkt er mindestens die Aufmerksamkeit auf sich, die psychischen Kräfte lassen nach, und er ist nicht mehr williges Instrument der äußeren Aktionen.

Es würde genügen, sich diese *natürliche* Freiheit vom Leibe und die ihr genau entsprechende Herrschaft über ihn durch hinreichende Sorge für seine Bedürfnisse zu wahren, wenn sein normales Funktionieren ganz und allein in die Hand der Person gelegt wäre, der er gehört. Das ist faktisch nicht der Fall. Es gibt beim Menschen wie beim Tier natürliche Mißbildungen und äußerlich bedingte Schädigungen der Konstitution. Und es kann sein, daß es ihm an den Aufbaustoffen fehlt, deren sein Leib bedarf. In allen diesen Fällen ist er darauf angewiesen, mit einem in seinen Funktionen gestörten, *minderwertigen* Leibe auszukommen. Wenn er nicht von ihm tyrannisiert werden oder in ihm versinken will, dann muß er nach einer andern als der natürlichen Freiheit vom Leibe und Herrschaft über ihn streben. Ein Weg dazu ist die *Askese*. Ihr Ziel ist es, den Leib völlig in die Hand zu bekommen, alles was in ihm geschieht, unter die Herrschaft des Willens zu bringen. Es muß auf der einen Seite die größtmögliche Sensibilität erreicht werden, die alles *normalerweise* unbemerkt und unwillkürlich Vorsichgehende spürbar und lenkbar macht. Andererseits die Fähigkeit zu absoluter Empfindungslosigkeit, die es ermöglicht, die Tür zum Leibe nach Belieben zu schließen und von ihm gänzlich unbehelligt zu bleiben. Beides ist auf dem Wege der Konzentration und Übung zu erreichen. Wie, das brauchen wir hier nicht näher zu erörtern.

Das Erringen der vollkommenen Freiheit ist selbst ein Werk der Freiheit. Allerdings wohl nicht der Freiheit allein. Wir sahen früher daß alle Aktivität sich auf ein anders geartetes Fundament stützt. Woher mag der Wille die Kräfte nehmen, die zu so ungeheurer Anspannung und Leistung erforderlich sind? Daß die natürlichen Kräfte dazu hinreichen sollten, erscheint ausgeschlossen. Es handelt sich ja gerade darum, sich von diesen natürlichen Kräften unabhängig zu machen, das geistige Leben für Fälle, in denen sie versagen, sicherzustellen.

Es gibt eine Möglichkeit, die psychischen Kräfte zu erneuern, wenn sie infolge leiblicher Erschöpfung versagen, ohne daß am Zustande des Leibes etwas geändert wird. Aus der geistigen Welt, mit der die *Seele* in Berührung steht, strömen ihr unmittelbar Kräfte zu, und in sich selbst hat sie einen ursprünglichen Quell, der es ihr möglich macht, unabhängig von der Konstitution des Leibes und seinen wechselnden Zuständen sich zu öffnen und geistig aktiv zu sein und sich *aus* dem Geiste zu regenerieren. Der *ursprüngliche* Quell ist eine Gabe, mit der sie ausgestattet ist, analog der materiellen Konstitution. Er ist, ebenso wie die Kräfte, die die Psyche der Einsenkung in den Leib verdankt, nicht unerschöpflich. Unerschöpflich aber sind die Zuströme, die sie erfahren kann. In welchem Maße es der Fall ist, das ist Sache ihrer Freiheit, und ebenso, was sie mit ihrer ursprünglichen Ausstattung anfängt. Es ist möglich, daß sie sich in einer unfruchtbaren Aktivität verzehrt, z.B. in einer aktiven Hingabe an den Leib und das sinnliche Leben, im Erleiden und Genießen dessen, was von daher kommt, in der Sorge darum und dafür. Sie verbraucht sich dann, ohne sich zu erneuern, weil sie gar nicht ihren Blick dahin wendet, woher ihr Hilfe kommen kann: zu den geistigen Werten aller Art, personalen und sachlichen, und vor allem zum Quell des Lichts selbst. Die Sorge für den Leib kann dann zunächst zur Folge haben, daß seine Kräfte intakt bleiben. Aber sie kommen nicht dem inneren Leben zugute, denn das Versagen des inneren Kraftquells führt zur *Vermaterialisierung* von Seele und Leib.

Auf der andern Seite kann der Wille die Hand auf alle der Psyche ursprünglich zu Gebote stehenden Kräfte legen – die vom Leibe wie die von der Seele her kommenden –, um auf sie gestützt den Leib seiner Herrschaft zu unterwerfen. Wenn sie das tut, ohne sich den Anschluß an die geistigen Kraftquellen zu sichern, so kann das Ergebnis der Askese nur *Abtötung* sein und nichts weiter. Leib und Seele werden davon aufgezehrt. Die Tyrannei des Leibes wird gebrochen, aber es wird nichts dafür gewonnen. Die Befreiung aus eigener Kraft, das sahen wir schon früher, führt zur völligen Entleerung.

Die Befreiung vom Leibe durch Askese ist nur dann sinnvoll, wenn sie nicht Selbstzweck ist, sondern geschieht, um das Leben der Seele unabhängig zu machen. Sie darf nicht in der konzentrierten Willensleistung aufgehen, sondern muß ihren Blick auf die geistigen Sphären heften, in denen sie wahrhaft leben und aus denen sie sich erneuern kann. So vermag nur die Mitwirkung der Gnade den Weg der Askese zu einem *Heils* wege zu gestalten.

Die Askese knüpft rein an die vom Standpunkt des Heils gesehenen negativen Seite des Verhältnisses von Seele und Leib an, die Bindung, die das Leben der Seele stört, und sucht diese Bindung zu lösen, sei es auch auf Kosten positiver Werte, deren Träger der Leib ist. Sie opfert Gesundheit und Schönheit des Leibes und auch die *natürliche* Freiheit, die er gewähren kann, um ihn ganz in die Hand zu bekommen. Es ist die Frage, ob das der einzig mögliche Weg ist, um die Freiheit zu erlangen. Sicher ist es der einzige, den der Mensch *von sich aus* zu gehen vermag. Aber wir sahen bei der Betrachtung des rein und unvermittelt in der Seele ansetzenden Erlösungswerks, wie weit die Gnade dem Menschen entgegenkommen kann, und es ist nicht von der Hand zu weisen, daß auch hier wiederum der Gnade noch ganz andere Wege zur Verfügung stehen.

Je mehr die Seele vom Geist des Lichts erfüllt ist, desto mehr entschwindet ihr alles andere, die ganze irdische Welt und auch der eigene Leib, der dahin gehört. Diese Ablösung kann in der *Verzückung* bis zur völligen Empfindungslosigkeit und Entrücktheit gesteigert sein. Das ist eine rein von innen nach außen gehende Gnadenwirkung, und von eigener Aktivität ist nichts dabei als die Hingabe an die Gnade. Ja sie kann sich sogar vollziehen, wenn die Seele sich dagegen sträubt. Dieser Widerstand ist allerdings nicht als Widerstand gegen die Gnade als solche, sondern nur gegen die spezielle Gnadenwirkung aufzufassen. Die immanente Zuwendung zum Reich des Lichts darf nicht fehlen.

Aber die Ablösung ist nicht die einzig mögliche Gnadenwirkung, die sich auf den Leib erstreckt. Er ist nicht bloß das *Gefängnis* der Seele, das sie bindet und fesselt und am Aufstieg hemmt. Das ist nur der *verdorbene* Leib, nicht aber der seinen ursprünglichen Sinn erfüllende. Er ist – auch in seiner Verderbtheit, aber um so reiner, je mehr er seinem ursprünglichen Sinn entspricht – der *Spiegel* der Seele, auf dem sich ihr ganzes inneres Leben abmalt, mittels dessen sie in das Reich der Sichtbarkeit eintritt. Je weniger die Seele sich ihm hingibt, desto mehr nimmt er ihre Gestalt an. Und mit ihr kann er selbst *verklärt* werden, das Licht, das sie erfüllt, kann durch ihn hindurch und aus ihm hervorstrahlen. Das ist eine Heiligung des Leibes von der Seele her.

Sollte nicht auch der umgekehrte Weg möglich sein? Eine Heiligung, die unmittelbar am Leibe ansetzt und von dort aus an die Seele herankommt? Wir sahen, daß der Leib in seiner *ursprünglichen* Verfassung das materielle Fundament ist, von dem das psychische Leben getragen wird und das in dieser ursprünglichen Verfassung trägt, ohne zu binden. Nur wenn er verdorben ist, *von Natur aus* oder im Verlauf des irdischen Lebens, bindet er. Was verdorben ist, das kann die Gnade *heilen*: den Leib wie die Seele. Wie die Seele in der Berührung mit dem Licht erfüllt wird und alles aus ihr schwindet, was dem Licht widerstrebt, so macht die äußere Berührung mit geheiligten Stoffen die verdorbenen Stoffe heil. Darum ist das Heilige immer zugleich Arzt. Kein *natürlicher* Arzt, der die natürliche Zusammensetzung der Stoffe kennt und die Naturgesetze, nach denen sie ineinander überzuführen sind, und in diesen Grenzen und ferner beschränkt durch das, was ihm jeweils an Naturgegebenem zur Verfügung steht, Mittel hat, um die ursprüngliche Konstitution wiederherzustellen. Sondern als einer, der das, was er berührt, in seinesgleichen verwandeln kann. Nach Art eines mechanischen Geschehens ist dieser Vorgang nicht zu denken. Es ist eine reine Gnadenwirkung, ein *Wunder*, d.h. ein Geschehen, in dem Gottes Willen unmittelbar wirksam ist. Es besteht kein *Gesetz*, wonach in jedem Falle, wo ein geheiligter Körper einen andern berührt, dieser verwandelt werden müßte. Aber es *kann* in jedem Fall einer solchen Berührung diese Wirkung eintreten.

Es kann geschehen, wenn der Heilige im Vertrauen auf die Hilfe von oben seine Hand auf den Kranken legt, auch wenn der Kranke nicht glaubt. Es kann auch geschehen, wenn der Kranke gläubig den Mantel des Heiligen berührt, selbst ohne dessen Wissen und Wollen. Und es kann auch geschehen, wenn von keiner Seite das Wunder gläubig erhofft und erbeten wird, als reine Offenbarung der Heiligkeit.

Alles das waren Gnadenwirkungen, die allein den Leib betrafen (oder auch einen puren materiellen Körper) und ihn noch nicht benützten, um durch ihn an die Seele heranzukommen. Aber auch diese Möglichkeit wird jetzt verständlich. Ein geheiligter Leib beschwert die Seele nicht. Er ist die ihr bereitete Wohnstätte, die ihr ein freies und heiliges Leben ermöglicht. Hier haben die *Sakramente* ihre Stelle. Gemäß den Feststellungen des Tridentiner Konzils ist das Sakrament *res sensibus subjecta, quae ex Dei institutione sanctitatis et justitiae tum significandae tum efficiendae vim habet.* Als sichtbare Zeichen der göttlichen Gnade kommen sie hier nicht in Betracht. Uns beschäftigt hier allein die Frage, ob und in welcher Weise sie befähigt sind, Heiligkeit und Gerechtigkeit zu bewirken.

Wäre der Mensch ein rein geistiges Wesen, so käme kein anderer als der rein innerliche Weg der Erlösung für ihn in Frage. Seine leibliche Konstitution, die – in ihrer Verderbnis – ihn am geistigen Aufschwung hindert, macht es auf der andern Seite möglich, ihm mit andern Gnadenmitteln zu Hilfe zu kommen. Er bedarf der Nahrung, um seinen Leib zu erhalten. Und nun besteht die Möglichkeit, ihm neben der irdischen Kost, die heilsam, aber auch verderblich sein kann, eine Speise zu reichen, die ihm zum Heile gereichen muß. Wer den Leib des Herrn in sich aufnimmt, dessen Leib ist selbst geheiligt. Freilich vermag diese Gnadenwirkung zur Seele nur vorzudringen, wenn die Seele der Gnade geöffnet ist. Ist das nicht der Fall, so bleibt der Empfang des Abendmahls für die Seele wirkungslos: sie nimmt den Herrn nicht in sich auf und kann darum nicht geheiligt werden. Dagegen müßten sich seelische Heilwirkungen auch zeigen, wenn ein Mensch, der nach dem Heil verlangt, das Abendmahl empfängt, ohne an seine sakramentale Wirkung zu glauben oder ohne darum zu wissen. Sie müßte sich zeigen als eine Lockerung der Bande, die die Seele am Aufschwung hindern. Der Aufschwung selbst, wofern er eintritt, wäre nicht mehr sakramentale, sondern innere Gnadenwirkung. Auch dort, wo das Sakrament gläubig entgegengenommen wird und die Seele sich unmittelbar erhoben fühlt, liegt eine doppelte Gnadenwirkung vor.

Die Wirkung des Sakraments ist dabei nicht so gedacht, als müßte, wie bei der wunderbaren Heilung, die ursprüngliche materielle Konstitution wiederhergestellt werden, also etwa jede Krankheit beseitigt. Was hergestellt werden soll, ist das ursprüngliche Verhältnis von Seele und Leib, der Leib soll an die ihm gebührende Stelle rücken, und das ist auch möglich, ohne daß er von seinen Gebrechen befreit wird.

Die Bedeutung der Sakramente ist hier natürlich nur von einer ganz speziellen Seite her beleuchtet, und es scheint, daß keineswegs auf alle Anwendung finden kann, was hier an einem Beispiel gezeigt wurde. Allgemein gefaßt dürfte man aber wohl sagen, daß die Sakramente durchweg an der psychophysischen Organisation des Menschen orientiert und von da aus zu verstehen sind. *Vita spiritualis conformitatem aliquam habet ad vitam corporalem*, sagt Thomas von Aquino, wobei aber unter *vita corporalis* das gesamte natürliche Menschenleben zu verstehen ist. Schon daß des Herren Wille sich im Wort verlautbarte und daß *das Wort Fleisch wurde*, ist nicht vom Geist her zu begreifen, sondern nur als Anpassung an die natürliche Beschaffenheit der Geschöpfe, denen er sich vernehmlich machen will. Die sinnliche Gegebenheit ist die der menschlichen Natur angemessene, und so kann auch das Geistige am leichtesten an ihn herankommen, wenn es in die Sichtbarkeit hinaustritt. Durch Wort und Zeichen wendet sich die Gnade mittels der Sinnlichkeit an den Geist des Menschen, um auf geistigem Wege in die Seele vorzudringen. Und so richtete sie sich auch mit ihren realen Wirkungen nach den Bedingungen seiner Organisation. Buße und Sündenvergebung erscheinen als ein so spiritueller Vorgang, daß für eine sakramentale Wirkung gar kein Raum zu sein scheint. Die Seele, die vom Licht der Gnade erhellt wird und sich in diesem Lichte sieht, muß gewahren, was böse an ihr war und ist und von Abscheu dagegen erfüllt werden und es ausstoßen. Und indem sie es ausstößt, wird sie frei davon, es wird ihr vergeben.

So *könnte* es prinzipiell sein. Aber faktisch ist es kein so reibungsloser Vorgang, kein rein geistig-seelisches Geschehen, sondern zugleich ein *psychisches* und den Gesetzen der psychischen Realität unterworfen. Schon die *Sünde* bekommt ein ganz anderes Gesicht, wenn man die psychischen Gesetze mit in Betracht zieht als wenn man rein auf das Seelische hinblickt. Ihrem reinen Wesen nach ist sie eine Befleckung der Seele, die eintritt, wenn der Mensch eine Schuld gegen Gott auf sich ladet. Man kann sagen, daß jede Schuld eine Schuld gegen Gott in sich enthält und jeder moralische Fehltritt darum zugleich eine Sünde ist. Pure Sünde liegt vor, wenn ich mich gegen Gott selbst wende, sein Gebot als solches übertrete, mich gegen seine sichtbar dargebotene Gnade verschließe. Tue ich etwas, nicht *weil*, sondern *trotzdem* es gegen Gottes Gebot ist oder ohne daß mir Gottes Gebot überhaupt vor Augen steht, so ist von dem Sündenquale ein Gehalt abhebbar, der rein ethischer und rechtlicher Beurteilung unterliegt.

Die Sünde ist nicht anders als durch den Gegensatz zu Gott zu fassen. Sündhaft ist die Seele, die sich gegen Gott auflehnt, und auch die, die in Gottferne und im Widerspruch mit seinem Geist lebt, ohne es zu wissen. Und wie Entfernung und Gegensatz zu Gott die Sünde ausmachen, so kann sie nur durch Annäherung und Vereinigung beseitigt werden. Wenn aller Schaden gutgemacht ist, den ich einem andern zugefügt habe, und wenn ich die meiner Schuld gebührende Strafe erlitten habe, ist doch an der Sünde nichts geändert. Um von der Sünde frei zu werden, gibt es keinen andern Weg als sich direkt mit Gott auszusöhnen. Man muß zunächst einmal erkennen, daß man, abgesehen von allem andern, gegen Gott gefehlt hat, man muß sich davon durchdringen lassen, was es heißt, im Gegensatz zu Gott zu stehen, und sich ihm in völliger Aufgabe seiner selbst unterwerfen, damit man von ihm Vergebung erlangen kann.

Das ist der Tatbestand der Sünde und Sündenvergebung *ohne* Berücksichtigung der psychischen Organisation. Das Durchdrungenwerden von der Erkenntnis der eigenen Sündhaftigkeit und das daraus entspringende aktive Sich-geben-die-Sünde-wenden (gegen die sündhafte Natur wie gegen die spezielle Befleckung durch ein *peccatum actuale*) ist die *Reue*, die gleichfalls noch rein seelisch zu verstehen ist und ohne die keine Sündenvergebung gedacht werden kann.

Nun muß man sich klarmachen, welche Konsequenzen die Sünde in einem psychischen Subjekt gemäß den Gesetzlichkeiten seiner Struktur haben muß. Es gibt im Psychischen etwas, was man als *Trägheit* bezeichnen könnte und was der Trägheit in der materiellen Natur entspricht. Jedes aktuelle psychische Geschehen *disponiert* die Psyche zu einer bestimmten Reaktionsweise. Wenn ich z.B. durch die Handlung eines anderen in Zorn versetzt worden bin – in einer ganz vernunftgemäßen Motivation, nehmen wir an –, so entsteht in mir eine Disposition, so zu reagieren, und sie verfestigt sich, je öfter sie in Funktion tritt; bzw. je öfter sich eine solche Reaktion wiederholt, desto mehr pflegt darin das *Gewohnheitsmäßige* das ursprünglich Motivierte zu überwiegen. Diese Dispositionen (zu denen wohl vererbte *Anlagen* ebenso gehören wie erworbene Eigenschaften) *determinieren* das psychische Geschehen fast wie Naturgesetze. *Fast*, denn es bleibt ihnen gegenüber die Freiheit der Person bestehen. Sie *kann* prinzipiell immer sich gegen die *Macht der Gewohnheit* auflehnen und auf ihre Freiheit und die ursprünglichen Motivationen zurückgreifen.

Wenn der Mensch seiner Geistigkeit nach dahin tendiert, der natürlichen Vernunft gemäß zu reagieren, so verfestigt sich seiner psychischen Struktur nach diese Tendenz zu bleibenden Dispositionen. Und ebenso wird ihm das Böse, wenn er sich einmal damit einläßt, *zur Gewohnheit*. Und wenn schon die Reue in ihm wirksam ist und sein *Geist willig*, so vermag die schlechte Gewohnheit zu bewirken, daß er wieder und wieder das Böse tut, von dem er sich innerlich abgekehrt hat. Und so muß eine eigene Aktivität entfaltet werden, um das Böse auch *dem Fleische nach* auszurotten. Hier hat die *Buße* ihre Stelle. Sie hat die Funktion, dem Sünder die Abkehr vom Bösen und die Hinwendung zum Guten *in Fleisch und Blut übergehen* zu lassen. Jeder speziellen sündhaften Neigung muß eine eigene Bußaktion angepaßt werden, um den Menschen davon zu entwöhnen und eine entgegengesetzte Disposition anzubahnen.

Auch für die Askese erwächst hier eine neue Aufgabe. Nämlich die Seele nicht nur von der Tyrannei des Leibes zu befreien, sondern ebenso die Herrschaft der psychischen Struktur zu brechen und damit erst die Person sich wahrhaft sich selbst in die Hand zu geben. Und es wird hier aufs Neue deutlich, wie der Ort der Freiheit, auf den man zurückgreifen muß, um diese Freiheit zu brechen, zugleich der Punkt ist, mit dem die Seele in der Höhe verankert werden kann.

Das *Sakrament* der Buße ist die der freien Bußtätigkeit entgegen- und eventuell zuvorkommende Gnadenwirkung. Das Wort des Herrn, das von der Sünde losspricht, vermag eine den psychischen Mächten entgegenwirkende Kraft in die Seele zu senken. Und wie weit außerdem eine freie Aktion erforderlich ist, eine Buß *handlung* über die innere Buß *fertigkeit* hinaus, die unerläßlich ist, das ist Seine Sache. Niemand vermag sich durch frei gewählte Bußhandlungen selbst zu erlösen. Alle Bußhandlungen sind notwendig durch den Willen Gottes geleitete Handlungen, Werke des Gehorsams. Die Mitwirkung der Freiheit besteht hierbei ebenso wie bei dem rein seelischen Empfang der Gnade in der Unterwerfung, in der Preisgabe ihrer selbst.

Es ist für unser Problem nicht erforderlich, alle Sakramente einzeln durchzugehen. Es kommt nur darauf an zu verstehen, welche *mögliche* Bedeutung ihnen innerhalb des Erlösungswerkes zukommt. Wir haben zu zeigen gesucht, wo innerhalb der Struktur der menschlichen Persönlichkeit die Stellen sind, die ein Angreifen der Gnade durch Vermittlung von Sakramenten sinnvoll erscheinen lassen. Damit ist nicht gesagt, daß sie unerläßlich zur Erlösung sind. Die Gnade *kann* sich ihrer bedienen, aber sie ist nicht daran gebunden. Prinzipiell kann sie auch allein auf dem Weg, den wir den inneren nannten, ihr Ziel erreichen. Zwischen beiden Wegen zu wählen, ist lediglich Gottes Sache und nicht Sache des Menschen. Wenn es Sakramente gibt, was wiederum eine faktische Frage ist und nicht prinzipiell zu entscheiden, so hat der Mensch nicht das Recht, sie abzulehnen. Die Gnade kann ihm auf dem Wege der inneren Erleuchtung zuteil werden, aber es wäre sündhafter Hochmut, auf diesem Wege zu bestehen und den andern von sich zu weisen. Er kann über seine Natur erhoben werden, aber sich nicht aus eigener Kraft darüber erheben.

Ähnlich verhält es sich mit der Frage, in welcher Form die Sakramente dem Menschen dargeboten werden können. Es ist nicht als prinzipielle Notwendigkeit einzusehen, daß es eine objektive Anstalt geben muß, der ihre Verwaltung anvertraut ist. Es wäre denkbar, daß sich dem Gläubigen unter der Hand das tägliche Brot in den Leib des Herrn verwandelte. Es wäre auch denkbar, daß er auf dem Wege der inneren Erleuchtung darüber belehrt würde, was ihm als Buße auferlegt ist, und daß ihm ebenso die Lossprechung von der Sünde unmittelbar offenbart würde. Auf der andern Seite besteht die Möglichkeit, daß eine objektive Anstalt damit betraut ist, die Gnade des Herrn in äußerer Gestalt sichtbar zu verkörpern, Sein Wort zu bewahren und zu verkünden, die von Ihm gewählten Gnadenmittel zu verwalten und auszuteilen. Daß der Dienst in dieser Anstalt, die Auswahl derer, die berufen sind, das Wort zu verkünden und die Sakramente auszuteilen, selbst an ein Sakrament gebunden ist, ist durchaus ihrem Sinn entsprechend. Und die ganze Institution der äußeren Kirche ist gemäß jener Anpassung an die sinnliche Natur des Menschen, aus der heraus uns die Sakramente verständlich wurden. Die Idee der Kirche, des Altarssakraments und des Abendmahls gehören ganz eng zusammen miteinander und mit der Menschwerdung Christi: die Gottheit hat in Christus äußere Gestalt angenommen, um *für alle Zeit* unter den Menschen sichtbar zu wohnen. Im Altarssakrament ist er leibhaft gegenwärtig und durch das Abendmahl wird jeder, der es empfängt, in seinen Leib umgestaltet, sodaß die in der Kirche vereinte Gemeinschaft der Gläubigen im allerwörtlichsten Sinne den Leib Christi darstellt.

Wenn der Herr diesen Weg gewählt hat, so ist es wiederum nicht Sache des Menschen, ihn anzunehmen oder abzulehnen. Der Herr *kann* eine Gnade auch denen verleihen, die außerhalb der Kirche stehen. Aber kein Mensch hat das als sein Recht zu fordern, und keiner darf sich selbst mit Berufung auf diese Möglichkeit willentlich aus der Kirche ausschließen.

V

Ob es eine äußere Kirche und Sakramente als göttliche Institutionen gibt, das ist, wie schon betont, eine rein faktische Frage und die Antwort darauf kann nur der *Glaube* geben. Darum müssen wir weiterfragen, was der Glaube ist, und von daher wird auch auf die Gnade wieder neues Licht fallen.

Es gilt zunächst, den *religiösen* Glauben (*fides*) abzugrenzen von allem, was in außerreligiösem Sinne *Glauben* genannt wird. Das deutsche Wort ist überaus vieldeutig. Man bezeichnet damit erstens das Für-wahr-nehmen oder das Für-wirklich-nehmen eines Seienden, die Gewißheit, die der Erfassung eines *realiter* oder *idealiter* Existierenden und ebenso dem Wissen darum innewohnt. Der *belief* kann geradezu als Korrelat der Existenz bezeichnet werden. Wie Realität nicht für sich bestehen kann, sondern nur als Seinsform eines sich materialiter explizierenden Gehalts und ebenso jede andere Art des Seins, so haftet dem Bewußthaben eines realiter oder idealiter Existierenden ein speziell auf eben die Existenz bezogenes Moment an, das gleichfalls nicht für sich bestehen kann, sondern nur an gewissen Akten als ein sie konstituierendes Moment. Wir bezeichnen es als *Gewißheit* oder – mit dem eingeführten terminus – als *belief*. Die Akte, an denen es auftreten kann und zu deren Aufbau es konstitutiv gehört, sind mannigfacher Art. Sie differenzieren sich einmal nach der Art der Gegenstände, in und mit denen die Existenz zur Erfassung kommt: ob es reale oder ideale *äußere* oder *innere* sind usw. Ferner danach, ob die Gegenstände mit ihrer Existenz *ursprünglich* zur Gegebenheit kommen oder nicht. Das belief-Moment haftet der ursprünglichen Erfassung eines Gegenstandes ebenso an wie dem *Im-Bewußtsein-haben*, das sich darauf aufbaut, also etwa der Wahrnehmung eines Realen ebenso wie der Erinnerung daran, der Erkenntnis eines Sachverhalts wie dem Wissen darum.

Zweitens, indem wir die *Sachverhalte* als ein spezielles Gegenstandsgebiet heranziehen, werden wir auf *Glauben* in einem zweiten Sinn geführt. Wir haben das Recht, die Sachverhalte als *Gegenstände* im allerweitesten formalen Sinn des Wortes zu nehmen, d.h. als etwas, was Korrelat eines Aktes oder, logisch gefaßt, Subjekt einer Prädikation sein kann. Andererseits sind sie Gegenstände *aus zweiter Hand*, sie setzen Gegenstände in einem engeren und doch ebenfalls noch ganz formalen Sinne voraus. Die primären, die *eigentlichen* Gegenstände, sind Korrelat eines schlichten Aktes und setzen nichts voraus. Die Sachverhalte sind Korrelate eines Aktes, der andere Akte, und schließlich einen schlichten, voraussetzt. Der *Erkenntnis* des Sachverhalts, der unmittelbaren, die wir Einsicht, und der mittelbaren, die wir Schließen nennen, wohnt das belief-Moment inne, und ebenso dem *Wissen*, das aus der Erkenntnis resultieren, ihr in gewissen Fällen aber auch vorausgehen kann.

Außer dem Erkennen und Wissen gibt es aber den Sachverhalten gegenüber noch eine andere intellektuelle Haltung, eine *Stellungnahme*, in der sich das belief-Moment so zu sagen losgelöst und selbständig gemacht hat: das ist die *Überzeugung*. Ich bin überzeugt davon, *daß A b ist*. Das besagt etwas ganz anderes, als wenn ich das B-sein von A erkenne. Im Erkennen ruht der Blick auf A und seinem B-sein. In der Überzeugung, und ebenso in der darauf gestützten Behauptung, ist es das *Bestehen* des Sachverhalts, das fixiert wird. In allem Operieren mit Sachverhalten, im Behaupten, im Schließen, im Beweisen, verabsolutiert sich das formale Seinsmoment, und dem entspricht auf Subjektseite das formale belief-Moment, die Überzeugung. Sie ist nur Sachverhalten gegenüber, genauer gesprochen: ihrem Bestehen gegenüber, möglich. Einem primären Gegenstand gegenüber nicht. Denn von einem realen oder idealen Gegenstande seine Existenz loslösen und sie für sich ins Auge fassen, das heißt nichts anderes als ihn sachverhaltsmäßig explizieren. Der objektive Niederschlag der Überzeugung ist der *Satz*, in dem das Bestehen des Sachverhalts behauptet wird. Dem Bestehen des Sachverhalts entspricht die *Wahrheit* des Satzes, und die Überzeugung vom Bestehen des Sachverhalts ist implicite Überzeugung von der Wahrheit des Satzes.

Drittens sind dem belief-Moment eine Reihe anderer Momente an die Seite zu stellen, und ganz entsprechend der Überzeugung eine Reihe anderer intellektueller Stellungnahmen: Vermutung, Zweifel, Frage etc. Unter diesen *Modifikationen* der Gewißheit und Überzeugung gibt es eine, die man wiederum als *Glauben* zu bezeichnen pflegt. „Ich glaube, daß etwas so und so ist, aber ich weiß es nicht". Dieses Glauben, das man dem Wissen entgegenstellt, ist natürlich von belief und Überzeugung scharf unterschieden. Es ist in sich noch nicht eindeutig: man versteht einmal darunter etwas, der Vermutung Nahestehendes, wir wollen es *opinio* nennen; es *kommt mir so vor*, als ob A b wäre, es könnte aber schließlich auch anders sein. Bei der Vermutung sagt man das im Hinblick auf Gründe und Gegengründe. Bei der opinio spricht gar nichts dagegen, aber sie kommt aus einer gewissen skeptischen Geisteshaltung heraus, der die leere Möglichkeit des Anderssein immer gegenwärtig ist. Ebensowenig wie die Gegengründe sind der opinio allerdings auch die Gründe, die für sie sprechen, präsent.

Viertens: Das hat sie gemein mit der δόξα, dem *blinden* Glauben, der ebenfalls dem Wissen gegenübersteht. Hier spielen aber Gründe und Gegengründe auch als leere Möglichkeiten keine Rolle, und damit steht es im Zusammenhang, daß der δόξα im Gegensatz zu dem Schwankenden der opinio eine innere Festigkeit eigen ist, die sie der Überzeugung an die Seite stellt. Man könnte sie geradezu mit zur Überzeugung rechnen, müßte aber dann innerhalb der Überzeugung die blinde von der sehenden unterscheiden.

Es gibt unter diesen verschiedenen Bedeutungen des Glaubens keine, die nicht mit dem religiösen verwechselt würde. Auch hier handelt es sich nicht um einen einfachen Tatbestand, und das erschwert die Abscheidung. Wir suchen uns zunächst über den Grundakt klarzuwerden. Wir nennen ihn *fides*. Wir halten als Erstes fest, daß es ein eigener *Akt* ist, kein bloßer Aktcharakter, wie der belief. Von der Überzeugung und ihren Modifikationen wiederum unterscheidet er sich dadurch, daß sein Korrelat kein Sachverhalt ist, sondern ein primärer Gegenstand, und er selbst, was damit zusammenhängt, kein fundierter, sondern ein schlichter Akt. Und von allem, was bisher erörtert wurde, hebt er sich davon ab, daß er kein rein theoretischer Akt ist. Es wird nicht bloß etwas erfaßt und für wirklich gehalten – in einer Fernstellung, als ginge es mich nichts an, wie es in der theoretischen Einstellung ist–, sondern das, was ich erfasse, dringt, *indem* ich es erfasse, in mich ein; es ergreift mich in meinem personalen Zentrum, und ich halte mich daran fest. Das *indem* ist im strengsten Sinne zu nehmen. Es gibt hier kein *erst* und *dann*. Weder zeitlich noch sachlich. Was wir nacheinander nennen und analysierend herausheben, das ist in einem unteilbaren Akte vereint, kein Moment früher als das andere, keins ohne die andern möglich. Je tiefer ich ergriffen werde, desto fester klammere ich mich an, desto mehr erfasse ich auch. Und all das kann auch umgekehrt werden. Alles, was sonst getrennt, eventuell auseinander motiviert auftritt, ist hier zu einem Akt verschmolzen: Erkenntnis, Liebe, Tat.

Erkenntnis ist allerdings nicht in dem Sinne zu nehmen, wie wir sonst davon sprechen. Es wird im Akt des Glaubens der Gegenstand des Glaubens nicht als so und so seiend erkannt bzw. nicht erkannt, *daß* er so und so ist. Es ist nur *aus* dem Glauben eine solche Erkenntnis zu *entnehmen*. Das ist auch sonst das Verhältnis von Kenntnisnahme und Erkenntnis, z.B. zwischen Wahrnehmung und Erkenntnis der äußeren Welt. Aber auch eine Kenntnisnahme wie die Wahrnehmung ist das *Erfassen* im Glauben nicht. Der Gegenstand des Glaubens wird nicht *gesehen*. Daher rührt vielleicht die Verwechslung der *fides* mit der blinden δόξα. Aber ungesehen, keinem Sinn zugänglich, ist er uns doch unmittelbar gegenwärtig, er rührt uns an, er hält uns und macht es uns möglich, uns an ihn zu halten.

Der Gegenstand des Glaubens ist Gott. Fides ist *Glaube an Gott*. In dem *an* kommen alle die Momente zum Ausdruck, die ihn von allem theoretischen Glauben unterscheiden. Wir sprechen auch von Glauben an einen Menschen Und auch das scheint in den Bereich der fides zu gehören. Wir meinen, wenn wir vom Glauben an einen Menschen sprechen, daß wir uns an ihn halten oder doch halten können; wir meinen, daß auch er uns hält, daß wir bei ihm geborgen sind, bei ihm eine Heimstätte haben oder doch haben könnten, sobald wir dessen bedürften. Und wir glauben auch das, ohne zu *sehen*, d.h. ohne Beweise aus der Erfahrung dafür anführen zu können oder ohne sie als Grundlagen des Glaubens zu benützen, wo sie uns zur Verfügung stehen.

Das drückt die Wahl des Wortes *Glauben* aus. Und noch etwas anderes liegt darin: woran wir uns halten oder woran wir einen Halt zu haben meinen, auf den wir uns jederzeit stützen könnten, das muß unwandelbar feststehen. Die Unwandelbarkeit gehört zum Gegenstand des

Glaubens. Und nun heißt es bei der heiligen Teresia: „Bedenke wohl, wie schnell die Menschen sich ändern, und wie wenig man sich auf sie verlassen kann; darum halte dich fest an Gott, der unveränderlich ist". Darin liegt: Wir neigen wohl dazu, an Menschen zu glauben, aber sie sind nicht die wahren Gegenstände des Glaubens. Ob das richtig ist, ob und wie weit es angebracht ist, an Menschen zu glauben, das braucht uns hier nicht zu beschäftigen. Für uns ist es in diesem Zusammenhang nur wichtig zu wissen, ob der Glaube an Menschen als ein echter *Fall* von fides anzusehen ist und als Exempel für die Analyse geeignet, oder ob er schon in sich vom Glauben an Gott unterschieden ist. Freilich werden wir fragen müssen, ob es mit dem Wesen der fides verträglich ist, daß sie, auf gewisse Gegenstände angewendet, prinzipiell in die Irre gehen müsse.

Es gibt Akte, die, obwohl sie den belief-Charakter an sich tragen, doch einer *Entkräftung* fähig sind. Dahin gehört die Wahrnehmung und alle Erfahrung von *Dingen dieser Welt*. Die Möglichkeit des Nicht- und Andersseins, die der opinio ihren Stempel aufdrückt, besteht auch für das Korrelat der Akte, bei denen die *Gewißheit*, das Moment des belief, das Sein und Sosein ihrer Gegenstände subjektiv zu verbürgen scheint. Und das ist nicht nur objektiv so, sondern es liegt in den Akten selbst und im belief beschlossen. Der Erfahrungs *glaube* ist kein endgültiger und unwandelbarer, kein *absoluter*. Der Glaube an Gott *hat* diese Absolutheit. Wir können ihn verlieren, aber er kann sich nicht wandeln. *Zweifel an Gott* ist keine Modifikation der fides. Und streng genommen ist es kein korrekter Ausdruck. Es gibt nur einen Zweifel an der *Existenz* Gottes, eine Modifikation der Überzeugung, daß Gott ist. Er kann seine Wurzel haben in dem Nicht-Vorhandensein der fides. Es ist aber auch möglich, daß die fides da ist und daneben in der intellektuellen Sphäre statt der Überzeugung, die dadurch begründet wäre, der Zweifel oder gar eine Überzeugung, daß ... nicht...

Subjektive Unterschiede der fides gibt es wohl, man kann von einem mehr und minder *festen* Glauben sprechen. Aber das sind keine Gradabstufungen der Glaubensgewißheit, sondern ein Mehr und Minder des Sichfesthaltens und entsprechend des Sichgehaltenfühlens.

Wenn wir herausfinden wollen, ob Menschen gegenüber fides möglich ist, müssen wir alles abscheiden, was es an Erfahrungen über Charaktereigenschaften, Gesinnungen, Handlungsweisen etc. gibt. Sie alle gehören in den Bereich des belief und sind prinzipiell enttäuschbar und in sich als solche gekennzeichnet. Es gibt aber ein *Festhalten* an einem Menschen allen Erfahrungen zum Trotz und durch sie prinzipiell nicht tangierbar. Es orientiert sich an etwas im Menschen, was durch allen Wandel hindurch und unter allem Wandel bleibt. Der wahrhaft Liebende sieht den Geliebten so wie er "aus der Hand Gottes hervorging", so wie er in der Aktualität sein könnte, wenn er ganz er selbst und bei sich selbst wäre. *Sehen* ist hier wieder nicht in strengem Sinne zu nehmen. Es ist damit das *Erfassen* gemeint, das wir als ein Moment in der fides kennen lernten. Wir werden in dieser absoluten Beziehung zu einem Menschen von seinem personalen Seinsbestande innerlich berührt wie von der Hand Gottes. Hier ist wiederum absolute und in sich als absolut gekennzeichnete Gewißheit, die bleibt, auch wenn sich die Überzeugung „daß er wirklich so ist" eventuell auf Grund von Erfahrungen in Zweifel und schließlich in ihr Gegenteil verwandeln mag. Aber was der Mensch in diesem absoluten Sinne ist, das kann er in der Aktualität des irdischen Lebens mehr und weniger sein. Und je weniger er es ist, desto weniger kann man sich an ihm halten - man greift ins Leere, wenn man es will. Eine absolute Geborgenheit gibt es hier nicht.

Und darin liegt der Unterschied zwischen der reinen fides und dem Glauben an einen Menschen. Was das *Erfassen* anlangt, stimmen beide überein. Das Sich-halten-an und Gehaltenwerden ist ein anderes. Der Absolutheit und Unwandelbarkeit des göttlichen Seins entspricht die absolute Geborgenheit dessen, der feststeht im Glauben. Die Dualität im Wesen des Menschen, die es möglich macht, daß er von sich abfällt und sich verliert, macht ihn untauglich zu einem absoluten Halt. Die durch den Glauben an ihn motivierten Erwartungen können immer enttäuscht werden, und das gibt diesem Menschen selbst ein Moment der Ungewißheit, das bei der fides ausgeschlossen ist.

Wir sind schon mehrfach daraufgestossen, wie sich die fides zu den verschiedenen Bedeutungen des Glaubens in der intellektuellen Sphäre verhält. Dem belief entspricht am religiösen

Grundakt das, was wir Glaubensgewißheit nannten. Aber dieses Moment unterscheidet sich vom belief durch seine Absolutheit und prinzipielle Unüberführbarkeit in andere Charaktere, wie Zweifel u.dgl.

Der Überzeugung gegenüber spielt die fides die Rolle eines möglichen Fundaments, wie der Gegenstand des Glaubens Fundament sein kann für die Sachverhalte, denen die Überzeugung gilt. Das bedarf besonderer Erwähnung, denn damit hängt zusammen, was auch schon einmal berührt wurde : daß *aus* dem Glauben Erkenntnisse vom Gegenstand des Glaubens geschöpft werden können. Solange wir schlicht im Glauben leben, steht der Gegenstand des Glaubens einfach vor uns, er *erscheint* uns nicht als ein so und so qualifizierter. Aber wenn wir in die erkennende Haltung übergehen, können wir aus dem, wie uns im Glauben *zumute war*, entnehmen, was er für ein Gegenstand ist, an den wir uns halten.

Um das herauszufinden, müssen wir uns dieses *Zumutesein* noch etwas näher ansehen. Wir sprachen davon, daß im religiösen Grundakt Erkenntnis, Liebe und Tat vereinigt seien. Den Ausdruck *Erkenntnis* mußten wir als streng genommen nicht korrekt zurücknehmen. Wir sagten dafür *Erfassen* und kennzeichneten es als ein Berührtwerden von der Hand Gottes, kraft dessen das, was uns berührt, gegenwärtig vor uns steht. Das Berührtwerden ist etwas, dem wir uns in keiner Weise entziehen können, für eine Mitwirkung unserer Freiheit ist hier kein Raum. So steht Gott vor uns als unentrinnbare Macht, als *starker und mächtiger Gott,* Furcht gebührt ihm und unbedingter Gehorsam. Diesem ersten Erfassen nun gegenüber gibt es ein freies Verhalten. Ergreife ich die Hand, die mich anrührt, dann finde ich den absoluten Halt und die absolute Geborgenheit. Der *allmächtige* Gott steht nun als *allgütiger* Gott vor uns, als „unsere Zuversicht und unsere Burg". Liebe zu ihm durchströmt uns und wir fühlen uns getragen von seiner Liebe. Gottes Hand fassen und halten, das ist die *Tat,* die den Glaubensakt mitkonstituiert. Wer das nicht tut, wer das Anklopfen überhört und unbeeinflußt davon sein irdisches Leben weiterlebt, in dem kommt der Glaubensakt nicht zur Entfaltung und der Gegenstand des Glaubens bleibt ihm verborgen.

Es ist noch etwas anderes möglich. Man kann das Anklopfen sehr wohl hören und doch nicht öffnen, man kann den geforderten Gehorsam verweigern. Dann hat man Gott wohl gegenwärtig, aber als etwas Bedrohliches, gegen das man sich trotzig auflehnt, als eine Fessel, die man abstreifen möchte. Man hält sich nicht an ihm und ist nicht geborgen, man liebt nicht und fühlt sich nicht geliebt.

Die Erkenntnis Gottes, die aus der fides zu gewinnen ist, kann nur der erlangen, der im Glauben lebt oder ihn doch in seiner vollen Konkretion innerlich nachzuleben vermag. Wer den Glaubensakt nicht von innen her kennt, der kann auch keine Gotteserkenntnis gewinnen.

Die Erkenntnis, die aus dem Glauben zu schöpfen ist, die sachverhaltsmäßige Explikation dessen, was einem als Gegenstand des Glaubens schlicht gegenwärtig ist, können wir als natürliche Gotteserkenntnis bezeichnen. Der Ausdruck *natürlich* ist nicht ganz glücklich gewählt, weil ja schon diese Erkenntnis aus der Berührung mit dem Transzendenten stammt. Die *übernatürliche*Erkenntnis stellt nur eine andere und höhere Form des Eindringens in das transzendente Reich dar. Der Glaubensakt hat es mit einem *unsichtbaren* Gott zu tun. Aber Gott braucht nicht unsichtbar zu bleiben. Er hat es in der Hand, sich dem *Gläubigen* zu *offenbaren* und vernehmlich zu ihm zu sprechen, dem *Gläubigen,* denn der Glaube ist der Schlüssel zur Offenbarung und keinem Ungläubigen ist sie zugänglich. Man kann glauben, ohne Offenbarungen zu erlangen. Aber ohne Glauben bleiben die Offenbarungen stumm, man „schenkt ihnen keinen Glauben". Es ist allerdings möglich, daß durch die Offenbarung, und mit ihrem Empfang, der Glaube geweckt wird (wie bei Paulus), darum ist er es doch, der die Offenbarung als solche erst kenntlich macht. In der Regel aber beschenkt der Herr damit die, die fest sind im Glauben, seine Propheten und Heiligen.

Offenbarungen können mannigfacher Art sein. Offenbarungen sind die Worte, die der Herr durch den Mund seiner Propheten spricht; Offenbarungen zunächst für sie und dann für die, zu denen sie sprechen, wenn sie „Ohren haben zu hören". Vor allem, die Worte dessen, in dem „das Wort Fleisch ward", und die Menschwerdung selbst. Die Offenbarungen verleihen anscheinend eine mittelbare Erkenntnis im Gegensatz zu der aus dem Glauben selbst geschöpften, die unmittelbar ist. *Mittelbar* nicht im Sinne des Schließens aus einer unmittelbaren, sondern im Sinne einer Mitteilung. Der Grund ihrer Gewißheit ist der Glaube an die Wahrhaftigkeit dessen, der die Mitteilung macht. Allerdings braucht es nicht bei einer gewöhnlichen Mitteilung zu bleiben. Das Mitgeteilte als solches ist uneinsichtig. Ich vernehme es und glaube es, sofern ich den Mitteilenden für glaubwürdig halte. Es ist möglich, daß mir das Mitgeteilte *auch einleuchtet*. Das ist aber (im Verkehr irdischer Personen) etwas von dem Mitteilenden letztlich Unabhängiges, eine neu einsetzende unmittelbare Erkenntnis, die der Mitteilung nachfolgt. Auch die Offenbarung kann einsichtig bleiben und es kann nur gefordert sein, daß man sich schlicht daran hält. So geht es der großen Masse der Gläubigen, die nur „wie in einem Spiegel in einem dunklen Wort" erkennen, nicht aber „von Angesicht zu Angesicht". Und auch für den Propheten bleibt vielfach die Offenbarung, die ihm zuteil wird, ein dunkles Wort. Es *gibt* aber auch hier ein Schauen von Angesicht zu Angesicht, und das ist nicht von dem Mitteilenden unabhängig, sondern sein besonderes Gnadengeschenk, die höchste Stufe der Offenbarung.

Soviel über die *Form* der Offenbarung. Was ihren *Gehalt* betrifft, so kann alles und jedes darin eingehen: Aufschlüsse über das Wesen Gottes und sein Reich, Kundgabe des göttlichen Willens, Befehle für den Empfänger der Offenbarung oder für andere, an die er als Bote gesandt wird, auch Aufschlüsse über die irdische Welt. Letztlich trägt jede unmittelbare Erkenntnis den Stempel eines göttlichen Gnadengeschenks. Bei der *natürlichen* Erkenntnis geht eine freie intellektuelle Tätigkeit voran, aber wenn sie zu einem Ergebnis führt, ist es doch immer, als ob eine unsichtbare Hand den Schleier von einem Geheimnis wegzöge. Alle Wahrheit ist von Gott.

Was durch Offenbarung zugänglich geworden ist, kann – ebenso wie das unmittelbar aus der fides Geschöpfte – in einem Satz ausgesprochen werden. Es wird zum *Dogma*. Das Dogma ist wiederum ein Satz, der *Glauben* verlangt. Dieser Glaube ist eine Überzeugung, *daß* es sich so verhält, wie das Dogma sagt. Von der Überzeugung, die wir früher kennenlernten, unterscheidet sie sich ebenso wie die absolute Gewißheit der fides vom belief. Die *dogmatische Überzeugung* stützt sich auf die fides wie die rein intellektuelle Überzeugung letztlich auf die der natürlichen Erkenntnis zugrunde liegenden schlichten Akte und nimmt daher ihre Kraft.

Es gibt allerdings ein trügerisches Scheinbild davon. Eine Überzeugung, daß es sich so verhält, wie die Dogmen lehren, die nicht in der fides verankert ist, sondern z.B. im Vertrauen auf die Autorität von Menschen. Man *glaubt*, weil man es *so gelernt hat*. So ein Mensch kann dogmenfest sein, ohne gläubig zu sein, d.h. ohne den religiösen Grundakt einmal vollzogen zu haben, geschweige denn, darin zu leben. Er kann im Sinne der Dogmen sein Leben führen, ohne aus dem Glauben zu leben. Seine *Werke* können durchaus korrekt sein, aber sie sind nicht wahrhaft um Gottes willen getan und können auch nicht vor Gott wohlgefällig sein. Und überall wo er nicht durch das Dogma geleitet ist – sei es, daß es einen *Spielraum* läßt oder daß das innere Leben die Schranken der Disziplin durchbricht –, da wird auch die äußere Übereinstimmung mit Gottes Gebot fehlen. Denn das Kennzeichen der fides und alles dessen, was auf ihr beruht, ist, daß sie sich im gesamten Leben auswirkt. Je fester einer im Glauben steht, desto mehr wird sein Leben bis in die äußersten Konsequenzen hinein vom Glauben durchdrungen und gestaltet, desto mehr *Früchte der Liebe* werden an ihm sichtbar.

Wir sprachen davon, daß die Dogmen, sofern sie nicht aus der fides selbst schöpfen, Offenbarungswahrheiten ausdrücken. Sie führen darum doch letzten Endes auf die fides zurück, weil ohne sie keine Offenbarung möglich ist. Damit die Offenbarung als solche hingenommen werden kann, muß der Glaube an den, der offenbart, da sein. Hier liegt noch eine Unklarheit. Die wenigsten Offenbarungen sind für uns unmittelbare Offenbarungen Gottes, so scheint es. Seine Gebote werden uns durch den Mund seiner Propheten, durch Mittelspersonen verkündet. *An sie* müssen wir glauben, wenn wir ihre Worte als Offenbarungen hinnehmen sollen. Was hier erforderlich ist, das ist aber nicht etwa der Glaube an einen Menschen, von dem früher die Rede war. Dieser Glaube reicht nicht aus, um eine Offenbarung zu tragen, d.h. er ist prinzipiell keine Rechtsgrundlage dafür. Echte fides ist erforderlich. Und in der Tat ist der Glaube an Christus fides; *an ihn*, *an* einen Propheten oder Heiligen glauben heißt gar nichts anderes als an Gott glauben, als *in ihm* Gott gegenwärtig spüren. Christus ist die leibhafte Offenbarung Gottes. Erkennen, daß es so ist, das kann man nur, wenn man von der Gottheit in ihm angerührt wird, d.h. eben wenn man an ihn glaubt. Und ebenso: jemanden als einen Heiligen erkennen oder erkennen, daß er ein Heiliger ist, kann man nur, wenn man in ihm den Geist spürt *qui locutus est per prophetas.*

Der Glaube an den leibhaft gegenwärtigen Gott oder der Glaube an den Geist, der aus den Heiligen spricht, ist dann die Grundlage für den Glauben an ihre Worte. So ist die Situation für die, denen die *Mittler* leibhaft gegenwärtig sind. Es kann auch sein, daß der Geist unmittelbar aus den Worten zu uns spricht und daß sie uns zu Offenbarungen werden, weil wir *an sie unmittelbar* glauben. Das ist der einzige Weg, der uns bleibt, wenn uns keine persönlichen Mittler gegenwärtig sind. Und es kann sich nun die Lage umkehren, indem uns die Worte erst zur Person des Mittlers hinführen: so, wenn uns heute aus den Worten Christi seine Gottheit anspricht.

Ähnlich steht es mit den äußeren Gnadenmitteln, den Sakramenten und der Kirche. Es kann sich auf die Worte der Schrift, an die wir glauben, die Überzeugung gründen, daß es sich dabei um göttliche Institutionen handelt. Es ist aber auch möglich, daß wir unmittelbar *an sie glauben*, d.h. in ihnen den Geist Gottes gegenwärtig spüren.

Es schließt sich nun jetzt zusammen, was über den Glauben und was früher über Gnade gesagt war. Die Gnade ist der Geist Gottes, der zu uns kommt, die zu uns herabsteigende göttliche Liebe. Im Glauben wird die objektiv uns zuteilgewordene Gnade uns subjektiv zu eigen. Dies noch in verschiedenem Sinne. Es kommt zunächst darin zum Bewußtsein, was in uns wirksam ist. Die Gnade, die in der Seele Wohnung nimmt, wird im Glauben dem Geist sichtbar, geistig angeeignet. Sie wird außerdem *von der Seele* aktiv ergriffen, als ihr Eigentum in Empfang genommen. Und damit zugleich wird das personale Zentrum, in und mit dem die göttliche Liebe entgegengenommen wird, eine neue Ausgangsstätte, aus der die göttliche Liebe wiederum hervorbricht: als Liebe Gottes und als Liebe des Nächsten und aller Geschöpfe in Gott. Die Eigentümlichkeit des Glaubensaktes: Erkenntnis, Liebe und Tat zugleich zu sein, wird hier aufs Neue deutlich.

Wir können den Glauben als die Gnadenwirkung $\kappa\alpha\tau'$ $\dot{\epsilon}\epsilon o\chi\eta$ bezeichnen. Gläubig zu werden ohne Empfang der Gnade, ist unmöglich. Nur bereitsein zum Glauben kann man kraft der Freiheit. Andererseits kann der Glaube nicht zur Entfaltung kommen, wenn die Gnade nicht mit Freiheit ergriffen wird. Gnade und Freiheit werden für den Glauben konstitutiv. Dasselbe stellten wir auch beim Erlösungswerk fest. Und in Wahrheit ist Glauben und Erlöstwerden ein und dasselbe. Durch den Glauben werden wir gerecht, d.h. wir *sind* gerecht gerade so weit wie wir im Glauben und aus dem Glauben leben. Eine Trennung von Glauben und Wirken ist nur möglich, solange man den Glauben nicht in seiner vollen Konkretion erfaßt hat und ihn mit dem in ihm beschlossenen theoretischen Moment verwechselt. Wenn jemand nur überzeugt ist, daß die göttliche Gnade den Sünder erlösen könne, so mag er ein genauso sündhaftes und unheiliges Leben führen wie ohne diese Überzeugung. Diese Überzeugung reicht aber nicht aus, ihn zu rechtfertigen. Und auch das pure Berührtwerden von der Gnade genügt nicht dafür, sondern das Ergreifen gehört notwendig dazu. Erst durch das Ergreifen wird der Glaube konkret, lebendig und wirksam. Wenn er das aber ist, dann ist ein unverändertes Verharren im Stande der Natur und der Sünde unmöglich.

Festwerden im Glauben und Fortschreiten auf dem Wege der Vollkommenheit gehören unaufhebbar zusammen. Sich an Christus halten, das kann man nicht, ohne ihm zugleich nachzufolgen. Ihm nachfolgen aber heißt gerecht werden und nichts anderes.